地方上級・国家総合職・国家一般職

公務員試験

新スーパー過去問ゼミ**7**

行政学

資格試験研究会編
実務教育出版

新スーパー過去問ゼミ7
刊行に当たって

　公務員試験の過去問を使った定番問題集として，公務員受験生から圧倒的な信頼を寄せられている「スー過去」シリーズ。その「スー過去」が大改訂されて「**新スーパー過去問ゼミ7**」に生まれ変わりました。

　「7」では，最新の出題傾向に沿うよう内容を見直すとともに，より使いやすくより効率的に学習を進められるよう，細部までブラッシュアップしています。

「新スーパー過去問ゼミ7」改訂のポイント

　① 令和3年度～5年度の問題を増補

　② 過去15年分の出題傾向を詳細に分析

　③ 1行解説・STEP解説，学習方法・掲載問題リストなど，
　　学習効率向上のための手法を改良

　もちろん，「スー過去」シリーズの特長は，そのまま受け継いでいます。

　　・テーマ別編集で，主要試験ごとの出題頻度を明示

　　・「必修問題」「実戦問題」のすべてにわかりやすい解説

　　・「POINT」で頻出事項の知識・論点を整理

　　・本を開いたまま置いておける，柔軟で丈夫な製本方式

　本シリーズは，「地方上級」「国家一般職［大卒］」試験の攻略にスポットを当てた過去問ベスト・セレクションですが，「国家総合職」「市役所上級」試験など，大学卒業程度の公務員採用試験に幅広く対応できる内容になっています。

　公務員試験は難関といわれていますが，良問の演習を繰り返すことで，合格への道筋はおのずと開けてくるはずです。本書を開いた今この時から，目標突破へ向けての着実な準備を始めてください。

　あなたがこれからの公務を担う一員となれるよう，私たちも応援し続けます。

資格試験研究会

本書の構成と過去問について

本書の構成

❶学習方法・問題リスト：巻頭には，本書を使った効率的な科目の攻略のしかたをアドバイスする「行政学の学習方法」と，本書に収録した全過去問を一覧できる「**掲載問題リスト**」を掲載している。過去問を選別して自分なりの学習計画を練ったり，学習の進捗状況を確認する際などに活用してほしい。

❷試験別出題傾向と対策：各章冒頭にある出題箇所表では，平成21年度以降の国家総合職，国家一般職，地方上級（全国型・関東型・特別区），市役所（C日程）の出題状況が一目でわかるようになっている。具体的な出題傾向は，試験別に解説を付してある。

テーマ別出題頻度表示の見方

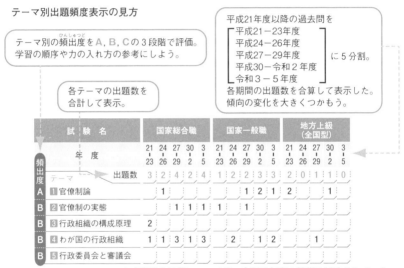

テーマ別の頻出度を**A，B，C**の３段階で評価。学習の順序や力の入れ方の参考にしよう。

各テーマの出題数を合計して表示。

平成21年度以降の過去問を
```
┌ 平成21－23年度
│ 平成24－26年度
│ 平成27－29年度  に５分割。
│ 平成30－令和２年度
└ 令和３－５年度
```
各期間の出題数を合算して表示した。傾向の変化を大きくつかもう。

頻出度	試 験 名	国家総合職					国家一般職					地方上級（全国型）				
	年 度	21～23	24～26	27～29	30～2	3～5	21～23	24～26	27～29	30～2	3～5	21～23	24～26	27～29	30～2	3～5
	出題数	3	2	4	2	4	1	2	3	2	3	2	0	1	1	0
A	①官僚制論		1					1	2	1	2		1			
B	②官僚制の実態			1	1	1	1		1							
B	③行政組織の構成原理	2														
B	④わが国の行政組織	1	1	3	1	3				1				1		
B	⑤行政委員会と審議会															

※市役所C日程については，令和５年度の情報は反映されていない。

❸必修問題：各テーマのトップを飾るにふさわしい，合格のためには必ずマスターしたい良問をピックアップ。解説は，各選択肢の正誤ポイントをズバリと示す「**1行解説**」，解答のプロセスを示す「**STEP解説**」など，効率的に学習が進むように配慮した。また，正答を導くための指針となるよう，問題文中に以下のポイントを示している。

　　　　　＿＿＿＿（アンダーライン部分）：正誤判断の決め手となる記述

　　　　　（色が敷いてある部分）：覚えておきたいキーワード

　「FOCUS」には，そのテーマで問われるポイントや注意点，補足説明などを掲載。

　必修問題のページ上部に掲載した「**頻出度**」は，各テーマを**A，B，C**の３段階で評価し，さらに試験別の出題頻度を「★」の数で示している（★★★：最頻出，★★：頻出，★：過去15年間に出題実績あり，—：過去15年間に出題なし）。

❹POINT：これだけは覚えておきたい最重要知識を，図表などを駆使してコンパクトにまとめた。問題を解く前の知識整理に，試験直前の確認に活用してほしい。

❺**実戦問題**：各テーマの内容をスムーズに理解できるよう，バランスよく問題を選び，詳しく解説している。問題ナンバー上部の「＊」は，その問題の「**難易度**」を表しており（＊＊＊が最難），また，学習効果の高い重要な問題には ♥ マークを付している。

♦♥ **No.2** ＊＊　　必修問題と ♥ マークのついた問題を解いていけば，スピーディーに本書をひととおりこなせるようになっている。

　　なお，収録問題数が多いテーマについては，「**実戦問題❶**」「**実戦問題❷**」のように問題をレベル別またはジャンル別に分割し，解説を参照しやすくしている。

❻**索引**：巻末には，POINT等に掲載している重要語句を集めた用語索引がついている。用語の意味や定義の確認，理解度のチェックなどに使ってほしい。

本書で取り扱う試験の名称表記について

　　本書に掲載した問題の末尾には，試験名の略称および出題年度を記載している。

①**国家総合職**：国家公務員採用総合職試験，
　　　　　　　　国家公務員採用Ⅰ種試験（平成23年度まで）

②**国家一般職**：国家公務員採用一般職試験［大卒程度試験］，
　　　　　　　　国家公務員採用Ⅱ種試験（平成23年度まで）

③**地方上級**：地方公務員採用上級試験（都道府県・政令指定都市）

　（全国型）：広く全国的に分布し，地方上級試験のベースとなっている出題型

　（関東型）：埼玉県，千葉県，長野県など，関東甲信越地方を中心に分布している出題型

　（東京都）：東京都職員Ⅰ類B採用試験（平成20年度まで）

　（特別区）：特別区（東京23区）職員Ⅰ類採用試験

　　※地方上級試験については，実務教育出版が独自に分析し，「全国型（全国型変形タイプ）」「関東型（関東型変形タイプ）」「中部・北陸型」「法律・経済専門タイプ」「その他の出題タイプ」「独自の出題タイプ（東京都，特別区など）」の6つに大別している。

④**市役所**：市役所職員採用上級試験（政令指定都市以外の市役所）

　　※市役所上級試験については，試験日程によって「A日程」「B日程」「C日程」の3つに大別している。また，「Standard」「Logical」「Light」という出題タイプがあるが，本書では大卒程度の試験で最も標準的な「Standard－Ⅰ」を原則として使用している。

本書に収録されている「過去問」について

①平成9年度以降の国家公務員試験の問題は，人事院により公表された問題を掲載している。地方上級の一部（東京都，特別区）も自治体により公表された問題を掲載している。それ以外の問題は，受験生から得た情報をもとに実務教育出版が独自に編集し，復元したものである。

②論点を保ちつつ内容を法改正に対応させるなどの理由で，問題を一部改題している場合がある。また，人事院などにより公表された問題も，用字用語の統一を行っている。

③東京都Ⅰ類の専門択一式試験は，平成21年度から廃止されている。しかし，東京都の問題には良問が多く，他の試験の受験生にも有用であるため，本書では平成20年度までの東京都の問題を一部掲載している。

CONTENTS

公務員試験　新スーパー過去問ゼミ7

行政学

カバー・本文デザイン／小谷野まさを　　書名ロゴ／早瀬芳文

行政学の学習方法

1．公務員試験における行政学

　公務員になろうと考えている者にとって，ある意味，最も身近に感じられる（あるいは感じられるはずの）科目が，行政学である。

　たとえば，公務員となって政策を形成していく際に，避けては通れない手続きとして「稟議制」がある。また，公務員となって政策を執行していく際に，専門的見地から粛々と事を進めるだけでよいのか，国民・住民の感情にも配慮するべきなのか，悩んでしまうことがあるかもしれない（これを「フリードリッヒの行政責任のジレンマ」という）。

　こうした行政に関するあらゆる話題を扱っていく科目が，行政学である。**公務員志望者は，行政学を学ぶことで，将来の自分の仕事について垣間見ることができるのである。**

　行政学の諸テーマをどのように分類し，並べていくかについては，「絶対にこれでなければならない」というような鉄則はない。そこで，本書では次のような考えから，全体を大きく5つの章に分けている。すなわち，行政の活動は，行政組織を基盤として展開されるが，人事や予算などをしっかりと管理しなければ，行政組織は効率的に作動しない。また，行政組織の活動は，適切な統制を加えなければ，独善的・独裁的なものになってしまう。さらに，行政の活動は，国レベルのみならず，地方レベルにおいても展開されている。

　こうして出来上がったのが，①行政の組織，②行政の管理，③行政の活動と統制，④地方の行政という章立てであり，さらに行政および行政学の歴史をまとめた章として，⑤行政学の理論を付け加えている。

　学習を進めていくうちに気づくはずであるが，行政学で学ぶ内容は，しばしば他科目と重複している。たとえば，行政学では経営理論（テイラー，メイヨー，バーナード，サイモンなど）に関する知識が必須とされているが，これは行政組織の管理にあたって，行政学が優れた管理手法を経営学から学んできたためである。また，行政学では財政学の知識も大いに役に立つが，これは行政学も財政学もともに国の予算を扱うためである。その他，官僚制理論や政策決定理論など，社会学や政治学との共通テーマも散見される。

　このように**行政学は他科目とのダブりが多いため，上記の諸科目を「関連科目」ということで幅広く学んでいくと，相乗効果でいっそうの得点アップが期待できる。**受験科目の選択が可能な受験者は，十分に検討したうえで，科目を選択するようにしてほしい。

2．効果的な学習方法・対策

　行政学の諸テーマは，それぞれに関連性を持つものであるが，「あのテーマが理解できなければ，このテーマは到底理解できない」というほど密接な関係にあるわけではない。そこで，学習に際しては，必ずしも本書の第1章から順に手をつけていく必要はない。自分のわかりやすいテーマから，あるいは重要度の高いテーマから，学習を進めていくというやり方も，十分に効果的である。重要度を重視するならば，お勧めの学習順序は次のとおりである。

<お勧めの学習順>

官僚制（テーマ1・2）→わが国の行政組織（4・5）→公務員制度（6）→
→行政統制（13・14）→行政改革（10）→わが国の地方自治（15・16）
→その他の諸テーマ

　行政学史（テーマ19・20・21）も重要テーマではあるが，どの程度頻出かは試験によって大きく異なる。出題テーマ一覧表で確認のうえ，必要に応じて学習スケジュールに組み入れるとよいだろう。

　学習の際には，まずPOINTを読んで，各テーマで必要とされる基礎知識を頭に入れてしまおう。しかし，ここで完璧を期す必要はない。多少理解が不十分であっても，続けて問題に当たっていくうちに，覚えるべきポイントがクリアになってくるはずである。その代わり，問題の解説文はしっかりと読み込んでほしい。**POINT，問題文，解説文を続けて読んでいくことで，頭が刺激され，知識は確実に定着していく。**最初は知らない知識ばかりで，不安に思うかもしれないが，あきらめずに学習を続けていけば，間違いなく苦労は徐々に軽くなる。

　問題を解く際に注意してほしい点を，もう一つだけ指摘しておきたい。それは，行政学の問題はしばしば「総合問題」として出題されているということである。言い換えれば，行政学では，諸テーマを横断する形で知識が組み合わされ，作問されているケースが多く見られるということである。そのため，最初に問題に当たった際は，一部の選択肢がまったく理解できなかったが，問題集を一巡し，二巡目に入ったときには，それなりに理解できるようになっていた，ということが珍しくない。本書では収録問題を厳選し，できるだけそうしたケースが起きないように工夫してはいるが，完璧ではない。**一巡目は少々大変かもしれないが，「二巡目以降に確実に理解する」ことをめざして，辛抱強く努力を続けていこう。**

　なお，近年の出題を見ると，国家公務員試験を中心として，時事に関連した問題が出題されやすくなっている印象を受ける。行政組織の改革，公務員制度の改革，地方自治法の改正など，重要な制度変更が現在も進行中であり，そうした旬の話題が，間を置かずにそのまま出題されている。本書では，増刷（＝奥付にある「初版◯刷」の◯の数字が増えていくこと）のたびに，可能なかぎり内容をアップデートするようにしているが，多少の時間差は避けられない。**各自で常にニュースをチェックし，法制度の改正に関する最新の話題は押さえておくようにしたい。**

　本書を効果的に使い倒し，さらに時事問題への関心を持ち続けることで，合格は確実に近づいてくる。集中して課題をこなしながら，最後まで頑張っていこう。

合格者に学ぶ「スー過去」活用術

公務員受験生の定番問題集となっている「スー過去」シリーズであるが，先輩たちは本シリーズをどのように使って，合格を勝ち得てきたのだろうか。弊社刊行の『公務員試験受験ジャーナル』に寄せられた「合格体験記」などから，傾向を探ってみた。

 ## 自分なりの「戦略」を持って学習に取り組もう！

テーマ1から順番に一つ一つじっくりと問題を解いて，わからないところを入念に調べ，納得してから次に進む……という一見まっとうな学習法は，すでに時代遅れになっている。

合格者は，初期段階でおおまかな学習計画を立てて，戦略を練っている。まずは各章冒頭にある「試験別出題傾向と対策」を見て，自分が受験する試験で各テーマがどの程度出題されているのかを把握し，「掲載問題リスト」を利用するなどして，**いつまでにどの程度まで学習を進めればよいか，学習全体の流れをイメージ**しておきたい。

 ## 完璧をめざさない！ザックリ進めながら復習を繰り返せ！

本番の試験では，6〜7割の問題に正答できればボーダーラインを突破できる。裏を返せば**3〜4割の問題は解けなくてもよい**わけで，完璧をめざす必要はまったくない。

受験生の間では，「問題集を何周したか」がしばしば話題に上る。問題集は，1回で理解しようとジックリ取り組むよりも，初めはザックリ理解できた程度で先に進んでいき，何回も繰り返し取り組むことで徐々に理解を深めていくやり方のほうが，学習効率は高いとされている。**合格者は「スー過去」を繰り返しやって，得点力を高めている。**

 ## すぐに解説を読んでもOK！考え込むのは時間のムダ！

合格者の声を聞くと「スー過去を参考書代わりに読み込んだ」というものが多く見受けられる。科目の攻略スピードを上げようと思ったら「ウンウンと考え込む時間」は一番のムダだ。過去問演習は，解けた解けなかったと一喜一憂するのではなく，**問題文と解説を読みながら正誤のポイントとなる知識を把握して記憶することの繰り返し**なのである。

 ## 分量が多すぎる！という人は，自分なりに過去問をチョイス！

広い出題範囲の中から頻出のテーマ・過去問を選んで掲載している「スー過去」ではあるが，この分量をこなすのは無理だ！と敬遠している受験生もいる。しかし，**合格者もすべての問題に取り組んでいるわけではない。**必要な部分を自ら取捨選択することが，最短合格のカギといえる（次ページに問題の選択例を示したので参考にしてほしい）。

 ## 書き込んでバラして……「スー過去」を使い倒せ！

補足知識や注意点などは本書に直接書き込んでいこう。**書き込みを続けて情報を集約していくと本書が自分オリジナルの参考書になっていくので，**インプットの効率が格段に上がる。それを繰り返し「何周も回して」いくうちに，反射的に解答できるようになるはずだ。

また，分厚い「スー過去」をカッターで切って，章ごとにバラして使っている合格者も多い。**自分が使いやすいようにカスタマイズして，「スー過去」をしゃぶり尽くそう！**

学習する過去問の選び方

●具体的な「カスタマイズ」のやり方例

本書は全165問の過去問を収録している。分量が多すぎる！と思うかもしれないが，合格者の多くは，過去問を上手に取捨選択して，自分に合った分量と範囲を決めて学習を進めている。

以下，お勧めの例をご紹介しよう。

❶必修問題と ⊕ のついた問題に優先的に取り組む！

当面取り組む過去問を，各テーマの「**必修問題**」と ⊕ マークのついている「**実戦問題**」に絞ると，およそ全体の5割の分量となる。これにプラスして各テーマの「**POINT**」をチェックしていけば，この科目の典型問題と正誤判断の決め手となる知識の主だったところは押さえられる。

本試験まで時間がある人もそうでない人も，ここから取り組むのが定石である。まずはこれで1周（問題集をひととおり最後までやり切ること）してみてほしい。

❶を何周かしたら次のステップへ移ろう。

❷取り組む過去問の量を増やしていく

❶で基本は押さえられても，❶だけでは演習量が心もとないので，取り組む過去問の数を増やしていく必要がある。増やし方としてはいくつかあるが，このあたりが一般的であろう。

◎基本レベルの過去問を追加（難易度「＊」の問題を追加）
◎受験する試験種の過去問を追加
◎頻出度Aのテーマの過去問を追加

これをひととおり終えたら，前回やったところを復習しつつ，まだ手をつけていない過去問をさらに追加していくことでレベルアップを図っていく。

もちろん，あまり手を広げずに，ある程度のところで折り合いをつけて，その分復習に時間を割く戦略もある。

●掲載問題リストを活用しよう！

「掲載問題リスト」では，本書に掲載された過去問を一覧表示している。

受験する試験や難易度・出題年度等を基準に，学習する過去問を選別する際の目安としたり，チェックボックスを使って学習の進捗状況を確認したりできるようになっている。

効率よくスピーディーに学習を進めるためにも，積極的に利用してほしい。

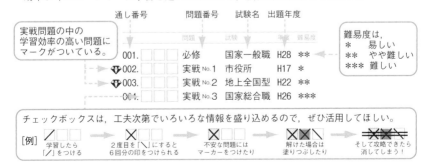

掲載問題リスト

第1章 行政の組織

テーマ１ 官僚制論

		問題	試験	年度	難易度
001.		必修	地上特別区	R3	*
▼002.		実戦 No.1	地上特別区	H19	*
▼003.		実戦 No.2	地上全国型	H29	*
▼004.		実戦 No.3	国家一般職	H28	*
005.		実戦 No.4	地上全国型	H22	*
006.		実戦 No.5	国家一般職	R3	**
007.		実戦 No.6	国家総合職	H25	**

テーマ２ 官僚制の実態

		問題	試験	年度	難易度
008.		必修	地上特別区	R5	*
009.		実戦 No.1	地上全国型	H11	*
▼010.		実戦 No.2	国家一般職	H28	*
▼011.		実戦 No.3	地上東京都	H17	*
012.		実戦 No.4	市役所	H18	*
▼013.		実戦 No.5	地上特別区	H28	*
014.		実戦 No.6	国家一般職	H11	**
015.		実戦 No.7	国家総合職	R5	***

テーマ３ 行政組織の構成原理

		問題	試験	年度	難易度
016.		必修	地上特別区	R元	*
017.		実戦 No.1	地上特別区	H27	*
▼018.		実戦 No.2	国家一般職	H2	*
▼019.		実戦 No.3	地上関東型	H2	*
020.		実戦 No.4	国家一般職	H14	*

テーマ４ わが国の行政組織

		問題	試験	年度	難易度
021.		必修	国家一般職	R4	*
▼022.		実戦 No.1	地上全国型	H29	*
023.		実戦 No.2	地上特別区	R2	**
▼024.		実戦 No.3	国家一般職	H11	*
▼025.		実戦 No.4	国家総合職	H27	**
026.		実戦 No.5	国家一般職	H25	**
027.		実戦 No.6	国家一般職	H24	**
028.		実戦 No.7	国家一般職	H19	**
029.		実戦 No.8	国家総合職	R5	**

テーマ５ 行政委員会と審議会

		問題	試験	年度	難易度
030.		必修	地上特別区	R4	*
▼031.		実戦 No.1	市役所	H22	*
032.		実戦 No.2	国家一般職	H6	*
033.		実戦 No.3	地上特別区	H30	*
▼034.		実戦 No.4	地上特別区	R元	*
035.		実戦 No.5	地上特別区	H26	*

第2章 行政の管理

テーマ６ 公務員制度

		問題	試験	年度	難易度
036.		必修	国家一般職	R5	**
▼037.		実戦 No.1	市役所	H27	*
▼038.		実戦 No.2	地上特別区	H28	*
▼039.		実戦 No.3	地上特別区	H28	*
▼040.		実戦 No.4	地上特別区	H25	*
041.		実戦 No.5	国家一般職	H12	*
042.		実戦 No.6	地上特別区	R3	*
043.		実戦 No.7	国家一般職	H30	**
044.		実戦 No.8	国家総合職	H28	***
045.		実戦 No.9	国家一般職	R2	***
046.		実戦 No.10	国家総合職	R4	***

テーマ７ 予算

		問題	試験	年度	難易度
047.		必修	国家総合職	R5	**
▼048.		実戦 No.1	地上東京都	H20	*
049.		実戦 No.2	地上特別区	R4	*
▼050.		実戦 No.3	国家一般職	R3	*
051.		実戦 No.4	国家一般職	H24	**
052.		実戦 No.5	国家一般職	H27	**

テーマ８ 評価と能率

		問題	試験	年度	難易度
053.		必修	地上特別区	R5	*
▼054.		実戦 No.1	地上特別区	H30	*
▼055.		実戦 No.2	地上東京都	H18	*
056.		実戦 No.3	地上特別区	R2	*
▼057.		実戦 No.4	地上特別区	H21	*
058.		実戦 No.5	国家総合職	R元	**
059.		実戦 No.6	国家一般職	R5	***

第4章 地方の行政

テーマ⓯ わが国の地方自治の現状

	問題	試験	年度	難易度
110.	必修	地上全国型	R3	*
⬇111.	実戦 No.1	地上特別区	R3	*
⬇112.	実戦 No.2	地方上級	H19	*
113.	実戦 No.3	地上全国型	H26	*
114.	実戦 No.4	地上全国型	H29	*
115.	実戦 No.5	地上特別区	H29	*
⬇116.	実戦 No.6	地上全国型	H23	*
117.	実戦 No.7	地上特別区	R5	*
118.	実戦 No.8	国家一般職	R4	**
119.	実戦 No.9	国家一般職	H27	**
120.	実戦 No.10	国家一般職	H29	**

テーマ⓰ わが国の地方自治の歴史

	問題	試験	年度	難易度
121.	必修	地上全国型	R4	*
⬇122.	実戦 No.1	市役所	H8	*
⬇123.	実戦 No.2	市役所	H26	*
124.	実戦 No.3	地上全国型	H22	**
125.	実戦 No.4	国家一般職	H17	*
126.	実戦 No.5	地上特別区	H27	**
127.	実戦 No.6	地方上級	H21	**
128.	実戦 No.7	国家一般職	R元	**
129.	実戦 No.8	国家一般職	H23	**

テーマ⓱ 諸外国の地方自治

	問題	試験	年度	難易度
130.	必修	地上特別区	R4	*
⬇131.	実戦 No.1	地上特別区	H30	*
132.	実戦 No.2	国家一般職	H30	*
133.	実戦 No.3	国家総合職	H17	**
134.	実戦 No.4	国家一般職	H22	**

第5章 行政学の理論

テーマ⓲ 行政の歴史と行政国家化

	問題	試験	年度	難易度
135.	必修	地上特別区	H28	*
136.	実戦 No.1	地上東京都	H18	*
⬇137.	実戦 No.2	地上東京都	H14	*
138.	実戦 No.3	国家一般職	H16	*
139.	実戦 No.4	国家一般職	H14	*
140.	実戦 No.5	国家総合職	H20	**
141.	実戦 No.6	国家総合職	H29	**

テーマ⓳ 行政学の歴史

	問題	試験	年度	難易度
142.	必修	地上特別区	R4	*
⬇143.	実戦 No.1	地上特別区	H26	*
⬇144.	実戦 No.2	地上特別区	H14	*
145.	実戦 No.3	国家一般職	H7	*
146.	実戦 No.4	国家一般職	H13	**
147.	実戦 No.5	国家一般職	H10	**

テーマ⓴ 行政学の理論家

	問題	試験	年度	難易度
148.	必修	国家一般職	R元	*
⬇149.	実戦 No.1	地上特別区	R5	*
⬇150.	実戦 No.2	地上特別区	H24	*
⬇151.	実戦 No.3	国家一般職	H29	*
152.	実戦 No.4	国家一般職	H27	**
153.	実戦 No.5	国家総合職	H9	**
154.	実戦 No.6	地上東京都	H19	**
155.	実戦 No.7	国家総合職	R5	**

テーマ㉑ 組織理論

	問題	試験	年度	難易度
156.	必修	国家一般職	R5	*
⬇157.	実戦 No.1	地上東京都	H16	*
⬇158.	実戦 No.2	地上特別区	R2	*
⬇159.	実戦 No.3	地上特別区	H21	*
160.	実戦 No.4	地上特別区	H25	*
161.	実戦 No.5	市役所	H16	*
162.	実戦 No.6	地上全国型	H7	**
163.	実戦 No.7	国家一般職	H9	**
164.	実戦 No.8	国家一般職	H29	**
165.	実戦 No.9	国家一般職	R元	**

第1章
行政の組織

新スーパー過去問ゼミ **7**

行政学

第1章 行政の組織

試験別出題傾向と対策

頻出度	試験名／テーマ	国家総合職 21-23	24-26	27-29	30-2	3-5	国家一般職 21-23	24-26	27-29	30-2	3-5	地方上級（全国型） 21-23	24-26	27-29	30-2	3-5
	出題数	3	2	4	2	4	1	2	2	3	3	2	0	1	1	0
A	① 官僚制論		1					1	2	1	2	2			1	
B	② 官僚制の実態		1	1	1		1		1							
B	③ 行政組織の構成原理	2														
B	④ わが国の行政組織	1	1	3	1	3		2		1	2				1	
B	⑤ 行政委員会と審議会															

　「行政の組織」では，行政をその構造的側面からとらえていく。その主な内容は，①官僚制（テーマ1・2），②行政組織の構成原理（テーマ3），③わが国の行政組織（テーマ4・5）の3つである。

　第1の官僚制では，ウェーバーやマートンの官僚制論が頻繁に出題されている。これに加えて，近年では，稟議書型・非稟議書型の意思決定，ストリート・レベルの行政職員，大部屋主義などがたびたび問われている。また，最新の注目テーマは，バジョットの官僚制論と新しいストリート・レベルの行政職員である。

　第2の行政組織の構成原理では，ラインとスタッフが出題の中心とされている。一時期，プロジェクト組織の出題が流行していたが，ピークは過ぎた感がある。

　第3のわが国の行政組織では，近年，内閣や内閣総理大臣についての出題が増えている。憲法の知識も大いに役立つので，学習の際には憲法の参考書や問題集を手元に置き，参照するとよいだろう。また，2001年の中央省庁等再編や近年の行政改革を踏まえた出題もあるので，行政改革（テーマ10）の内容も関連事項として重要である。

● 国家総合職（政治・国際・人文）

　各テーマからあまり偏りなく出題されているが，最近は特にわが国の行政組織からの出題が続いている。問題の難易度は全般に高めであり，他試験ではあまり出題されないような細かな内容も取り上げられている。具体的には，ダウンズの官僚制論，日本官僚制論，地方公社，原子力規制委員会，第三セクターなどがこれに当たる。特に官僚制論（テーマ1）とわが国の行政組織（テーマ4）については，しばしば細かな内容が出題されているので，深く学習しておく必要がある。

14

	地方上級 (関東型)					地方上級 (特別区)					市役所 (C日程)				
	21〜23	24〜26	27〜29	30〜2	3〜5	21〜23	24〜26	27〜29	30〜2	3〜5	21〜23	24〜26	27〜29	30〜2	3〜4
	2	0	1	1	1	2	2	3	3	3	2	1	1	2	1
テーマ1	2				1	1				1	1	1	1		
テーマ2							1	1	1	1					1
テーマ3								1	1						
テーマ4				1							1				1
テーマ5						1	1	1		2	1				

● 国家一般職

　出題数は３年間で２〜３問というペースをキープし続けている。官僚制論・官僚制の実態（テーマ１・２）とわが国の行政組織（テーマ４）から同程度の比重で出題されているので，学習の際にはこれらを優先的に押さえたい。また，国家総合職の影響で出題に至ったと見られる問題もあるので，国家総合職の過去問のうち簡単めの問題については，積極的に解いておこう。具体的には，日本官僚制論，稟議書型・非稟議書型の意思決定，わが国の内閣制度，次官連絡会議，内閣危機管理監などが，こうしたパターンに該当する。

● 地方上級

　官僚制に関連した内容を中心に出題があるので，まずは最頻出テーマであるウェーバーとマートンの官僚制論をしっかりと押さえておこう。ウェーバーが官僚制の合理的側面を強調したこと，マートンが官僚制の逆機能（訓練された無能力）を指摘したことは，必須かつ最重要の知識である。また，国家総合職で出題された新傾向の内容が地方上級にも波及し，定番化するというケースが見られるのも大きな特徴である。ストリート・レベルの行政職員や稟議書型・非稟議書型の意思決定などがこれに該当するので，今後とも注意したい。なお，**特別区**については，行政委員会と審議会もコンスタントに出題があるので，忘れないようにしよう。

● 市役所

　官僚制論を中心に出題がある。ウェーバーやマートンの官僚制論など，基本事項を中心に問われているので，まずは基礎的な内容を確実に押さえておきたい。問題演習の際には，特別区の過去問が参考になるだろう。

必修問題

　M.ウェーバーの官僚制論に関する記述として，妥当なのはどれか。

【地方上級（特別区）・令和3年度】

1　M.ウェーバーは，近代官僚制の構成要件として，官僚制の活動は規則で客観的に定められた権限に基づいて行われるものであるとする，**専業制の原則**を挙げた。

2　M.ウェーバーは，近代官僚制の構成要件として，職員は上司によって任命されるとする**契約制の原則**を挙げ，上司以外が任免権を持つ場合は指揮命令による統制が確実に行われないため，純粋な官僚制ではないとした。

3　M.ウェーバーは，支配の正統性という観点から支配の類型を伝統的支配，カリスマ的支配，合法的支配の3つに分け，官僚制を**合法的支配**の典型として位置づけた。

4　M.ウェーバーは，石膏事業所の事例研究を通じて，組織の上位者が下位者に規則の強制を行う**懲罰型官僚制**と，両者の同意に基づく**代表的官僚制**という2つの類型を導き出した。

5　M.ウェーバーは，官僚制では規則に基づき職務が遂行されるが，規則が強調されることにより，規則を守ること自体が目的化する**目的の転移**が生じ，官僚は臨機応変の措置がとれなくなるとした。

難易度　＊

国家総合職 ★★　地上特別区 ★★
頻出度
国家一般職 ★★　市 役 所 C ★★★
A
地上全国型 ★★★
地上関東型 ★★★

❶官僚制論

必修問題の解説

　本問は，官僚制論に関する基本問題である。ウェーバーの主張は，官僚制論のなかでも最頻出の項目なので，絶対に理解しておきたい。選択肢の中にマートン（5）やグールドナー（4）の説明が紛れ込んでいるが，学者名とキーワードを結びつけて覚えておけば，悩むことはないはずである。

1 ✕　権限に基づいて活動するという原則は「権限の原則」と呼ばれる。

　官僚制は規則で客観的に定められた権限に基づいて活動するが，ウェーバーはこれを「権限の原則」と呼んだ。これに対して，「専業制の原則」とは，当該業務の遂行を職員が自己の主たる職業とするという原則である。

2 ✕　職員は上司によって任命されるという原則は「任命制の原則」と呼ばれる。

　官僚制における職員は上司によって任命されるが，ウェーバーはこれを「任命制の原則」と呼んだ。これに対して，「契約制の原則」とは，職員の身分は契約によって生じるとする原則である。

3 ◎　官僚制は合法的支配の典型例である。

　正しい。ウェーバーによれば，支配の形態は，①伝統や慣習を根拠として成立する「伝統的支配」，②支配者のカリスマ性を根拠として成立する「カリスマ的支配」，③合法性を根拠として成立する「合法的支配」の3つに分けられる。**官僚制は，このうち合法的支配の典型例とされている。**

4 ✕　懲罰型官僚制と代表的官僚制を区別したのはグールドナーである。

　グールドナーは，石膏事業所の事例研究を通じて，強制による管理を行う懲罰型官僚制と同意に基づく管理を行う代表的官僚制を区別した。そして，作業能率を高く保つことのできる代表的官僚制をより高く評価した。

5 ✕　目的の転移による弊害を指摘したのはマートンである。

　規則の遵守は，よりよい行政を行うための手段の一つにすぎない。しかし，規則の遵守が強調されすぎると，規則の遵守それ自体が目的となってしまい，いわゆる「手段の自己目的化」が生じる。マートンはこれを「目的の転移」と呼んで批判した。

正答 **3**

FOCUS

　官僚制論については，ウェーバーとマートンの学説が最頻出である。前者が官僚制の技術的な卓越性を指摘し，後者が官僚制の逆機能を指摘した点は，しっかりと覚えておこう。また，近年ではバジョットの官僚制批判が出題されることもあるので，注意したい。

POINT

重要ポイント 1 ウェーバーの官僚制論

　官僚制とは，明確な上下関係を特徴として形成されたピラミッド型システムのことである。**官僚制は私企業においても政府においても見られる**が，後者の行政官僚制のみをさして官僚制と呼ぶ場合も多い。官僚制を初めて本格的に研究したのは，社会学者のウェーバーであった。

（1）官僚制の歴史的変遷

　ウェーバーは，官僚制のあり方が歴史的に変化してきた様子を跡づけ，家産官僚制と近代官僚制の区別を明確にした。

名　称	時代	説　明	典型例
家産官僚制	中世以前	**身分制に基づく上下関係を基盤として**形成されたピラミッド型システム	国王－大貴族－中小貴族
近代官僚制	近代以降	**職務上の上下関係を基盤として**形成されたピラミッド型システム	上級管理職－中間管理職－末端職員

[注] われわれが「官僚制」という場合，無言のうちに念頭に置いているのは近代官僚制である。試験でも，単に官僚制といえば近代官僚制をさすことが多い。

　ウェーバーは，**近代官僚制こそが，近代以降の社会における合法的支配を支えて**いると主張した。

（2）官僚制の特質

　ウェーバーは，近代官僚制（以下，官僚制とする）の特質について言及しているが，主なものは以下のとおりである。

特　質	説　明
規則による規律	客観的に定立された規則に基づいて，業務が行われる。
明確な権限	規則に定められた明確な権限の範囲内で，業務が行われる。
明確な階統構造	上下の指揮命令系統が一元的に確立されている。
公私の分離	業務を行うために必要な行政手段は，職場で提供される。
文書主義	最終決定，処分，指令などは，すべて文書の形で保存される。
資格任用制	公開競争試験などを通じて，一定の能力の保持者を採用する。
専業性	当該業務の遂行を，各職員が自己の主たる職業としている。

　ウェーバーによれば，官僚制の行動は的確，迅速，慎重で，その業務内容には統一性と安定性が見られる。こうしたことから，ウェーバーは官僚制を「**純粋技術的に卓越した存在**」であると評価した。

（3）官僚制への批判

　ウェーバーは，官僚制の合理的側面を特に強調したが，その欠点についても指摘している。たとえば，①**解体しにくく永続化の傾向があること**，②**支配者に代わり自ら支配する傾向にあること**，③**秘密主義によって権力を握りやすいこと**，などである。

重要ポイント **2** ウェーバー以降の官僚制論

ウェーバー以降の論者たちは，官僚制をより現実に即した視点から考察した。

（1）マートン

社会学者のマートンは，現実の官僚制が予期せざる悪い結果を招いていることも多いとして，その潜在的な逆機能を研究した。マートンによれば，そうした**逆機能は規範への過剰同調によって生じる**という。

規　　範		過剰同調の結果
規則を守れ	➡	規則は絶対に曲げてはならない（規則万能主義）
権限をわきまえよ	➡	自分の権限は死守する（縄張り主義，セクショナリズム）
上下関係を守れ	➡	上司には服従し，部下には威張る（権威主義的態度）
文書で保存せよ	➡	なんでも文書に残すべきだ（繁文縟礼＝レッドテープ）

マートンは，官僚制の逆機能を「**訓練された無能力**」ないし「**目標の転移（＝手段の自己目的化）**」とも表現し，これを批判した。

（2）セルズニック，グールドナー（ゴウルドナー），ブラウ

マートン以降，アメリカの社会学者を中心に，官僚制の実証的研究が進んだ。

学者名	セルズニック	グールドナー	ブラウ
対象	テネシー渓谷開発公社	石膏工場の事業所	職業安定所等
内容	業務遂行の過程で，下位部局の官僚制は自ら新しい組織目的をつくり出し，**政府全体の目的から逸脱してしまうことがある。**	監督や懲罰の厳格化は労働者の労働意欲の低下を促進する。したがって，**上下の相互了解に基づく代表的官僚制**が重要となる。	社会的凝集性が弱い組織では，構成員の間で「地位の不安」が募り，規範への過剰同調や変化に対する抵抗が強まる。

重要ポイント **3** 日本官僚制論

日本の官僚の典型的な姿は，時代によって変化してきたとされる。

古典的官僚（辻清明）	政治的官僚（村松岐夫）	吏員型官僚（真渕勝）
特権を与えられ，国家の後見人として**優越した地位**に置かれた官僚（～1960年代）。	勢力を強めた政党，圧力団体，地方自治体などの間で**調整**を行う官僚（1970年代）。	**政治の設定した目的を実現**することで「公益」を達成しようとする官僚（1980年代～）。

※真渕勝は，古典的官僚制を国士型官僚，政治的官僚を調整型官僚と呼び換えている。

なお，こうした類型化は，シューバートによる理想主義者，現実主義者，合理主義者という官僚の類型化にそれぞれ対応するものである。

No.1 マックス・ウェーバーの官僚制論に関する記述として，妥当なのはどれか。

【地方上級（特別区）・平成19年度】

1 マックス・ウェーバーは，近代官僚制は合法的支配の最も典型的な形態であり，行政組織のみに見られるものであって，私企業には官僚制化は見られないとした。

2 マックス・ウェーバーは，官僚制組織とは，ピラミッド型の構造を持ち，その作動が客観的に定められた規則と上下の指揮命令関係とによって規律されている組織であるとした。

3 マックス・ウェーバーは，官僚制について，上位者と下位者の相互理解によって設定された規則に基づく代表的官僚制と，上位者ないしは下位者によって強制的に賦課された規則に基づく懲罰的官僚制とに類型化した。

4 マックス・ウェーバーは，官僚は集団への忠誠心を強化し，全体の目的よりも所属する下位組織の目的を重視するようになるため，官僚制全体の目的達成が阻害されることがあるとした。

5 マックス・ウェーバーは，官僚制に必要な諸原理が職員に内面化されたときに，そこに生じる職員の心情と態度が，時と場合によって過剰に表れる現象を，訓練された無能力と呼んだ。

No.2 官僚制に関する記述として，妥当なのはどれか。

【地方上級（特別区）・平成29年度】

1 M.ウェーバーは，家産官僚制と近代官僚制とを区別し，近代官僚制は合法的支配の最も純粋な型であると位置づけ，近代官僚制の主な構成要件として，規則による規律の原則，契約制の原則，貨幣定額俸給制の原則を挙げた。

2 P.M.ブラウは，TVAの事例研究により，官僚制における熟練と専門化が，官僚の視野を狭くし，自分の所属する集団への愛着を強め，組織全体の目的に反する価値を発展させるプロセスがあるとして，官僚制の逆機能を指摘した。

3 M.クロジェは，『社会理論と社会構造』を著し，もともと規則は，一定の目的を達成するための手段として制定されるものであるが，規則それ自体の遵守が自己目的化する現象を目的の転移と呼んだ。

4 A.グールドナーは，ある石膏事業所の官僚制化という事例研究を通して，代表的官僚制とは，一方的な上からの強制によって制定された規則に基づく官僚制の形態であるとした。

5 P.セルズニックは，『官僚制現象』を著し，フランスの官僚現象を分析し，官僚制とは，自らの誤りを容易に正すことのできないシステムであり，フィードバ

ックの困難なシステムであるとした。

❖ **No.3** 官僚制に関する次の記述のうち，妥当なのはどれか。

【国家一般職・平成28年度】

1 M.ウェーバーは，近代官僚制と家産官僚制を区別し，近代官僚制においては君主と官吏が主従関係にあり官吏の身分が拘束されているのに対し，家産官僚制においては自由な身分の官吏が契約によって任命されていることを特徴として対比した。

2 軍隊組織は，官僚制にはない特徴を持つ組織であり，厳格な身分制と明確な階級制，上位から下位への連絡が一元化された命令系統，意思決定の集権性，外部とのかかわり合いが抑制される閉鎖性などを特徴とする。

3 P.セルズニックは，官僚制による分業が組織内での利害の分岐を生み，官僚制全体の目的よりも下位組織の目的を重視し内面化することで，それぞれの利害が対立し，組織内のコンフリクトが生じると指摘した。

4 真渕勝は，わが国の官僚像について，1960年代以前の家産官僚制の性格を残す吏員型官僚，1970年代以降の自由民主党政権の長期化と利益団体の活動の活発化による国士型官僚，1980年代以降の政治と社会からの圧力による調整型官僚の登場を指摘した。

5 R.マートンは，官僚制組織の成員が訓練や実務を通じて組織にとって必要な行動原則を身に付けたときには，状況によって柔軟に行動原則に沿った行動が表出されるとして，官僚制の逆機能的側面を強調した。

【地方上級（全国型）・平成22年度】

1 M.ウェーバーは，家産官僚制と近代官僚制を区別し，後者の特徴として，近代以降に発達した効率性を追求する合理的な組織形態であること，客観的に定立された規則に基づいて業務を遂行すること，職場以外においても上下関係が継続することなどを挙げた。

2 C.バーナードは，人間行動のシステムとしての組織に注目し，組織がその構成員に与える満足感などの誘因と，構成員から組織に対してなされる貢献のバランスが取れたときに，組織は初めて維持されるとして，組織均衡論を提唱した。

3 R.マートンは，現実に作動している官僚制を考察する中で，官僚たちが次第に規範から逸脱し，裁量的に行動するようになる傾向を持つことを見いだし，そうした現象を「官僚制の逆機能」ないし「目標の転位」と呼んだ。

4 新公共管理（NPM）理論は，世界に先駆けてわが国で初めて提唱された行財政改革に関する理論であり，内務省を警察庁，建設省，自治省などに解体するという成果を生んだが，同時に縦割り行政の拡大という今日につながる問題をも引き起こした。

5 ストリートレベルの官僚制では，行政官庁から数多くの通達が発せられていること，上司の濃密な監督の下で行動するという原則が確立されていることなどによって，裁量権を行使する機会が大幅に狭められている。

実戦問題 **1** の 解説

No.1 の解説 マックス・ウェーバーの官僚制論　　　　→問題はP.20　**正答2**

1 ✕ **ウェーバーによれば近代官僚制は私企業においても成立している。**
ウェーバーは，行政組織のみならず，私企業においても官僚制化が見られる
とした。ウェーバーによれば，近代社会では合理性の実現が強く要請されて
おり，これを達成するために官僚制が発達したとされる。

2 ◎ **官僚制組織の特徴はピラミッド型構造などに求められる。**
正しい。**ウェーバーは，官僚制組織を定義づけたうえで，これが純粋技術的
卓越性を持つ点を明らかにした。**

3 ✕ **代表的官僚制と懲罰的官僚制を区別したのはグールドナーである。**
グールドナーに関する記述である。グールドナーは石膏工場で調査を行い，
工場長の交代によって管理が強化されたことで，労働者が労働意欲を失い，
これがさらなる管理の強化をもたらすという悪循環を見いだした。そして，
上位者と下位者の相互理解に基づく代表的官僚制の重要性を主張した。

4 ✕ **下位組織の自立化による弊害を指摘したのはセルズニックである。**
セルズニックに関する記述である。セルズニックはテネシー渓谷開発公社
（TVA）の研究を行い，TVAの官僚たちが専門性を高め，TVAへの忠誠心
を強化していった結果，政府全体の目的から逸脱するようになった様子を跡
づけた。

5 ✕ **訓練された無能力を指摘したのはマートンである。**
マートンに関する記述である。マートンは，職員が官僚制に必要な諸原理を
内面化し，これに過剰同調した場合，思わぬ悪影響が生じると主張した
（「訓練された無能力」）。たとえば，法規の形式的な遵守にこだわるあまり，
それが実際に妥当な行為なのかを検討しなくなるようなケースがこれに当た
る。

No.2 の解説 官僚制　　　　　　　　　　　　　　　　　→問題はP.20　**正答 1**

1 ◎ 近代官僚制は合法的支配の典型例である。

正しい。ウェーバーは，近代官僚制を身分制社会における家産官僚制と区別し，これを合法的支配の最も純粋な型であると位置づけた。

2 ✕ テネシー渓谷開発公社（TVA）研究を行ったのはセルズニックである。

テネシー渓谷開発公社の事例研究を行い，官僚制における熟練と専門化が下位組織の自立化を促すという現象を見いだしたのは，セルズニックである。ブラウは，職業安定所等の事例研究を行い，凝集性が弱い官僚制組織では規範への過剰同調や変化に対する抵抗が強まるという現象を見いだした。

3 ✕ 官僚制における目的の転移を主張したのはマートンである。

『社会理論と社会構造』を著し，官僚制においては規則それ自体の遵守が自己目的化すると主張したのは，マートンである。クロジェは，フランスの官僚制を考察し，官僚制の欠点を指摘したことで有名である。

4 ✕ 代表的官僚制とは上下の相互了解に基づく官僚制である。

グールドナーは，石膏工場における官僚制を考察し，懲罰的官僚制と代表的官僚制を区別した。懲罰的官僚制とは，一方的な上からの強制を特徴とする官僚制である。代表的官僚制とは，上下の相互了解を特徴とする官僚制である。グールドナーは，このうち代表的官僚制のほうが，組織の能率を向上させるうえで優れていると主張した。

5 ✕ フランスの官僚制を研究したのはクロジェである。

フランスの官僚現象を分析し，官僚制を「自らの誤りを容易に正すことのできないシステム」ととらえたのは，クロジェである。セルズニックは，テネシー渓谷開発公社の事例研究を行い，官僚制における下位組織の自立化傾向を指摘したことで有名である。

No.3 の解説 官僚制　　　　　　　　　　　　　　　　　→問題はP.21　**正答 3**

1 ✕ 近代官僚制は契約によって成立する。

近代官僚制と家産官僚制の説明が逆である。家産官僚制においては君主と官吏が主従関係にあり，官吏の身分が拘束されていた。近代官僚制においては自由な身分の官吏が契約によって任命されている。

2 ✕ 官僚制は軍隊組織に類似している。

厳格な身分制と明確な階級制，一元化された命令系統などの特徴は，程度の差こそあれ，官僚制と軍隊組織に共有されている。その意味で，官僚制と軍隊組織は類似している。

3 ◎ セルズニックは下位組織の自立化と組織内コンフリクトの発生を指摘した。

正しい。セルズニックは，テネシー渓谷開発公社（TVA）を考察し，官僚制の弊害を指摘した。すなわち，官僚制においては，分業の進展とともに下位組織の自立化が進み，下位組織間で利害を巡る紛争が発生するとされた。

4 × わが国の官僚は「国士型→調整型→吏員型」の順に変遷したとされる。

真渕勝は，わが国の官僚像を3つに類型化した。すなわち，①自らが国家を主導しようとする「国士型官僚」(1960年代以前)，②政治的諸勢力の間で調整機能を営もうとする「調整型官僚」(1970年代以降)，③自らの役割を必要最小限度にとどめようとする「吏員型官僚」(1980年代以降)の3つである。

5 × マートンは官僚制が柔軟性を失やすい点を批判した。

マートンは，官僚制組織の成員が組織によって必要な行動原則を身につけたときには，その原則に過度に縛られ，しばしば柔軟な行動ができなくなると指摘した。これが，マートンのいう「官僚制の逆機能」である。

No.4 の解説　官僚制　→問題はP.22　**正答2**

1 × 職場の上下関係が職場以外の場面でも継続するのは，前近代社会で発達した家産官僚制の特徴である。近代官僚制は，身分制が廃止された近代社会において発達してきたことから，職場の上下関係が社会生活上の上下関係とは切り離されているという特徴を持つ。

2 ◎ 正しい。バーナードは，組織を一種のシステムとしてとらえ，組織は人間の相互行為によって成り立っていると主張した。そして，**組織の与える誘因と構成員による貢献のバランスが取れれば組織は維持され，両者のバランスが崩れれば組織は崩壊する**として，組織を動態的にとらえた（「組織均衡論」）。

3 × マートンは，現実に作動している官僚制を考察する中で，官僚たちが規範に過剰同調し，法の形式的な遵守にこだわるなどして，現実への柔軟な対応を欠く傾向にある点を指摘した。これが，マートンのいう「官僚制の逆機能」ないし「目標の転位」である。

4 × 新公共管理（NPM）理論は，世界に先駆けて1980年代のイギリスやニュージーランドで提唱された行財政改革に関する理論である。NPM理論では，公的部門への市場原理の導入，評価を通じた事後統制の重視，行政のスリム化などが説かれており，わが国の行財政改革にも大きな影響を与えた。なお，内務省の解体は1947年の出来事であり，NPM理論とは無関係である。

5 × ストリート・レベルの官僚制とは，外勤警察官（お巡りさん）やケースワーカーのように，対象者との直接的な接触を日常業務としている職員のことである。ストリート・レベルの官僚制は，複雑な現実に直面しながら職務に当たらなければならないこと，上司の濃密な監督を離れて自立的に行動する機会が多いことなどにより，大幅な裁量権を行使している。

No.5 官僚制に関する次の記述のうち，妥当なのはどれか。

【国家一般職・令和3年度】

1 M.ウェーバーは，官僚制は政治の質を害するとともに政治の量を過大にすると批判した。また，彼は，近代官僚制の構成要件の一つである「身分保障」について，官僚の公的活動と私的生活とは明確に区分され，上司と部下の間の身分的な上下関係は職務・職場内に限定されるとした。

2 A.ゴールドナーは，職業安定所における官僚制化の事例研究を行い，業務を効率化するための分業によって生じる組織内でのコンフリクトを解消するために，組織の新しい責任者が規則を強化して労働者の管理を徹底するという「懲罰的官僚制」の形態が出現したことを示した。

3 P.セルズニックは，TVA（テネシー川流域開発公社）の事例研究を行い，行政機関が組織の安定と存続への脅威を回避するために，組織の外的環境の一部を政策過程の中に取り込んで事業の実施の円滑化を図るという「包摂」の過程を示した。

4 M.クロジェは，官僚制の組織形態の類型として「専門指向型」と「組織指向型」という2つを指摘した。彼は，「専門指向型」では組織から独立した個々の専門性が重視されることから，外部組織からの中途採用も頻繁に行われるとし，その代表例として米国とフランスを挙げた。

5 C.パーキンソンは，官僚制組織の命令系統の構造に関して3人1組論を示し，上下関係にある上司・中間者・部下という3人の組合せにおいて，上司には現場に近い部下と中間者が理解できるように，具体的な指示や命令を出す責務があることを指摘した。

No.6 官僚制に関する次の記述のうち，妥当なのはどれか。

【国家総合職・平成25年度】

1 R.K.マートンは，市民が官僚に人格的な取扱いを望む一方，官僚は市民を人格的に取り扱うことで生じ得る汚職や情実などを防ぐために規則遵守への関心を高め，規則遵守を自己目的化すると指摘した。また，規則遵守の自己目的化は官僚の恣意的な行動を抑制することになり，官僚の行動に関する予測可能性を高め，市民の官僚制への信頼感を高めることになるとして，これを官僚制の「逆機能」と呼んだ。

2 A.ゴウルドナーは，ある石膏事業所の官僚制化という事例研究を通して，官僚制化の影響を明らかにした。これによると，石膏事業所の所長が権威を発動して，実際の目で見て坑内の労働者に「こまかな監督」を行うことは，規則よりもインフォーマルな関係を重視する坑内労働者のモティベーションを高め，事業所の生産能率を向上させた。

3 A.ダウンズは，ある行政機関が政策の唯一の決定者である「核心帯」や，ある行政機関が支配的であるが，他の行政機関も一定の影響力を持つ「内界域」等，行政機関が政策空間の各部分において社会的行為にどの程度の支配力を持っているかによって行政機関の「領域」を区分し，行政機関の領域を巡る争いを論じた。ダウンズは，各行政機関は自身の存続を確保するのに十分な広さの領域を確立するため，権限や管轄を拡大しようと闘争していると指摘した。

4 M.クロジェは，米国との比較においてフランスの官僚現象を分析した。クロジェによると，米国では国民性として孤立が好まれるため，問題解決の際には組織内での面接的関係が回避され，ルールへの過剰な依存が生じるのに対し，フランスではすべての人が平等に決定に参加すべきと考えられていることから，新しい提案を採択する際には多くの人に対する説得が必要となり，社会や組織は保守的になることから，「自らの誤りを容易に正すことのできないシステム」となる。

5 村松岐夫は，『戦後日本の官僚制』において，1970年代のわが国の官僚を，多様な政治状況の中で政治の意向を斟酌しながら役割を果たそうとする「古典的官僚」と，社会ないし社会集団を指導し，政治の上に立とうとする態度の「政治的官僚」の2つのタイプに区別した。村松は，わが国では「政治的官僚」への比重が高まっているものの，いまだ組織のトップにある官僚たちには「古典的官僚」が相当程度残っていると指摘した。

実戦問題②の解説

No.5 の解説 官僚制

→問題はP.26 **正答3**

1 ✕ 官僚制が政治の質や量に悪影響を与えるとしたのはバジョットである。

バジョットは，官僚制が手続きを重視するとともに，自らの権限や業務量，人員を拡大しようとする傾向を持つと考え，**官僚制は政治の質を害するとともに，政治の量を過大にする**と批判した。なお，ウェーバーは，近代以降に発達した官僚制を近代官僚制ととらえており，職務や職場の内外を問わず，近代官僚制が身分制とかかわりを持つことはないとした。

2 ✕ ゴールドナーは石膏工場の事例研究を行った。

ゴールドナー（グールドナー）は，石膏工場の事例研究を行い，組織管理の在り方と作業能率の関係を明らかにした。規則の強化によって管理を徹底しようとする官僚制を懲罰的官僚制というが，ゴールドナーによれば，懲罰的官僚制は組織内コンフリクト（紛争）を増加させ，作業能率を低下させるものである。これに対して，職業安定所における官僚制化の研究を行ったのはブラウである。

3 ◎ セルズニックはTVAの事例研究を通じて，包摂の重要性を指摘した。

正しい。セルズニックは，TVA（テネシー川流域開発公社）による地域開発の推進という革新的政策をテーマに，その事例研究を行った。そして，**TVAが地元の反対勢力（保守勢力）を組織に取り込み（「包摂」），その意見を政策に反映することで，組織の安定と存続への脅威を回避することができた**一方，所期の目的の達成が困難になったと指摘した。

4 ✕ 官僚制を専門指向型と組織指向型に分類したのはシルバーマンである。

シルバーマンは，①組織から独立した（＝さまざまな組織で通用する）専門性を重視する専門指向型官僚制と，②特定組織に固有のノウハウやルールを重視する組織指向型官僚制を区別した。そして，**専門指向型官僚制では中途採用も頻繁に行われ，組織が開放的になる**と指摘し，その代表例として米国を挙げた。他方，**組織指向型官僚制では，内部昇進のルートが体系化され，組織が閉鎖的になる**と指摘し，その代表例としてフランスを挙げた。なお，クロジェはフランスの行政学者であり，官僚制と政治文化の関係を明らかにしたことで有名である。

5 ✕ 3人1組論を提唱したのはダンサイアである。

ダンサイアは，上司・中間者・部下という3人を1組として扱い，その集積として官僚制組織を考察するべきであると主張した。これを3人1組論という。3人1組論では，上下をつなぐ中間者の役割が重要とされ，中間者は上司からの命令を具体化して部下に伝達するものとされている。これに対して，パーキンソンは，**職員の数は仕事の量や軽重とは無関係に一定の割合で増加する**と主張したことで有名である（「パーキンソンの法則」）。

No.6 の解説 官僚制　　　　　　　　　　　　　　　　→問題はP.27　**正答3**

1 ✕ 官僚制において規則遵守が自己目的化している点を指摘したのは，確かにマートンである。しかし，マートンは，その結果として官僚制は状況の変化に柔軟に対応できなくなっていると考え，これを官僚制の「逆機能」（ないし「訓練された無能力」）と呼んで批判した。これに対して，**官僚制では官僚の恣意的な行動が抑制されており，その行動に関する予測性が高められていると主張したのは，ウェーバーである**。ウェーバーは，官僚制における「規則による規律」の重要性を指摘し，これに一定の評価を与えている。

2 ✕ ゴウルドナー（グールドナー）によれば，石膏事業所の所長が「こまかな監督」を行うことは，労働者から自律性を奪い，不自由にすることにつながるため，インフォーマルな関係を重視する坑内労働者のモチベーションを低下させ，事業所の生産能率を低下させた。そこで，ゴウルドナーは，こうした懲罰的官僚制に代えて，上下の相互了解に基づく代表的官僚制を採用するべきであると主張した。

3 ◎ 正しい。**ダウンズは，各行政機関が権限や管轄を巡る争いを繰り広げ，自らの政策上の「領域」（territory）を拡大しようとしているという仮説を提示した**。現代においては，行政機関の間で技術的な相互依存性が高まり，「領域」の境界線が不明確になっていることから，各行政機関は過剰な不安定性を避けるための合理的な対応として，他の行政機関による未調整の決定には敏感に反応するとされている。

4 ✕ クロジェによると，米国ではすべての人が平等に決定に参加すべきと考えられていることから，新しい提案を採択する際には多くの人に対する説得が必要となり，変革が行われにくくなる。これに対して，フランスでは国民性として孤立が好まれることから，面接的関係を回避しつつ問題を解決するために，ルールへの過剰な依存が生じやすくなる。いずれにしても，官僚制はいったん下した決定を覆すことが難しいという特徴を共通に有しており，その点で「自らの誤りを容易に正すことのできないシステム」ととらえられる。

5 ✕ 村松岐夫は，1970年代のわが国の官僚を，社会ないし社会集団を指導し，政治の上に立とうとする態度の「古典的官僚」と，多様な政治状況の中で政治の意向を斟酌しながら役割を果たそうとする「政治的官僚」の2つのタイプに区別した。そのうえで，**わが国では政権党（自民党），圧力団体，革新自治体などが台頭し，政治過程が多元化していることから，さまざまな政治的アクターの間で利害を調整する「政治的官僚」の比重が高まっていると主張した。**

官僚制の実態

┌ 必 修 問 題 ┐

　ストリート・レベルの行政職員に関するA～Dの記述のうち，妥当なもの
を選んだ組合せはどれか。

【地方上級（特別区）・令和5年度】

A：キングスレーは，広い裁量を持ち，対象者と直接接触してサービスを
　　供給する行政職員を，**ストリート・レベルの行政職員**とした。

B：ストリート・レベルの行政職員には，外勤の警察官や福祉事務所のケ
　　ースワーカーのほか，公立学校の教員などが挙げられる。

C：ストリート・レベルの行政職員は**エネルギー振り分けの裁量**を持つ
　　が，すべての業務を十分に遂行することはほぼ不可能であり，ディレ
　　ンマに直面する。

D：ストリート・レベルの行政職員は広い裁量権を持つが，多様な法令等
　　のルールによって拘束されているため，**法適用の裁量**はない。

1　A，B
2　A，C
3　A，D
4　B，C
5　B，D

難易度　＊

頻出度
B
国家総合職 ★★　　地上特別区 ★★
国家一般職 ★　　　市役所C ★
地上全国型 ―
地上関東型 ―

❷官僚制の実態

第1章
行政の組織

必修問題の **解説**

本問は，ストリート・レベルの行政職員に関する基本問題である。この手の問題では，「お巡りさん」（B）を念頭に置いて考えてみるとよい。交番に詰めるかパトロールに出かけるかは，お巡りさん自身が決めているはずである（C）。夫婦げんかに出くわした際に傷害罪を適用するか否かは，お巡りさんが状況を見て判断しているはずである（D）。悩んだときは，具体例で考えてみよう。

A ✕ ストリート・レベルの行政職員の概念を提示したのはリプスキーである。

リプスキーは，対象者と直接接触する現場職員を「ストリート・レベルの行政職員」として概念化した。

B ◯ ストリート・レベルの行政職員の代表例は外勤警察官などである。

正しい。**外勤警察官**（お巡りさん）やケースワーカー（生活相談員），公立学校の教員，判事（裁判官）などは，いずれも対象者と直接接触する現場職員であり，ストリート・レベルの行政職員に該当する。

C ◯ ストリート・レベルの行政職員は「エネルギー振分けの裁量」を持つ。

正しい。ストリート・レベルの行政職員は，どの業務にどれだけのエネルギーを振り分けるかを，自ら判断しなければならない。これを「エネルギー振分けの裁量」という。しかし，**勤務時間は有限であることから，ある業務を行えば他の業務が行えなくなるというジレンマに直面することになる。**

D ✕ ストリート・レベルの行政職員は「法適用の裁量」を持つ。

ストリート・レベルの行政職員は，現場で複雑な事態に直面するため，どの法令をどのように適用するか（または適用しないか）を，自ら判断しなければならない。これを「法適用の裁量」という。

以上より，BとCが正しく，正答は**4**となる。

正答 **4**

FOCUS

官僚制の実態については，代表的官僚制やストリート・レベルの行政職員などの概念のほか，大部屋主義や稟議制といった日本官僚制の特徴も出題されやすい。後者については，テーマ1で触れた日本官僚制論も併せて出題されているので，十分に注意しよう。

重要ポイント1 官僚制の実態

現実の官僚制を考察すると，そこにはいくつかの特徴が認められる。

（1）階層的偏り

行政職員は，社会の各階層から均等に選出されているわけではない。たとえばアメリカでは，従来，職員に白人や上流中産階級の出身者が多く，その他の人々の意向が行政に反映されにくかった。こうしたことから，**キングズレーは代表的官僚制の概念を提唱し，人種や階層などの人口構成比に配慮しつつ職員構成を決定するべきだと主張した。**

（2）3人1組論

官僚制では，行政に関する情報が，指揮命令系統に沿って上下方向に流通している。そこでダンサイアは，上下関係に置かれた3人の職員を基本単位として，そうした情報流

通を考察する視点を提示した。これが3人1組論である。この場合，特に**中間者の役割が重視される。**

重要ポイント2 非官僚制的な行政組織

中央官庁においては官僚制が典型的に成立しており，各職員は上司の濃密な統制を受けながら行動している。これに対して，行政機構の周縁部においては，しばしば階統制（ヒエラルキー）の原理が緩められ，各職員が半自律的に行動している。

（1）ストリート・レベルの行政職員

リプスキーは，対象者との直接的な接触を日常業務としている行政職員を，ストリート・レベルの行政職員と呼んだ。外勤警察官（お巡りさん）やケースワーカーなどが，その例である。この種の行政職員は，幅広い裁量の余地を持ちつつ，対象者に向けて大きな権力を行使している。

下の図のうち，**法適用の裁量は他の行政職員においても見られるが，エネルギー振分けの裁量はストリート・レベルの行政職員に特徴的なものである。**

（2）プロフェッション組織

行政機構の周縁部には，国立病院や国立大学のように，各方面の専門家によって構成される組織も存在する。そうしたプロフェッション組織では，事務局などの裏方を除けば，各職員の自律性が重んじられている。

重要ポイント 3 **わが国の官僚制の特徴**

わが国の官僚制は，欧米先進国と比べてみると，いくつかの特徴を持っている。

(1) 最大動員型システム

わが国の官僚制は，限られた資源（＝人員・予算・権限）を総動員しつつ，省庁ごとに一丸となって活動している。また，ときには業界団体などと協力しつつ，その

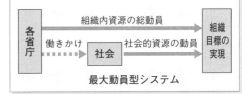

最大動員型システム

資源も目標達成に利用している。こうしたあり方を，最大動員型システムと呼ぶ。

(2) 大部屋主義

欧米の官僚制では，個人単位で職務が定められており，各職員の権限と責任が明確になっている。これに対して，**わが国の官僚制では，課ないし係を単位として業務上の権限と責任が定められており，同室の職員は協力し合いながら業務を処理している。**こうした職務執行のやり方を，大部屋主義と呼ぶ。大部屋主義は，最大動員型システムの一つの表れである。

(3) 稟議制

わが国の官僚制においては，稟議制と呼ばれる**ボトムアップ型の意思決定方式**が採用されている。**稟議制では，下位職員が案件への対処について文書（稟議書ないし伺い書）を起案し**，それが順次，上位職員に回覧され，最終的には決定権者の決裁を受ける。なお，

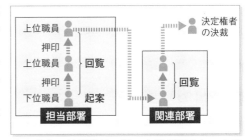

各府省で重要政策を決定する場合には，事前に幹部職員の間で会議が開かれ，合意がなされた後に，文書の起案と回覧の手続きがとられている。この際の稟議制は，単なる形式的なものにすぎない。

稟議制は，①**職員のモラール（士気）が高まる**，②**事後に異議が出にくい**，などの利点を持っているが，③**決定に時間がかかる**，④**責任の所在が不明確になりやすい**，⑤**リーダーシップが発揮されにくい**，などの欠点も持っている。

(4) 多様な意思決定方式

井上誠一は，わが国の官僚制における現実の意思決定方式は多様であり，いわゆる稟議制に限られないと指摘した。

稟議書型	順次回覧決裁型	いわゆる稟議制	ルーティンの意思決定
	持回り決裁型	会議での合意事項を稟議書にして確認印を求めて回る	重要な政策決定
非稟議書型	文書型	なんらかの文書を作成して決定に至る。	予算の概算要求の決定，国会答弁資料の作成
	口頭型	口頭で決定内容を伝える。	会議への出欠席の決定

No.1 次の記述のうち，アメリカの行政学者によって提唱された「代表的官僚制（representative bureaucracy）」の趣旨に合致するのはどれか。

【地方上級（全国型）・平成11年度】

1 民主主義体制下の公務員の人的構成は，一般国民のそれを反映したものであることが望ましいので，女性，黒人，アジア系住民などについても，国民構成比に基づき採用人数を割り当てる。

2 イギリスの政治家・思想家 E.バークの国民代表論にまで起源をさかのぼることのできる理論で，個別的・地方的利害から自由な人間を公務員に選任するために，人文的教養を重視した一般公開競争試験を行う。

3 公務員の選任は，議会制民主主義の下における政治家と同様に，有権者である国民への応答性を基本とするから，検事や裁判官，警察署長などの公職の任用は一般住民投票に基づいて行う。

4 一般に独任制を基調とする大陸型官僚制にあっては，最終的決定権を行使する個人の人種的・階級的偏見が優越しがちなので，独任制行政機関を公選に基づく行政委員会によって置き換える。

5 民主制の下では公務員が可能な限り主権者である国民の意思に従って行動することが望ましいので，大統領や州知事など公選制の行政首長が直接任免できる政治的任用職を増やす。

No.2 M.リプスキーのストリートレベルの官僚(street-level bureaucrats）に関するア～エの記述のうち，妥当なもののみをすべて挙げているのはどれか。

【国家一般職・平成28年度】

ア：ソーシャル・ワーカーや教師など，日々サービスの対象者に直接接し職務を遂行する現場担当職員を，ストリート・レベルの官僚と呼び，現場の職員であるがゆえに，職務上の裁量の余地が広く，対象者に対する権力が大きいことが特徴であるとした。

イ：外勤警察官の主な職務には，住民から持ち込まれた事案に対応する活動と，街の中で地域を巡回しながら行う活動があるが，異なる性質の業務を担当していることによる「エネルギー振分けのジレンマ」を解消するには，巡回活動に専念する定型化が望ましいとした。

ウ：ストリート・レベルの官僚は，職務の性質上，上司の濃密な監督を受けないことから，職権を乱用した人権侵害，恣意的な法適用による不公平な対応，対象者との癒着などの弊害が懸念されるため，対象者の自宅を訪問することを禁止すべきとした。

エ：行政の仕事のうち，特に政策の実施や執行に関しては，行政改革の潮流の中

で非営利組織などの主体にゆだねられるようになり，行政組織と同様の役割を果たすようになる人々を「新しいストリート・レベルの官僚」と呼んだ。

1 ア．イ
2 ア．ウ
3 ア．エ
4 イ．ウ
5 ウ．エ

No.3 *　稟議制に関する記述として，妥当なのはどれか。

【地方上級（東京都）・平成17年度】

1　稟議制は，もっぱら行政組織で採用されている意思決定方式であり，重要な事案のため議会答弁資料の作成の際には必ず用いられる。

2　稟議制は，関係者間で事前に十分な意見調整が行われており，回議の際に反対や不満が出にくいため，決定を急ぐ場合に特に有効である。

3　稟議制では，意思決定過程が文書として残り，責任の所在が明確になるため，意思決定に関与した者は，事案について強い責任感を持つとされる。

4　稟議制では，決定権者の決裁を得ることにより，事案の処理方針が確定するため，決定権者がリーダーシップを発揮しやすいとされる。

5　稟議制は，下位の職員が起案した稟議書を上位の職員に順次回議していく形式をとるため，組織内部の上下関係を再確認させる効果があるとされる。

No.4 *　稟議制に関する次の記述のうち，妥当なものはどれか。

【市役所・平成18年度】

1　稟議制においては組織の最上位者の指導力が強まるため，トップダウン型の意思決定が行われやすくなる。

2　稟議制において稟議書を起案するのは末端職員であるため，ルーティンワークについても回議の過程で原案に大幅な修正が加えられるのが通例である。

3　わが国の行政機関では稟議制が採用されているが，重要な政策案については稟議書の起案に先立ってその内容が事前の会議で決定される。

4　わが国の行政機関では慎重な意思決定を行うために稟議制が採用されており，職員の会議への出欠に関しても稟議制が適用されている。

5　稟議制においては最終決定者のみが稟議書に押印し，その責任の所在を明確にすることとされている。

次の文は，わが国の意思決定方式に関する記述であるが，文中の空所A〜Dに該当する語または語句の組合せとして，妥当なのはどれか。

【地方上級（特別区）・平成28年度】

　　井上誠一は，日本の中央省庁で使用されている意思決定方式について整理し，稟議書型と非稟議書型に区別したうえで，稟議書型はさらに[＿＿＿A＿＿＿]と[＿＿＿B＿＿＿]に分けられるとした。[＿＿＿A＿＿＿]の具体例については，法規裁量型行政処分の決定があり，[＿＿＿B＿＿＿]の具体例については，[＿＿＿C＿＿＿]の決定がある。また，[＿＿＿D＿＿＿]の決定は非稟議書型に属するとされる。

	A	B	C	D
1	順次回覧決裁型	持ち回り決裁型	法令案・要綱	予算の概算要求
2	順次回覧決裁型	持ち回り決裁型	会議への出欠席	予算の概算要求
3	順次回覧決裁型	持ち回り決裁型	予算の概算要求	法令案・要綱
4	持ち回り決裁型	順次回覧決裁型	法令案・要綱	会議への出欠席
5	持ち回り決裁型	順次回覧決裁型	予算の概算要求	法令案・要綱

実戦問題 **1** の 解 説

→問題はP.34

No.1 の解説 代表的官僚制　　　　　　　　　　　　　　　正答 **1**

1◎ 正しい。**代表的官僚制とは，白人・男性・富裕階級に偏りがちであった従来の官僚制を改革し，さまざまな社会的カテゴリーから平等に公務員を任用しようとする制度のことである。**

2✕ イギリスの伝統的な公務員制度に関する記述であって，代表的官僚制とは無関係である。

3✕ アメリカの伝統的な公務員制度に関する記述であって，代表的官僚制とは無関係である。

4✕ 行政委員会による中立的行政の確保に関する記述であって，代表的官僚制とは無関係である。

5✕ アメリカで大規模に行われている公務員の政治的任用に関する記述であって，代表的官僚制とは無関係である。

No.2 の解説 ストリート・レベルの官僚　　　　　　　　　正答 **3**

→問題はP.34

ア◎ ストリート・レベルの官僚は大きな裁量権を持っている。

正しい。**ストリート・レベルの官僚は，多様で複雑な現実に直面せざるをえないため，裁量権を行使する余地が幅広く認められている。**その結果，サービスの対象者は自らの利益が損なわれることを恐れて，ストリート・レベルの官僚に異議を唱えにくくなる。

イ✕ 「エネルギー振分けのジレンマ」は，状況に応じて解消を図るしかない。

ある活動にエネルギーを振り向ければ，他の活動に割くエネルギーが減ってしまうという状況を，一般に「エネルギー振分けのジレンマ」という。ストリート・レベルの官僚が，事案対応活動と巡回活動のいずれにエネルギーを割くべきかは，個々の状況によって異なるため，いかなる状況でも適用しうる普遍的な解消策は存在しない。

ウ✕ ストリート・レベルの官僚は，対象者の自宅を訪問することも多い。

ストリート・レベルの官僚にとって，対象者の自宅を訪問することは，しばしば職務の本質とかかわっている。たとえば，生活保護の可否を判断するため，ケースワーカーが申請者の自宅を訪問し，その生活状況を確認することは当然の活動である。したがって，リプスキーも対象者の自宅訪問を禁止すべきであるとは提案していない。

エ◎ NPO職員などは「新しいストリート・レベルの官僚」と呼ばれる。

正しい。**行政改革の進展とともに，従来は行政の現場職員（ストリート・レベルの官僚）が携わってきた業務の多くが，非営利組織（NPO）などの職員にゆだねられるようになった。**リプスキーはこの点に注目し，行政の現場職員と同様の役割を果たすようになる人々を「**新しいストリート・レベルの官僚**」と呼んだ。

以上より，**ア**と**エ**が正しく，正答は**3**である。

No.3 の解説 稟議制 →問題はP.35 **正答5**

1 ✕ 稟議制は官民を問わず用いられている。

稟議制は，民間企業においても採用されているわが国独自の意思決定方式である。また，**官庁において議会答弁資料（＝大臣等が国会で答弁する際の原稿）を作成する際には，時間のかかる公式的な稟議制は用いられず，担当者の作成した文書を持ち寄り，調整する形がとられる。**

2 ✕ 稟議制は決定を急ぐ場合には有効ではない。

稟議制では，末端職員の起案した稟議書が多くの関係者に回覧され，その過程で必要に応じて意見調整が行われる。そのため，決定に時間がかかることも多く，稟議制は決定を急ぐ場合にはあまり有効ではない。なお，重要政策を決定する場合には，関係者間の事前協議で意見調整が行われるが，そうしたケースは必ずしも多くない。

3 ✕ 稟議制では責任の所在が不明確になる。

稟議制では，意思決定に参加する人数が多くなるため，だれが実質的な責任を負っているのかという点が曖昧になりやすい。そのため，関係者は事案について，あまり強い責任感を持つことはないとされる。

4 ✕ 稟議制では決定権者がリーダーシップを発揮しにくい。

稟議制では，決裁の前段階で事実上の決定が行われ，決定権者はこれに形式的な承認を与えるにすぎないというケースが多い。このように，稟議制のようなボトムアップ型の意思決定方式では，決定権者がリーダーシップを発揮しにくい傾向にある。

5 ◎ 稟議制は組織内部の上下関係を再確認させる効果を持つ。

正しい。**稟議制では，下位者からの提案を上位者が承認するという形で決定が行われている。そのため，稟議制を通じて，組織内部の上下関係が再確認されやすくなる。**

No.4 の解説 稟議制 →問題はP.35 **正答3**

1 ✕ 稟議制では，末端職員の起案した稟議書が順次上司に回覧され，最終的に決裁に至る（＝ボトムアップ型）。したがって，組織の最上位者が決定にかかわる局面はこの最終段階に限られ，最上位者の指導力は弱まる傾向にある。

2 ✕ ルーティンワーク（建築許可など）については，案件を技術的・定型的に処理することが可能である。したがって，これを稟議制で処理する場合，回議（＝稟議書の回覧）の過程で異議が出ることは少なく，原案に大幅な修正が加えられることはまれである。

3 ◎ 正しい。**重要な政策案（法律案や長期計画など）を決定する場合，まずは組織の上位者の間で会議が開かれ，その内容が決定される。その後，合意内容が文書にまとめられ，稟議制の手続きに沿って処理される。**

4 ✕ 行政機関としての正式な意思決定は稟議制を通じて行われるが，職員の会議

への出欠などの簡易な案件については，口頭で決定が伝達される。なお，財務省に提出する概算要求書（＝各府省の予算要求を記した書類）を作成したり，大臣の国会答弁資料を作成する際にも，稟議制は用いられておらず，組織の上位者が文書をとりまとめ，それをもって決定としている。

5✕ 稟議制においては，最終決定者を含め，回議に参加した全員が稟議書に押印する。そのため，稟議制では責任が分散し，責任の所在が不明確になりやすいといわれている。

No.5 の解説　日本の意思決定方式 →問題はP.36 **正答1**

A：「順次回覧決裁型」が該当する。

具体例に挙げられている「法規裁量型行政処分」とは，行政庁が下す処分のうち，法律で規律された裁量に基づいて行われるものをさす。**法規裁量型行政処分を行う際には，末端職員の作成した稟議書を順次上位者に回覧し，決裁に至るという手続きがとられる**。したがって，このケースは順次回覧決裁型の意思決定方式に該当する。

B：「持ち回り決裁型」が該当する。

稟議書型の意思決定方式は，順次回覧決裁型と持ち回り決裁型に分けられる。このうちAに順次回覧決裁型が該当するため，消去法でBには持ち回り決裁型が該当するとわかる。なお，持ち回り決裁型では，事前の会議を経て確定した内容を中堅職員が稟議書にまとめ，関係者間に持って回りながら押印を求めていくという手続きがとられる。

C：「法令案・要綱」が該当する。

Bに持ち回り決裁型が該当するので，Cにはその具体例が入る。**持ち回り決裁型の例とされるのは，法令案・要綱の決定や便宜裁量型行政処分の決定などである**。

D：「予算の概算要求」または「会議への出欠席」が該当する。

非稟議書型の意思決定方式には，文書型と口頭型がある。**文書を用いながら決定に至る文書型の例は，予算の概算要求の決定や国会答弁資料の作成などである。口頭で決定内容を伝える口頭型の例は，会議への出欠席の決定などである**。

以上より，正答は**1**である。

No.6 わが国の行政組織における分業様式に関する次の記述のうちで，妥当なのはどれか。

【国家一般職・平成11年度】

1 わが国の行政組織では，事務分掌規程などの公式の任務は課・係までしか規定されず，その規定は概括列挙的であり，職員はそのような課・係に所属し，物理空間的にも同じ部屋で仕事をすることが多い。このような組織の分業様式を，個室主義に対比して，大部屋主義と呼ぶことがある。

2 縦割りの組織とは，目的の同質性に基づく分業を基本にして編成される。これに対して，横割りの組織とは，縦割りの組織の中に分散したであろう，人事・財務・文書・電算処理・営繕・用度などの共通事務を，寄せ集めて編成される。「縦割り行政」といわれるわが国の行政組織においては，横割りの組織はない。

3 わが国の行政組織では，階層制構造における上下関係の公式的な分業関係は，事務分掌規程などの公式の任務規定の中に，詳細に定められていることが多い。したがって，わが国では，上司の権限，部下の権限は明確であり，職階制がとられているといわれる。

4 行政組織の分業は，各部局間の利害・意見を調整するメカニズムを必要とする。わが国の行政組織では，セクショナリズムと呼ばれる部局間の利害対立が激しく，同レベルの部局間の協議によって，自主的に調整がなされることはない。

5 ピラミッド型行政組織に属する，中間者である個々の職員本人の視点からすれば，「直属の上司－本人－直属の部下」という3人1組から，組織は構成されることになる。わが国では，実際の情報伝達や指揮命令も，直属の上司と本人との間，直属の部下と本人との間の2つでのみ行われる。

No.7 官僚制についての学説と行政システムに関する次の記述のうち，最も妥当なのはどれか。

【国家総合職・令和5年度】

1 M.ヴェーバーによると，近代官僚制は，職務が客観的に定められた規則に従って継続的に行われることなどから永続的な組織であり，独任制ではなく複数の構成員により意思決定を行う合議制であるとした。そのうえで，近代官僚制は，問題解決能力を備えた合理的な組織形態であるとする一方，さまざまな利害関係者との調整を要するため，迅速性に欠ける組織形態であると指摘した。

2 稲継裕昭は，公務員の昇進管理を研究し，「二重の駒型」昇進モデルを提示した。このモデルでは採用試験の種類にかかわらず全員が一定の段階まで同様のスピードで昇進し，その後，採用試験の種類によって，昇進スピードの異なる人事管理が行われ，ピラミッド型の競争があるとされた。日本では，平成24（2012）年に国家公務員の採用試験について総合職試験と一般職試験などという形に再編されたものの，昇進や給与について人事評価の結果を活用する仕組みは整備されなかった。

3 大森彌は，日本の行政組織で見られる，一般的に課長以下の職員が同室で勤務し，意思疎通を重視し協力して仕事を行っているさまを大部屋主義と呼んだ。日本での研修方法の主流は一般的に職場内訓練（OJT）であり，OJTでは新規採用職員に先輩職員がつき，実際の業務処理をともに行うため，大部屋での勤務は有益であるとされている。一方，欧米諸国と異なり，職務記述書に基づき職務を行う形態ではないため，組織構成員個人の職務分掌が曖昧であるという指摘もある。

4 村松岐夫は，日本の行政の特徴として「最大動員」の概念を主張し，「規則による責任志向の管理」に対する「目標による能率志向の管理」と位置付けた。また，人員や予算，法律といった行政組織の資源がその本来の役割や機能を厳格に遵守したうえで活用され，目的が最大限達成されているさまを「最大動員」と表現し，公務員数などの資源が豊富であることや，法的権限が強力であることによって日本の行政に「最大動員」がもたらされているとした。

5 日本の行政組織における意思決定方式である稟議制は，組織末端の担当者が文書を起案し，上位者がその文書を承認していくシステムであるが，行政の非効率性の象徴であるとの批判もあった。これに対し辻清明は，意思決定方式は事案の性格により異なるとし，稟議制を稟議書型と非稟議書型に分類し，さらに稟議書型は重要事案の決定方式である順次回覧決裁型と軽易事案の決定方式である持ち回り決裁型に分類できるとし，その批判の前提には事実誤認があると主張した。

実戦問題 **2** の解説

No.6 の解説　行政組織の分業様式

→問題はP.40 **正答 1**

1 ◎　正しい。わが国では，公式の任務が課・係を単位として大まかに列挙され，しかもそれを遂行する課員・係員が同じ部屋で執務に当たっているため，職員が相互に協力し合い，集団的に事務を執行することが多い（大部屋主義）。これに対して，欧米では個々の職員の任務が明確に規定されており，それぞれ独立して仕事をするのが一般的である。

2 ✕　わが国では，縦割りの組織が高度に発達を遂げてきた反面で，これによって行政機構の統一性が失われないように，縦割りの各部署を統括する横割りの組織も早くから整備されてきた。各省を横断的に調整する内閣官房，各省内の各局を横断的に調整する大臣官房，局内の各課を横断的に調整する総務課など，いわゆる官房系統組織がこれに該当する。

3 ✕　わが国の行政組織では，上下関係における公式的な分業関係はあまり明確に定められておらず，個々の職員の権限と責任は曖昧なままである。これは，公式の権限と責任を有するのはあくまでも上位者であり，下位者はこれを助けて職務を執行するにすぎないと考えられてきたためである。なお，職階制とは，個々の職位の権限と責任を明確に規定する制度のことである。わが国では，職階制の実施を定めた法律があるにもかかわらず，長年その実施を見送ってきたが，2009年には法律自体が廃止された。

4 ✕　わが国の行政組織では，セクショナリズムが激しいだけに，これを緩和する仕組みが必要とされており，**官房系統組織（＝内閣官房，大臣官房，総務課など）による調整のほか，同レベルの部局間（課と課，係と係など）の直接的な協議による調整**も行われている。

5 ✕　わが国では，直属の上司や直属の部下との間のみならず，上司の上司，部下の部下，官房系統組織などとの間で，情報伝達や指揮命令が行われることも多い。このように，**実際の行政組織では命令系統一元化の原理が必ずしも遵守されてはおらず**，3人1組論だけで現実を理解できるわけではない。

No.7 の解説　官僚制

→問題はP.41　**正答3**

1✕ ウェーバーは，官僚制を独任制の下で迅速に活動する組織とした。
官僚制はただ1人の最上位者を持つ独任制組織であり，上司の命令に従って全員が迅速に活動するという特徴を持つ。なお，ウェーバーは理念型としての官僚制（＝官僚制の本質的な姿）を考察してこのように述べており，現実の官僚制が迅速に活動できているかどうかは別問題である。

2✕ わが国では人事評価の結果が昇進や給与に活用されている。
わが国では，平成19（2007）年の改正国家公務員法に基づき，**能力評価（年1回）と業績評価（年2回）の結果を昇進や給与に活用する仕組みが導入されている**。なお，地方公務員については，平成26（2014）年の改正地方公務員法に基づいて，人事評価の適用が義務づけられている。

3◎ 大森彌は，日本の行政組織の特徴を大部屋主義に求めた。
正しい。**日本では課（ないし係）を単位として業務上の権限と責任が定められており，同室の職員は協力し合いながら業務を処理している**。大森彌は，こうした執務形態を**大部屋主義**と呼び，欧米諸国のように職員一人ひとりの権限と責任が明確化されている個室主義と対比した。

4✕ 村松岐夫は，行政資源の希少性が最大動員型システムの原因であるとした。
日本の行政は縦割り行政とも呼ばれ，各省庁がそれぞれに行政目標を掲げ，その達成をめざしている。しかし，各省庁の公務員数や法的権限，予算などの行政資源は希少であることから，各省庁は利用可能な資源を最大限に動員し，能率的に活用することで，行政目標の達成に近づこうと努力している。村松岐夫はこうした状況を「目標による能率志向の管理」と呼び，日本の行政を最大動員型システムとして概念化した。

5✕ 稟議書型と非稟議書型の区別を指摘したのは井上誠一である。
辻清明は，日本の行政組織においては稟議制が採用されており，末端職員の起案した稟議書を上位者が順次承認していくことで，意思決定に至っていると主張した。これに対して，井上誠一は，日本の行政組織における意思決定方式の多様性を指摘し，稟議書型と非稟議書型という2つの意思決定方式を区別したうえで，両類型の下位類型も提示した。

必修問題

次の文は，ラインとスタッフに関する記述であるが，文中の空所A～Dに該当する語または国名の組合せとして，妥当なのはどれか。

【地方上級（特別区）・令和元年度】

　ラインとスタッフという用語は，| A |における軍隊組織の役割分担に起因する。

　ラインとは，組織が果たすべき課題を，上位の職位と下位の職位が単一の命令系統によってこなしていく形態をさし，指揮命令系統の| B |の原理に基づくものである。

　スタッフは，組織に与えられている課題に| C |な，財政や人事などラインを補佐する機能を行う。スタッフには，各部門に共通の職務を担当する**サービス・スタッフ**や，トップ・マネジメントを補佐する| D |等がある。

	A	B	C	D
1	アメリカ	統制範囲	直接的	ゼネラル・スタッフ
2	アメリカ	専門化	間接的	プロジェクト・チーム
3	プロイセン	専門化	間接的	プロジェクト・チーム
4	プロイセン	一元化	間接的	ゼネラル・スタッフ
5	プロイセン	一元化	直接的	プロジェクト・チーム

難易度　＊

第
1
章

行
政
の
組
織

必修問題の**解説**

本問は，行政組織の構成原理に関する基本問題である。ラインとスタッフについては，スタッフ概念の理解がカギとなりやすいので，その起源（A），役割（C），種類（D）をしっかりと理解しておこう。

A：ラインとスタッフの区別はプロイセンに由来する。

「**プロイセン**」が該当する。プロイセン（＝かつてのドイツの中心国）の軍隊組織では，最高司令官の補佐機構として軍参謀本部が発達した。これがスタッフの起源であり，ラインとスタッフの区別はここに始まるとされている。

B：ラインは指揮命令系統の一元化の原理に基いて編成されている。

「**一元化**」が該当する。ラインは，命令系統一元化の原理，統制の幅の原理，同質性の原理に基づいて編成されている。このうち命令系統一元化の原理とは，上位の職位と下位の職位が単一の命令系統によってつながれることを意味しており，下位の職位に対して複数の上位の職位から指揮命令が与えられることはないとされる。

C：スタッフは，課題の解決に対して間接的に関与する。

「**間接的**」が該当する。組織に与えられた課題を直接的に解決していくのはラインの役割である。スタッフは，ラインをさまざまな面で補佐することによって，課題の解決に対して間接的に寄与する。

D：トップ・マネジメントを補佐するのはゼネラル・スタッフの役割である。

「**ゼネラル・スタッフ**」が該当する。財務や人事などを担当する補佐機構がサービス・スタッフであり，トップ・マネジメントに対して助言等を行う補佐機構がゼネラル・スタッフである。なお，プロジェクト・チームとは，特定プロジェクトを推進していく際に，一時的に設けられる部署のことである。

以上より，正答は**4**である。

正答 **4**

FOCUS

行政組織の構成原理では，「ラインとスタッフ」および「独任制と合議制」が２大頻出項目となっている。近年はあまり出題されなくなっているが，内容は簡単なことが多いので，出題された場合にはしっかりと点数を取るようにしたい。

POINT

重要ポイント 1 **ラインとスタッフ**

行政組織を構成しているのは，ライン，スタッフ，プロジェクト組織の各部門である。この3部門のうち，行政組織の根幹をなしているのがラインであり，これを補佐しているのがスタッフである。プロジェクト組織は必要に応じて一時的に設置される。

（1）ライン

ラインとは，組織目標を実現するために，直接的に業務を行う部門のことである。

通常，ラインはピラミッド型の構造をとっており，上位者の命令が順次下位者に伝達されることで，行政活動が展開される。また，ラインでは部局化が進んでおり，業務遂行の基本単位として，局・課・係などが設けられている。

ラインがこうした仕組みをとっているのは，組織を効果的に編成するうえで，ギューリックのいう**統制の幅の原理，命令系統一元化の原理，同質性の原理**が働いているためである。

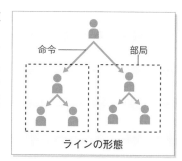

ラインの形態

統制の幅の原理	命令系統一元化の原理	同質性の原理
1人が統制しうる人数には限界がある。	命令の出所は1か所に限るべきである。	同質的な業務は1つの部署にまとめるべきである。

（2）スタッフ

スタッフとは，ラインの上位者を補佐するために設けられた部門である。

元来，スタッフは**上級管理者に対する助言**を主な目的としていたが，近年では，**人事や予算管理などの組織維持活動**を目的とするものも増えている。前者を**ゼネラル・スタッフ（助言的スタッフ）**，後者を**サービス・スタッフ（補助的スタッフ）**と呼ぶこともある。後者の場合，スタッフにも命令権が付与されるため，ラインにおける命令系統一元化の原理はやや崩れることとなる。

①スタッフの起源

スタッフは、プロイセン（かつてのドイツの中心国）における軍参謀本部をその起源としている。

軍参謀本部とは、最高司令官を補佐し、戦略計画の立案などに携わった機関である。これが後に、他国の軍隊組織、民間組織、行政組織など、大規模で効率を追求する組織に浸透していったとされる。

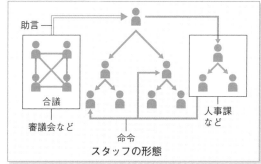
スタッフの形態

②わが国のスタッフ機構

わが国のスタッフ機構は、欧米先進国に比べてかなり遅れて設置された。これはわが国で稟議制が実施されてきた点と密接に関連している。

稟議制では「～してよろしいか」という表現で稟議書（伺い書）が作成され、それを通じて組織の下位者が上位者に提案を行うという形がとられる。したがって、稟議制の下ではラインがスタッフ的機能を果たすこととなり、専従のスタッフ機構は必ずしも必要とされない（稟議制については、テーマ2を参照のこと）。

③スタッフの機能

ラインが日常業務の処理に追われがちであるのに対して、スタッフはより広い視野に立って、新しい政策の提言や行政組織の改編などを提案する。こうしたスタッフの創造的・改革的機能は、既得権益の剥奪を嫌うラインの反発を招きやすい。

(3) プロジェクト組織

プロジェクト組織とは、既存の行政機構では対応しきれない特定プロジェクトを推進していく際に、一時的に設けられる部署である。プロジェクト組織には既存の各部署から人材が集められ、専任または兼任の形で業務が任せられる。

プロジェクト組織では、もともと異なる部署に存在していた人々の間でコミュニケーションがなされる。これは、通常の縦割りの部署編成では不足しがちな「横のコミュニケーション」を補うという意味もある。

プロジェクト組織に配置された各メンバーが、プロジェクト・マネージャーの統制下

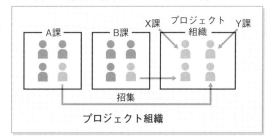
プロジェクト組織

に置かれるのは当然である。しかし，場合によっては，メンバーが各部局（予算局など）の長に対しても，報告その他の責任を負わされ，その統制を受ける場合がある。このように，メンバーに二重の責任を課す組織形態を，マトリックス（格子状）組織という。

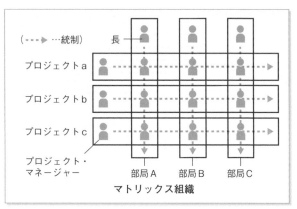

（- - -▶ …統制）　長

プロジェクトa

プロジェクトb

プロジェクトc

プロジェクト・マネージャー

部局A　部局B　部局C

マトリックス組織

なお，マトリックス組織という形態は，プロジェクト組織においてのみ見られるわけではない。民間企業の例になるが，事業部制をとっている企業では，たとえば各部の出納担当者には，部内の上司および全社レベルの出納責任者から統制が加えられる。

重要ポイント 2 　独任制と合議制

組織における意思決定のやり方に注目すると，組織形態は独任制（単独制）と合議制に大別される。

独任制とは，組織の最上位に最終決定権者を1人だけ置く仕組みのことであり，**一般の行政機構は独任制の形態をとることが多い**。これに対して，合議制とは，複数の人間の合議によって意思決定を行う仕組みのことであり，**審議会や行政委員会など，一部の行政機構で合議制の形態がとられている**。

	独任制	合議制
責任の最終的所在	最上位の者が責任を負う。	責任の所在が曖昧になる。
決定にかかる時間	迅速な決定がなされやすい。	決定に時間がかかりやすい。
社会的勢力*の反映	多元的な意見を反映しにくい。	多元的な意見を反映しやすい。
中立性の保持	中立性を保持しにくい。	中立性を保持しやすい。
決定内容の統一性	決定内容が首尾一貫しやすい。	決定内容にぶれが生じやすい。

＊社会的勢力とは，利益団体や市民・住民団体などをさす。

重要ポイント 3　垂直的編成と水平的編成

　部局編成のやり方には，垂直的編成および水平的編成の2種類がある。垂直的編成とは全体を縦割りに編成するやり方のことであり，水平的編成とは全体を横断するような形で組織を編成するやり方のことである。

　たとえば，厚生労働省，文部科学省，国土交通省といった基本的な省庁編成は，行政活動を縦割りに分割した結果，生まれてきたものである。これに対して，男女共同参画局（内閣府），行政評価局（総務省），統計局（総務省）などは，それぞれ既存の各省庁の業務と密接な関連を持ち，省庁を横断する形で業務を行っている。**垂直的な部局編成は，縦割り行政や縄張り争いなどの弊害を生みやすいが，水平的な部局編成はこれを是正するという面を持つ。**

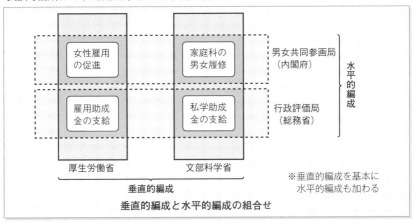

垂直的編成と水平的編成の組合せ

　なお，ギューリックも指摘しているように，部局編成が垂直的になるか水平的になるかは，組織編成の基準と密接な関連を持つ。

編成基準		説　　明	形態
目的別		給水，犯罪取締り，教育といった主要な目的による編成	垂直的組織
対象別	顧客別	サービスされるまたは取り扱われる人を基礎とする編成	水平的組織
	物品別	取り扱われる物品を基礎とする編成	
方法別		工学，法学，医学といった主要な方法による編成	
地域別		サービスが遂行される場所を基礎とする編成	

No.1 次の文は，ラインとスタッフに関する記述であるが，文中の空所A〜D
に該当する国名または語の組合せとして，妥当なのはどれか。

【地方上級（特別区）・平成27年度】

ラインとスタッフという用語は，[____A____]における軍隊組織の役割分
担に起因する。

ラインとは，組織に与えられている課題について[____B____]に責任を負
う職位系列を指し，この職位系列は指揮命令系統の一元化の原理に基づいて，上
位の職位と下位の職位が単一の命令系統によって連絡する形態のことをさす。

スタッフは，組織に与えられている課題にとっては[____C____]な，財政
や人事などラインを補佐する機能を行う。スタッフには，助言のみを行う助言ス
タッフやライン各部門に共通した補助的業務に従事する[____D____]などが
ある。

	A	B	C	D
1	日本	伝統的	専門的	サービス・スタッフ
2	日本	直接的	間接的	ゼネラル・スタッフ
3	プロイセン	直接的	間接的	サービス・スタッフ
4	プロイセン	間接的	直接的	プロジェクト・チーム
5	アメリカ	間接的	直接的	ゼネラル・スタッフ

No.2 行政組織を巡る諸問題に関する次の記述のうち，妥当なのはどれか。

【国家一般職・平成2年度】

1 行政組織はピラミッド型になっていることから，現実に作動している指揮命令
系統も一的である。たとえばある課長には，直属の上司である局長だけから指
示・命令が行われている。

2 近年行政組織においては，横よりも上下の情報流通が重視されており，そのた
めの組織として，関係部局の職員を集めて1つの大きなプロジェクトの企画・実
施等を行うプロジェクト・チームが作られることが多い。

3 中間管理者は，ある問題について担当職員の提案が妥当であるとして上達する
場合，判断を仰ぐ要点を整理して伝える責務を有するほか，上司からの指示・命
令に対して意見を述べる責務を有する。

4 行政組織における意思決定方式は，すべて「トップダウン」によることなく，
担当職員が業務の処理方法についての発案をし，中間管理者の審査を経て，最高
管理者がその採否を決定する「ボトムアップ」で行われている。

5 担当職員がその事務処理をする場合，法令・通達等に拘束されるほか，上司が
個別に指示・命令を発したり，あるいは原案を審査したりしていることから，担

当職員の裁量の余地はない。

No.3 行政組織に関する記述として正しいのは，次のうちどれか。

【地方上級（関東型）・平成２年度】

1 非定形組織の重要性は，メイヨーのホーソン工場での実験により証明された
が，これは利潤を追求する私企業の経営組織に当てはまるものの，私企業と目的
を異にする行政組織には当てはまらないため，行政学に対する影響力も小さかっ
た。

2 独任の組織形態は，意思決定の統一性と迅速性が，意思決定に至るまでの準備
段階の代表性と熟慮性に優越する場合に最も効果的であることが一般に認められ
ており，通常，行政組織は独任的形態をとっている。

3 合議制の組織形態の利点は，専門的知識を意思決定に反映できること，責任の
所在が明確であること，複雑な利害調整を行う機会があることなどであるが，欠
点としては，意思決定に時間がかかること，政治的意思と行政との間の媒介が不
可能であることなどがある。

4 伝統的な組織観によれば，行政組織におけるスタッフの機能は，ラインの機能
と同等あるいはそれ以上の意義を持つと考えられていたが，現代の組織観によれ
ば，スタッフの機能は助言・促進機能等の補助的，受動的意味を持つにすぎない
と考えられている。

5 行政組織がある意思決定をする場合，ライン－スタッフ型編成の組織形態にお
いては，能率の低下，責任の分散，指導力不足といった欠点を必然的に有してい
るが，ライン型編成の組織においては，そのような欠点は少ないと考えられてい
る。

わが国の行政機関におけるラインとスタッフに関する次の記述のうち, 妥当なのはどれか。

【国家一般職・平成14年度】

1　辻清明によれば, わが国で稟議制的な意思決定の慣行が長い間見られること と, スタッフ・ラインの未分化との間には密接な関係があるとされていた。その 後の行政改革においてスタッフ機能が強化されたが, 実質的意思決定がどのよう な方式で行われようと, 最終的な文書処理においては稟議書型の処理が行われて いる。

2　行政機関の部局は共管競合事務の発生を極少化するために, 分業を基本に縦割 りのライン組織として編成されている。同レベルの部局であるライン組織間の調 整は, その部局の上級組織によって行われるのではなく, スタッフ組織である官 房系統組織が調整を行うこととされている。

3　スタッフには, 参謀的スタッフと補助的スタッフとがある。官僚集団は, 執務 を通じて蓄積する情報とその専門領域に精通しているが, ラインの活動を補助す るスタッフの役割を果たすことにもっぱら徹したため, 首相や大臣に対する参謀 的スタッフの機能を果たしてこなかった。

4　一般の行政機関の官僚制組織は, 軍隊のそれのように, 単純明快な課題を担っ た組織である。行政事務は各省庁に分担管理され, 各省庁内でも部局ごとに所掌 事務を異にしているが, 「命令系統の一元化の原理」が貫かれているため, 意思 決定は集権化されている。

5　一般の行政機関は, 一方で政策実施活動に従事しながら, 他方では政策立案活 動に従事している。この行政機関の活動の両面性は, 行政機関の官僚制組織とし ての性格を強めているため, 一般の行政機関には, 規則による規律や文書主義と いった官僚制組織の特徴がよく現れている。

実戦問題の解説

No.1 の解説 ラインとスタッフ →問題はP.50 **正答3**

A：「プロイセン」が該当する。

プロイセン（プロシア）の軍隊組織では，指揮官の命令下で直接戦闘に携わる部門のほかに，指揮官を補佐して戦略を検討する「参謀本部」が設けられていた。こうした役割分担が，ラインとスタッフの区別につながったとされている。

B：「直接的」が該当する。

ラインは，課題の直接的な解決を図るために設けられた組織部門であり，上位者から下位者に至るまでさまざまな職位（局長や課長，係長など）を組み合わせた「職位体系」をなしている。

C：「間接的」が該当する。

スタッフは，組織の上位者に助言を与えたり，ラインが活動しやすい環境を整えたりすることで，課題の解決に間接的に寄与している。

D：「サービス・スタッフ」が該当する。

助言を行うスタッフを，「助言スタッフ」ないし「ゼネラル・スタッフ」という。これに対して，財政や人事などの補助的業務に従事するスタッフを，「補助的スタッフ」ないし「サービス・スタッフ」という。

以上より，正答は**3**である。

No.2 の解説 行政組織の諸問題 →問題はP.50 **正答3**

1 ✕ 現実に作動している指揮命令系統は必ずしも一元的ではない。

行政組織の構成原理（＝命令系統一元化の原理）からすれば，課長への命令権を持つのは，その直属の上司である局長などに限られるはずである。しかし実際には，局内の総務課や省内の大臣官房といった官房系統組織（スタッフ組織）からも，課長に対して命令が与えられている。

2 ✕ 近年では横の情報流通が重視されている。

従来の行政組織は，上下の情報流通，すなわち上司と部下の間でなされる情報流通を重視していた。しかし，これだけでは縦割り行政の弊害が生まれやすいことから，**近年では横の情報流通も重視される傾向にある**。プロジェクト・チームの結成は，その一例である。

3 ◎ 中間管理者は担当職員と上司をつなぐ重要な役割を果たしている。

正しい。**中間管理者は単なる情報の通過点ではなく，上司と部下の間に立って，情報の整理・要約・再発信を行う**という重要な役割を果たさなければならない。

4 ✕ 意思決定はトップダウンでもボトムアップでも行われている。

わが国の行政組織では，稟議制と呼ばれるボトムアップ型の意思決定方式が広く浸透している。しかし，重要な政策決定については，トップダウン型の意思決定も広く見られる。また，欧米先進国においては，そもそもトップダ

ウン型の意思決定が通常の形態である。

5 ✕ 担当職員は事務処理について裁量の余地を持つ。

行政活動の現場では，予想外の事態が突発的に起こりうるため，法令・通達
や上司の指示・命令に従うだけでは対処しきれないケースも生まれてくる。
そうした際には，担当職員が裁量を働かせ，事態に柔軟に対応しようと努め
ることになる。

No.3 の解説　行政組織　　　　　　　　　　　　→問題はP.51　**正答2**

1 ✕ 非定形組織は行政組織でも重要な役割を果たしている。

非定形組織とは，必ずしも公式の組織図では書き表せないものの，なんらか
の集合的感情で相互に結びついた集団のことである。派閥や仲良しグループ
などがこれに当たる。したがって，私企業であれ行政組織であれ，人間が集
まって形成している集団では，必ず非定形組織が観察される。

2 ◎ 独任制は意思決定の統一性と迅速性に優れている。

正しい。**独任制では特定の1人が決定権を持つため，一連の決定が統一的な
ものとなりやすく，また短時間で決断が下されやすい。**しかし，その反面，
**特定の社会的勢力の利害のみが考慮されて，さまざまな勢力の意見を代表で
きなかったり，思慮に欠ける決定がなされたりする傾向も見られる。**

3 ✕ 合議制では責任の所在が曖昧になる。

合議制では多くの人々が決定に加わるため，責任の所在が不明確になりやす
い。また，同じ理由から，さまざまな社会的勢力の利害（＝政治的意思）が
行政に反映されやすい。

4 ✕ スタッフの機能は近年になって高く評価されるようになった。

伝統的な組織観ではもっぱらラインの機能が重視され，スタッフは補助的，
受動的意味を持つにすぎないと考えられていた。これに対して，**現代の組織
観ではスタッフの機能が重視されており，ラインの機能と同等の意義を持つ
と考えられている。**

5 ✕ スタッフは上位者の指導力を強化する。

ライン－スタッフ型編成（＝ラインとスタッフをともに備えた形態）の場
合，スタッフの助言によって能率が向上したり，上位者の指導力が強化され
たりする可能性がある。逆に，ライン型編成（＝ラインのみの形態）の場
合，そうした利点が生じることはない。

No.4 の解説 日本の行政機関におけるラインとスタッフ →問題はP.52 **正答1**

1 ◎ 正しい。わが国では稟議制的な意思決定の慣行が長い間続き，ラインの下位者（官僚）が上位者（大臣）に対して政策案を提案するという形が定着してきた。そのため，ラインがスタッフ的機能を果たしてきたとされる。近年の**行政改革により，スタッフ機能は強化されつつあるが，稟議制に基づく意思決定は現在も続いている。**

2 × 局と局，課と課，係と係など，同レベルの部局であるライン組織間の調整は，その部局の上級組織（事務次官，局長，課長など）によって行われることもあれば，スタッフ組織である官房系統組織（大臣官房や総務課など）によって行われることもある。

3 × わが国では，稟議制的な意思決定の慣行が長い間続き，官僚集団が大臣に対して政策案を提案するという形が定着してきた。そのため，わが国の官僚集団は，首相や大臣に対する参謀的スタッフ（助言的スタッフ）の機能を果たしてきたということができる。なお，官僚集団の中には，補助的スタッフの役割を果たしているものもある。その典型例が，予算・会計，人事，法務などのサービスを提供している官房系統組織の官僚集団である。

4 × 一般の行政機関の官僚制組織は，さまざまな課題に対処すべく活動している。その点で「戦争における勝利」を単一の課題として活動する軍隊組織とは異なっている。また，一般の行政機関の官僚制組織においては，必ずしも「命令系統の一元化の原理」が貫かれているわけではない。たとえば，ある職員に対して，直属の上司から命令が加えられるのみならず，上司の上司や官房系統組織から命令が加えられることもある。

5 × 一般の行政機関は，政策実施活動に従事する中で，上司の命令に従って部下が活動するという形態が強化され，官僚制組織としての性格を強める。規則による規律や文書主義が顕在化するのも，この文脈においてである。しかし，政策立案活動に従事する際には，しばしば自由な発想が求められ，職員の自律性がある程度重んじられるため，官僚制組織としての性格は弱められることになる。

わが国の行政組織

必修問題

わが国の中央政府の行政システムに関する次の記述のうち，妥当なのはどれか。

【国家一般職・令和4年度】

1 **内閣府**と各省の内部部局のあり方については国家行政組織法によって細かく規定されており，同法第7条では，府省の所掌事務を遂行するために官房と課を必ず置くこととされており，局については任意で置くことができるとされている。

2 府省の組織には，局長や部長といった職とは別に，スタッフ職として審議官などの名称の**総括整理職**が官房や局などの所掌事務に関して必要に応じて調整・補佐・助言することを目的として置かれている。

3 府省には外局として**庁**が設置されており，庁は府省から独立して特定の事務を行うため，庁の長官には独自の権限行使が認められている。かつては長官を国務大臣が務める庁が存在し，大臣庁と称されていたが，平成13（2001）年の中央省庁再編の際に大臣庁はすべて府省に統合され，消滅した。

4 重要政策課題について専門家を中心に第三者的に議論を行うため，各省には国家行政組織法第8条に基づき個別の省令によって**審議会等**が設置されている。1990年代後半から政策決定の専門性が重要視されてきたことから，平成13（2001）年の中央省庁再編を契機に審議会等が新設され，政府全体で審議会等の数は中央省庁再編前に比べて倍増することとなった。

5 **特殊法人**とは国が特別の法律で設置した法人であり，すべての特殊法人は総務省によって所管されている。特殊法人は担当事業について企業的経営を行うことから，事業計画の決定について総務省は関与することができず，特殊法人は総務省から一定程度独立していることが指摘されている。

難易度 ＊＊

必修問題の<u>解説</u>

1 ✕ 内閣府は国家行政組織法の適用を受けない。

内閣府は各省よりも一段高い立場に置かれており，国家行政組織法の適用を受けることはない。また，国家行政組織法7条では，省に官房と局を必ず置くこととされているが，課については任意で置くことができるとされるにとどまり，さらにその詳細は政令で定めるものとされている。

2 ◎ 府省にはスタッフ職として総括整理職が置かれている。

正しい。府省では，たとえば局長や部長などが管理職として重要な役割を果たしている。しかし，それぞれが多くの事務を統括しなければならず，一人ですべての事務をこなすことは困難である。そこで，**スタッフ職として総括整理職が置かれ，局長や部長を補佐する形**がとられている。

3 ✕ 庁の長官は府省の主任大臣の指揮監督を受ける。

庁は府省の外局として設けられ，その長は長官とされる。庁の長官は府省の主任大臣の指揮監督を受けるため，大臣の意向を無視して独自の権限行使を行うことは認められない。また，平成13（2001）年の中央省庁再編後も，内閣府の外局として防衛庁が置かれ，大臣庁となっていたが，平成19（2007）年に防衛庁が防衛省に改組されたことで，大臣庁はなくなった。

4 ✕ 中央省庁再編の際に審議会等の数は半減した。

審議会等の数が次第に増加する中で，活動が不活発であったり現在では事実上役割を終えたものも現れるようになった。そこで，**中央省庁再編を契機に審議会等の整理合理化が行われ，審議会等の数は再編前に比べて約半分に減らされた**。

5 ✕ 特殊法人の所管府省はさまざまである。

特殊法人の新設・改廃については総務省が審査するが，各特殊法人を所管する府省は業務に応じてさまざまある。たとえば，日本年金機構の所管府省は厚生労働省である。また，国家の責任を担保するため，所管府省は特殊法人から事業計画の提出を受け，それを認可するものとされている。

正答 2

FOCUS

近年では内閣について問われるケースが増えているので，注意しよう。また，2001年に行われた中央省庁再編についても，いまだに出題されることがある。内閣府の新設や省庁の大括り化など，テーマ10の内容も併せて確認しておきたい。

---POINT---

重要ポイント 1　内閣

　わが国の行政機構の頂点に位置しているのが，内閣である。

（1）戦前の内閣制度

　1885年に発足した内閣制度では，首相の優越した地位が保障されていた（＝大宰相主義）。しかし，**大日本帝国憲法が施行されると，各大臣が個別に天皇を補佐するという制度（＝単独輔弼制）が実施されたため，首相は単なる「同輩中の首席」**となった。

（2）戦後の内閣制度

　日本国憲法では，内閣は首相と大臣からなる合議体と改められ，首相は「内閣の首長」として，大臣の任免権を持つようになった。しかし，実際には，事務次官等会議の承認事項だけが閣議に諮られたり，首相の補佐機構が弱体であったりしたため，首相が強いリーダーシップを発揮することは少なかった。

（3）内閣の機能強化

　いわゆる橋本行革の成果として，2000年前後には，①**閣議における首相の発議権を明文化すること**，②**閣僚数を削減して原則14名以内（最大で17名）**※**とすること**，③**内閣総理大臣補佐官を3名以内から5名以内に増員すること**，④**内閣官房の機能強化および内閣府の創設を行うこと**，などの改革が実施された。

※現在は復興大臣および国際博覧会担当大臣の2名がこれに加わっている。

重要ポイント 2　1府12省庁体制

　従来，わが国では1府22省庁体制が敷かれていたが，行政のスリム化・効率化を進めるため，2001年1月からは1府12省庁体制へと移行した。

（1）1府12省庁

　わが国の行政機構は，内閣府および総務省，外務省，財務省などの**1府12省庁を基幹としている。**その概要については，内閣府は内閣府設置法，その他の官庁は国家行政

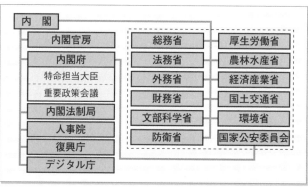

組織法および各省庁設置法で規定されている。

　1府12省庁の中でも，**内閣府は一段高い立場に置かれている。**内閣府は，内閣のリーダーシップを強化するために，2001年に創設された機関であり，内閣官房を助けつつ，重要政策に関する企画立案・総合調整を行っている。

（2）各省の内部機構

　各省の最高責任者は大臣であり，副大臣や大臣政務官がこれを補佐している。特に副大臣は，大臣の職務を代行する権限も認められるなど，高い地位に置かれている。また，必置ではないが，特定の政策に関して大臣補佐官を置くこともできる。

これらがすべて政治的任命職であるのに対して，一般職の公務員がキャリアを重ねて到達する最高位のポストが，事務次官である。

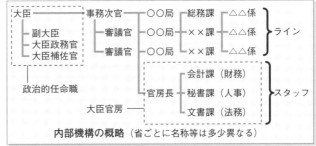

内部機構の概略（省ごとに名称等は多少異なる）

　事務次官の下には，局・課・係が設置されている。また，事務次官の下には総括整理職（審議官など）が置かれ，事務次官を補佐している。これらは実際の業務処理に携わるライン組織であるが，他方，財務・人事・法務などを専門的に行うスタッフ組織も設けられている。大臣官房がそれである。

　内部機構の詳細については，内閣がこれを自由に再編することができる。かつては国会の関与する法律事項とされていたが，1984年以降は政令事項とされている。

重要ポイント ❸　外局および附属機関

　府省には，その外局として庁ないし行政委員会が設置されることがある。また，必要に応じて，審議会・研究所・試験所などの附属機関も設置される。

（1）庁

　行政事務の中でも特に専門性が強かったり，業務量が多かったりするものについては，これを省内の一部局で処理することは適当ではない。このような場合，局の独立性を高めてこれを外局とし，当該事務の処理を任せることがある。こうして設置されるのが庁である。庁がさらに業務を拡大していけば，省に昇格する場合も出てくる。

（2）行政委員会

　府省の中には，①強い政治的中立性，②高度な専門的知識，③社会的利害の調整，などが求められる事務を処理するために，外局を設置しているところがある。このような外局を，行政委員会という。行政委員会は，大臣から直接の指揮監督を受けず，自立的に行動することが認められている（テーマ5を参照のこと）。

（3）附属機関

　附属機関とは，内閣府設置法や国家行政組織法に基づき，各府省に付属的に設置されている行政機関のことである。**審議会**，研究所，試験所，教育施設，医療施設などがこれに該当する（審議会の詳細については，テーマ5を参照のこと）。

No.1 　内閣に関する次の記述のうち，妥当なものはどれか。

【地方上級（全国型）・平成29年度】

1 　内閣総理大臣の指導力を強化するため，内閣法の改正が検討されているが，2016年に至るまで同法が改正されたことは一度もない。

2 　内閣法に基づき，閣議では多数決主義がとられていることから，閣内不一致を防ぐため，2001年以降に限っても10人以上の国務大臣が内閣総理大臣によって罷免されている。

3 　各国務大臣は，合議制の原則に基づき閣議に参加するほか，主任の大臣として行政事務を分掌することとされており，これを分担管理の原則という。

4 　首相指導の原則に基づき，閣議を主宰するのは内閣総理大臣とされているが，手続き上，これを招集するのは総務大臣とされている。

5 　2009年に発足した民主党の鳩山内閣は，政治主導を妨げるものとして次官連絡会議を廃止し，その後，次官連絡会議は一度も開かれていない。

No.2 　わが国の内閣制度に関する記述として，妥当なのはどれか。

【地方上級（特別区）・令和２年度】

1 　内閣総理大臣は，日本国憲法の下では，国務大臣単独輔弼制によりその地位が「同輩中の首席」とされており，各大臣の任免権を持たない。

2 　内閣官房長官は，閣議を主宰し，内閣の重要政策に関する基本的な方針その他の案件を発議するが，国務大臣をもって充てることを要しない。

3 　内閣官房は，閣議事項の整理や行政各部の施策の統一を図るために必要な総合調整等を行い，ここに経済財政諮問会議等の重要政策会議が設置されている。

4 　内閣府には，内閣総理大臣を直接的に補佐するための「知恵の場」としての役割があり，内閣法により新設された組織である。

5 　内閣法制局には，閣議に付される法律案，政令案および条約案を審査し，これに意見を付し，および所要の修正を加えて，内閣に上申する事務がある。

No.3 **わが国の行政権の実態に関する次の記述のうち，妥当なのはどれか。**

【国家一般職・平成11年度】

1 わが国においては，行政組織に関する法律を制定することは，立法権による行政権への侵害に当たると考えられるため，三権分立制の原則に反するとされている。したがって，行政組織に関する規定は，法律によらず，政令・省令などによってなされている。

2 わが国においては，憲法判断を行うことは，最高裁判所を頂点とする司法権の専管事項とされている。内閣が法令の憲法適合性に関して解釈見解を示すことは，行政権による司法権の侵害に当たるおそれが大きいため，内閣は憲法解釈の見解を述べることは一切しない慣行が定着している。

3 憲法に明文の根拠を持つ会計検査院は，立法権・司法権に属さないことは明白であるから，行政権に属するとされる。行政権は内閣に属するという憲法の規定から，会計検査院も当然に内閣の下にあるとされている。そのため，会計検査院は，正式には内閣会計検査院という名称を持つ。

4 わが国は，いわゆる議院内閣制を採用しているため，内閣は衆議院の信任を必要とし，また，内閣には衆議院の解散権がある。その点では，立法権と行政権の関係は密接であり，厳密な意味での分離はなされていない。

5 わが国においては，国会が唯一の立法機関である。したがって，国会の立法権の保障のために，内閣には法案提出権はないとされている。一般に，内閣提出法案と呼ばれているものは，国会が内閣に非公式に委任して作成させた報告書の通称にすぎない。

No.4 内閣総理大臣の権能に関するア〜エの記述のうち，妥当なもののみをすべて挙げているのはどれか。

【国家総合職・平成27年度】

ア：内閣がその職権を行使するには閣議によらねばならないとする「合議制の原則」の下，内閣総理大臣は内閣の首長として閣議を主宰し，内閣の重要政策に関する基本的な方針その他の案件を発議することができる。各大臣には主任の大臣として分担管理する案件に限り，内閣総理大臣に対して閣議を求めることが認められている。

イ：内閣には内閣官房が置かれ，内閣総理大臣を補佐し，閣議を司会する内閣官房長官がその主任の大臣として分担管理し，3人の官房副長官とともに，閣議事項の整理その他内閣の庶務，内閣の重要政策に関する基本的な方針に関する企画および立案並びに総合調整に関する事務等を担う。

ウ：内閣総理大臣が国務大臣を任命するに当たっては，その過半数は，国会議員の中から選ばれなければならないとされ，また，国務大臣を罷免するには閣議に諮ることが求められるなど，内閣総理大臣の権限行使に一定の制約が課されている。

エ：内閣総理大臣は，内閣を代表して内閣提出の法律案，予算その他の議案を国会に提出し，一般国務および外交関係について国会に報告する権能を持つ。なお，法律および政令には，すべて主任の国務大臣が署名し，内閣総理大臣が連署することが必要とされている。

1 イ

2 エ

3 ア，ウ

4 イ，エ

5 ウ，エ

実戦問題 **1** の **解説**

No.1 の解説 内閣

→問題はP.60 **正答3**

1✕ 内閣法は何度も改正されている。

内閣法は必要に応じて改正されており，その改正回数は十数回を数える。1999年の内閣法改正では，内閣総理大臣の指導力を強化するため，閣議における内閣総理大臣の発議権が明文化された。

2✕ 閣議における決定は全会一致制で行われている。

明治期以来の慣行として，閣議における決定は全会一致制で行われている。また，内閣総理大臣は国務大臣の罷免権を持っているが，これを行使することはまれである。第二次世界大戦後，国務大臣の罷免は数例を数えるにすぎない。

3◎ 内閣は合議制の原則や分担管理の原則などによって運営されている。

正しい。**内閣は，合議制の原則，分担管理の原則，首相指導の原則という3つの原則に基づいて運営されている。**すなわち，内閣総理大臣と国務大臣の合議を通じて内閣は決定を下し，各国務大臣は主任の大臣として行政事務を分掌し，首相は内閣の首長として内閣をまとめる。

4✕ 閣議を主宰・招集するのは内閣総理大臣である。

閣議を主宰し，大臣を招集するのは内閣総理大臣である。総務大臣は国務大臣の一人であり，案件を内閣総理大臣に提出して，閣議を求めることができるにすぎない。

5✕ 次官連絡会議は現在も開催されている。

民主党の鳩山由紀夫内閣が2009年に廃止したのは，事務次官等会議である。しかし，東日本大震災の発生を受けて，2011年には各府省連絡会議という名称でこれが事実上復活し，2012年の自公連立政権成立後は**次官連絡会議**と改称された。

1 ✕　日本国憲法下の内閣総理大臣は「内閣の長」である。

内閣総理大臣は，日本国憲法の下では，その地位が内閣の「首長」（66条）とされており，各大臣の任免権を持つ（68条）。内閣総理大臣が「同輩中の首席」とされていたのは，大日本帝国憲法の場合である。大日本帝国憲法の下では，各国務大臣がそれぞれ単独で天皇を輔弼（＝補佐）するものとされ，国務大臣の任免権は天皇が持っていた。

2 ✕　閣議を主宰するのは内閣総理大臣である。

閣議は内閣総理大臣によって主宰される（内閣法 4 条 2 項）。内閣官房長官は進行係を務めるにすぎない。また，閣議において内閣の重要政策に関する基本的な方針その他の案件を発議するのは，内閣総理大臣である（同 4 条 2 項）。なお，内閣官房長官は国務大臣をもって充てるものとされている（同13条 2 項）。

3 ✕　重要政策会議は内閣府に設置されている。

経済財政諮問会議などの重要政策会議は，内閣府に設置されている。現在，重要政策会議として設置されているのは，経済財政諮問会議，総合科学技術・イノベーション会議，国家戦略特別区域諮問会議，中央防災会議，男女共同参画会議の 5 つである。

4 ✕　内閣府は内閣府設置法により設置された組織である。

内閣府は，2001年の中央省庁再編の際に，内閣府設置法に基づいて新設された組織である。なお，内閣府には，内閣官房を助け，内閣および内閣総理大臣を補佐する「知恵の場」としての役割があり，特に内閣府内の重要政策会議がその役割を担っている。

5 ◎　内閣法制局は審査事務や意見事務を行う。

正しい。**内閣法制局は，閣議に付される法律案，政令案および条約案を審査する（審査事務）。**その他，**法律問題に関して，内閣や内閣総理大臣，各省大臣に対して意見を述べる（意見事務）。**

1 ✕　三権分立制においては，立法権・行政権・司法権を分離するとともに，三権間の抑制と均衡を図ることが重要だと考えられている。したがって，行政組織に関する法律を制定することは，立法機関が行政機関を統制するための措置として十分に認められる。実際，わが国の行政機構の枠組みは，内閣府設置法や国家行政組織法などによって規定されている。

2 ✕　法令の憲法適合性（合憲性）を審査し，違憲法令の法的効果を否定することは，司法権の専管事項である。しかし，法令の憲法適合性について解釈見解を示すこと自体は，特に司法権の専管事項とされているわけではなく，国会や内閣がこれを行っても問題はない。実際のところ，「通信傍受法は，通信

の自由を定めた憲法の規定に違反するものではない」という類の政府見解が，これまでもしばしば公にされている。

3 × 会計検査院は憲法90条を根拠に設立された憲法機関であり，「会計検査院は，内閣に対して独立の地位を有する」（会計検査院法1条）と規定されている。当然，内閣会計検査院を正式名称としているわけでもない。なお，同院が行政権に属するか否かについては見解が一致しておらず，これを三権から独立した機関であるとみなす意見もあれば，事実上，政府の一機関として行政権に属しているとの意見もある。

4 ◎ **正しい。議院内閣制では，内閣はその存立基盤を議会（特に下院）に置き，議会から不信任決議を受けた場合にはこれを解散することができる。したがって，立法権と行政権は完全には分離しておらず，厳格な三権分立の原則をとる大統領制とは対照的である。**

5 × わが国を含めて，議院内閣制をとる諸国では，一般に内閣の法案提出権が認められている。内閣が法案を提出しても，これを可決するか否かは国会の判断にゆだねられているため，国会の立法権を侵すことにはならない。

No.4 の解説 内閣総理大臣の機能　　　　　　　　　　→問題はP.62　**正答2**

ア × 各大臣はいかなる案件についても閣議を求めることができる。
各大臣は内閣を構成する閣僚の一員である。そこで，案件のいかんを問わず，これを内閣総理大臣に提出して，閣議を求めることができる（内閣法4条3項）。

イ × 内閣官房の主任の大臣は内閣総理大臣である。
内閣官房の主任の大臣は内閣総理大臣であり，内閣官房長官はこれを補佐して事務を統括する。なお，閣議を主宰するのは内閣総理大臣であるが，司会を行うのは（選択肢にあるとおり）内閣官房長官である。

ウ × 国務大臣は内閣総理大臣が自由に罷免できる。
国務大臣の任免権は内閣総理大臣に与えられている（憲法68条）。したがって，内閣総理大臣は閣議に諮ることなく，国務大臣を自由に罷免できる。

エ ◎ 内閣総理大臣は「内閣の長」として大きな権限を持つ。
正しい。**内閣総理大臣は，議案の国会提出，国会への報告，行政各部の指揮監督などの権能を持つ**（憲法72条）。また，**法令への連署を行うのも，内閣総理大臣である**（同74条）。
以上より，**エ**のみが正しく，正答は**2**である。

No.5   行政におけるリーダーシップの発揮に関する次の記述のうち，妥当なのはどれか。

【国家一般職・平成25年度】

1   わが国の内閣における内閣総理大臣の権限は，議院内閣制の三原則のうち「首相指導の原則」に基づく国務大臣の任免権に限られる。このため，内閣総理大臣が指導力を発揮するうえでの権能は，行政府の独任制の首長である大統領制における大統領の権能と比べて制度上弱い。

2   首相公選制についてはさまざまな議論がなされているが，たとえば内閣総理大臣を直接公選とする方法に対しては，同じく直接公選である衆議院の内閣不信任議決権や，内閣総理大臣による衆議院の解散権の取扱いなど，議院内閣制の制度原理との関係をどのように整理するかといった課題が指摘されている。

3   平成13年1月から実施された中央省庁等改革において，内閣機能の強化の一環として，内閣総理大臣補佐官の定数の増員，副大臣・政務官制度の創設などがなされたことと併せて，法令上の設置根拠がなかった事務次官等会議が廃止された。

4   第二次世界大戦後，都道府県知事や市町村長の選任方法が住民による直接公選に改められ，同じく直接公選による都道府県議会または市町村議会との二元代表となり，相互の牽制を図るため，議会の首長に対する不信任議決権と，首長による議会の解散権が制度上与えられたが，これらの権利が行使されたことはない。

5   内閣や内閣総理大臣の指導力の説明に関連して，英国の議会制民主主義にちなんだ「ウェストミンスター型議院内閣制」という考え方があり，その該当条件としてさまざまな指標が挙げられている。代表的な指標としては「下院の選挙制度が小選挙区制である」があるが，「二大政党制であるか否か」が指標として考慮されることはない。

＊＊
No.6 わが国の行政組織に関する次の記述のうち，妥当なのはどれか。

【国家一般職・平成24年度】

1 日本国憲法は「行政権は内閣に属する」と定め，すべての行政機関，すなわち立法府と司法府に属しない政府機関を内閣の所管の下に置いている。ただし，その例外的な扱いを受ける機関として国家公安委員会，検察庁，公正取引委員会があり，これらは政治的中立性が強く求められる組織であるとして，特定の政党によって構成され，党派性を帯びることになる内閣には属しないこととされている。

2 一般に，内閣は「合議制の原則」「分担管理の原則」「首相指導の原則」という相互に矛盾する可能性のある三原則の均衡関係の下に運営されているが，近年，わが国では首相指導の原則を強化する方向での制度改革が進められている。すなわち，閣議における首相の発議権を明確にしたこと，首相に国務大臣の罷免権を付与したこと，閣議は全会一致ではなく多数決によることを内閣法に明記したことなどである。

3 戦前の省庁の組織編制は，基本的には内閣・各省庁の裁量にゆだねられていたが，現在の国家行政組織法は，省庁の新設改廃のみならず，省庁の内部部局の局および部の新設改廃も法律で定めるものとしている。省庁の組織編制を法律事項としていることについては，各省庁が弾力的に組織を改編することを困難にしているとの弊害が指摘される一方で，行政機関の膨張抑制に寄与しているという効用も指摘されている。

4 外局には独任制の組織である「庁」と合議制の組織である「委員会」があり，いずれも府省の下に設置されるものの，高度の独立性を認められた機関である。たとえば，庁の長たる長官，および委員会の長たる委員長は，府省の大臣の指揮監督を受けないものとされ，外局職員の任命権者は長官や委員長である。さらに，その独立性を担保するため，長官や委員長には外部の有識者を充てるのが通例となっている。

5 平成13年の省庁再編に伴い，内閣機能を強化する一環として，従来の総理府に代えて内閣府が新設された。総理府は各省と同列に位置する行政機関であり，各省の権限に優越するような強力な調整権限を持っていたわけではなかったが，内閣府は，国家行政組織法の適用の対象外と位置づけられ，行政を分担管理する各省よりも一段高い立場から企画立案および総合調整を行えることとなった。

わが国の国家行政組織に関する次の記述のうち，妥当なのはどれか。

【国家一般職・平成19年度】

1 　行政委員会は，フランス，ドイツなど高度に行政官僚制が発達した国でしばしば見られる合議制機関であり，わが国でも，公正取引委員会や公害等調整委員会など広範に設置されているが，三権分立を厳格に維持する必要から，準立法，準司法的権限は与えられていない。

2 　第2次臨時行政調査会の基本答申は，行政機関の内部組織（局・課）の編成に関しては法律によることを義務づけるべきとした一方，これ以外の組織・機構については政令による設置を認めた。これを受けて，施設等機関および特別の機関の設置については政令にゆだねられることとなった。

3 　昭和35年（1960年）の自治省新設以降のわが国の省庁制は，平成13年（2001年）の中央省庁再編に象徴されるように極めて流動的であり，基幹的な行政機関である府・省の統廃合や新設がたびたび行われてきた。その結果，ほぼ内閣ごとに法定の国務大臣数を改正する必要が生じるなど，内閣の構成も不安定であった。

4 　国家行政組織法に規定する「審議会等」は，学識経験者等で構成される合議制の機関であり，法律または政令の定めるところにより設置される。審議会等の数は平成13年（2001年）の中央省庁再編の前には200以上あったが，再編の際に100以下に整理統合された。

5 　内閣総理大臣補佐官は，当初は首相の私的な補佐役としての位置づけであったが，内閣機能の強化を目的として，平成8年（1996年）の内閣法の一部改正により法制化され，内閣官房に設置された。定数は平成13年（2001年）以降5名以内とされ，経済財政と教育の2分野については，設置が義務づけられている。

No.8 高い独立性が求められる行政機関に関する次の記述のうち，最も妥当なのはどれか。

【国家総合職・令和5年度】

1 国家公務員の労働基本権が制約されていることへの代償措置として，内閣人事局は，国家公務員の給与水準を民間企業の給与水準と均衡させることを基本に内閣のみに給与勧告を行っている。内閣人事局は，内閣から独立した機関として中立的な立場で民間企業の給与水準を調査しており，内閣はその勧告の取扱いを決定し，関連する法案を国会に提出する。

2 内閣法制局は，内閣から独立した機関であり，その長である内閣法制局長官には，国会に出席して憲法や法律に関する政府解釈を示すことが求められている。内閣法制局は，内閣が提出する法案だけでなく，国会議員が提出する法案の審査も行い，その審査を通過していないものは法案として国会に提出できないものとされ，この審査によって法案の整合性などを検討している。

3 第二次世界大戦後，強い執行力を有している警察が独善的に運用されないように，独立性の高い行政委員会である国家公安委員会を設置して警察組織を管理することとされ，警視庁が外局として置かれた。国家公安委員会委員長には国務大臣を充てることとされ，警視庁の長である警視総監は，都道府県警察に対して指揮監督を行っている。

4 東北地方太平洋沖地震に伴う原子力発電所の事故を契機に，原子力の利用推進機能を持つ機関と規制機能を持つ機関を分離させるために，環境省の外局として原子力規制委員会が設置された。原子力規制委員会の下には原子力規制庁が設置され，委員会が国際基準と科学的知見に沿った判断を行うことを事務局として支えている。

5 第二次世界大戦後に設立された会計検査院は，憲法の規定によって，国会に付属して内閣の行った支出を検査することとされている。検査において，会計検査院は，行政機関が行った事業の実施状況について点検・評価を行い，必要な場合には事業を行った行政機関に対して，改善のための勧告を出すこととされている。

実戦問題❷の解説

1✕ わが国の内閣における内閣総理大臣の権限は，国務大臣の任免（憲法68条），法律・政令への連署（同74条），国務大臣の訴追への同意（同75条），閣議の主宰（内閣法4条2項），主任大臣間の権限疑義の裁定（同7条）など，多岐に渡る。したがって，わが国の内閣総理大臣の権能は，制度上必ずしも弱いわけではないが，閣議が全会一致制をとっていることなどから，その事実上の影響力は制限を受けている。

2◎ **正しい。首相公選制を導入した場合，首相を中心とする内閣と国会がそれぞれ国民の信託を受けて活動することとなり，政治制度としては大統領制に接近する。そのため，議院内閣制の特徴である内閣不信任決議権や解散権をそのまま維持し続けるか否かが，制度設計上，大きな問題となる。**特に首相の所属政党と衆議院の多数党が異なるケースでは，これらの権限を認めれば選挙が頻繁に行われて政治が混乱する可能性があり，これらの権限を認めなければ内閣と衆議院の対立で政治が停滞する可能性があるなど，さまざまな問題が想定される。

3✕ 事務次官等会議とは，閣議で話し合われる案件について事前調整を行うため，各府省の事務次官等が集まって開く会議のことである。法令上の設置根拠を持たないまま，第二次世界大戦前から開催され続けていたが，同会議で合意されない案件は閣議に上げないとする慣行が根づき，政策決定における官僚主導の傾向を支えるものとなっていた。そこで，2009年に民主党政権が誕生すると，一時廃止されることとなったが，**東日本大震災の発生を受けて，事務次官等会議は各府省連絡会議として事実上復活した。なお，同会議は次官連絡会議と名称を変え，現在も存続しているが，閣議案件の事前調整は行わないなど，その影響力は著しく弱まっている。**

4✕ 地方議会の首長に対する不信任決議権と首長による議会の解散権は，制度上認められているのみならず，実際に何度も行使されている。なお，地方議会で首長に対する不信任決議が成立した場合，首長はそのまま辞職したり，失職したりして，次の選挙で再び当選をねらうことも多い。この場合，議会は解散されず，首長と議会の対立関係が継続することもある。

5✕ **ウェストミンスター型議院内閣制の特徴としては，下院の選挙制度が小選挙区制であること，二大政党制であること，政党において党首の指導力が強いこと，不文憲法が存在すること，連邦制度ではなく単一制度を採用していること，違憲立法審査権を持たないこと，などが挙げられる。**そもそもウェストミンスター型議院内閣制は，厳格な党規律によって支えられた二大政党の党首が交互に首相に就任し，政治運営に当たるものであることから，二大政党制であることはその大前提となる。

No.6 の解説　日本の行政組織　　→問題はP.67　正答5

1 ×　国家公安委員会や公正取引委員会などの「委員会」および検察庁などの「特別の機関」は，いずれも内閣の所管の下に置かれ，内閣に属している。ただし，これらの組織には政治的中立性が強く求められることから，特に「委員会」については，職務の遂行にあたり，内閣から直接の指揮監督は受けないとされている。

2 ×　首相が国務大臣を罷免できることは，近年の制度改革の成果ではなく，日本国憲法68条2項に規定されている。また，閣議における全会一致制は，明治期以来の「慣行」として現在も続いている。

3 ×　**戦前の省庁の組織編制は天皇大権に属するものとされていたため，内閣や各省庁の裁量でこれを行うことはできなかった**（大日本帝国憲法10条）。また，現在の国家行政組織法では，省庁の組織編制を法律事項とする（3条1項・2項，別表第1）一方で，省庁の内部部局（官房・局・部）の設置・改廃については政令事項としている（7条4項）。

4 ×　委員会には高度の独立性が認められているが，庁の独立性は限定的で，庁の長たる長官は，府省の大臣の指揮監督を受ける。また，委員会（国家公安委員会を除く）の委員長には外部の有識者が充てられているが，庁の長官には職業公務員を充てることが多い。

5 ◎　正しい。**内閣府は内閣の補佐機構の一つであるが，国家行政組織法の適用の対象外とされ，各省よりも一段高い立場から企画立案および総合調整を行うものとされている**。これは，内閣府の機能を高めることで内閣のリーダーシップを強化し，縦割り行政の弊害を克服していこうとする試みである。

1×　行政委員会は，アメリカ合衆国で発達した合議制機関である。アメリカでは行政官僚制の発達が遅れ，経済発展に伴う諸問題に対処できなかったため，行政委員会が発達したといわれている。また，わが国の行政委員会は幅広い権限を持っており，準立法，準司法的権限も与えられている。

2×　第2次臨時行政調査会の基本答申（第3次答申）では，内部組織（局・課）の編成は政令によるべきであるとされ，昭和58年（1983年）の国家行政組織法改正でこれが実現した。なお，現在，施設等機関の設置は法律または政令，特別の機関の設置は法律にゆだねられている。

3×　**昭和35年（1960年）に自治省が新設されて以来，府・省の統廃合や新設は行われなくなり，内閣の構成も安定した。**この1府22省体制は，平成13年（2001年）の中央省庁再編まで継続した。

4◎　正しい。不要不急の審議会が数多く設置されているとの批判を受けて，平成11年（1999年）には「審議会等の整理合理化に関する基本的計画」が閣議決定された。その後，**審議会等の総数は大きく削減され，今日に至っている。**

5×　内閣総理大臣補佐官は，細川護煕首相が私的に設置した内閣総理大臣特別補佐を起源とし，その後，平成8年（1996年）の内閣法改正で現在の形に改められた。当初，その人数は3名以内とされていたが，平成13年（2001年）の法改正で5名以内に拡充された。**国家安全保障担当を除き，内閣総理大臣補佐官の設置は任意とされている。**

No.8 の解説 高い独立性が求められる行政機関　　　　→問題はP.69　**正答3**

1✕ **給与勧告は人事院が国会と内閣に対して行っている。**

国家公務員の給与水準について，民間準拠を基本に給与勧告を行っているのは人事院である。また，その勧告相手は国会と内閣である。なお，人事院は内閣の所轄の下に置かれた行政機関であり，内閣に属しつつ，内閣から直接の指揮監督は受けずに職権を行使する。これに対して，内閣人事局は内閣官房の内部部局である。

2✕ **内閣法制局は内閣が提出する法案の審査を行う。**

内閣法制局は，内閣の所轄の下に置かれた行政機関であり，内閣に属しつつ，内閣から直接の指揮監督は受けずに職権を行使する。また，内閣法制局は内閣が提出する法案の審査を行うが，国会議員が提出する法案の審査は行わない。**議員提出法案については，両院に置かれた議院法制局（衆議院法制局と参議院法制局）がサポートする。**

3✕ **警視庁は東京都に置かれた都警察の本部である。**

警視庁は都警察の本部であり，たとえば埼玉県警本部に相当するような組織である。ただし，一般には警察署を含めた都警察全体を警視庁と呼ぶことも多い。これに対して，国家公安委員会に置かれているのは警察庁（「特別の機関」）であり，警察庁長官は都道府県警察に対して指揮監督を行っている。

4◎ **福島原発事故を契機として，環境省に原子力規制委員会が設けられた。**

正しい。**東日本大震災で福島第一原発事故が起こったことを契機として，環境省の外局として原子力規制委員会が設けられた。**これにより，内閣府に原子力の利用推進機能を持つ機関（原子力委員会）と規制機能を持つ機関（原子力安全委員会）が同居するという事態が改められ，**内閣府の原子力委員会と環境省の原子力規制委員会が対置される**こととなった（原子力安全委員会は廃止）。

5✕ **会計検査院は三権のいずれからも独立した機関である。**

会計検査院は，憲法90条にその設置根拠を持つ機関であり，国会・内閣・裁判所のいずれからも独立した地位を保障されている。また，会計検査院の設立は，明治13年（1880）年にまでさかのぼる。その後，明治22（1889）年に大日本帝国憲法が発布されると，会計検査院は憲法に設置根拠を持ち，天皇に直属する独立の官庁として活動することとなった。

5 行政委員会と審議会

必修問題

わが国の中央行政機構における行政委員会または庁に関する記述として，妥当なのはどれか。

【地方上級（特別区）・令和4年度】

1 **行政委員会**は，政治的中立性の確保や複数当事者の利害調整などを根拠に設置される独任制の行政機関である。

2 行政委員会は，内閣府または省の外局として設置され，内閣府の長としての内閣総理大臣または各省大臣の統括の下に置かれながら，内部部局とは異なる独立性を有する。

3 行政委員会は，主任の行政事務について，法律または政令の制定を必要と認めるときには，案をそなえて，内閣総理大臣に提出して，閣議を求めることができる。

4 **庁**は，事務量が膨大である場合などに，事務処理上の便宜性に基づき，内部部局として設置されるものである。

5 庁の長官は，政令，内閣府令および省令以外の規則その他の特別の命令を自ら発することができない。

難易度 ＊

B 頻出度
国家総合職 ―
国家一般職 ―
地上全国型 ―
地上関東型 ―
地上特別区 ★★★
市役所C ―
5 行政委員会と審議会

必修問題の解説

本問は，府省の外局に関する基本問題である。庁については，外局の一種であること（**4**）を除けばあまり出題例がないので，**5**の解説にはしっかりと目を通しておこう。行政委員会に関する**1・2**の内容は頻出ポイントである。

1✕ 行政委員会は合議制の行政機関である。
行政委員会は，政治的中立性を確保するなどの理由から，合議制の形態をとっている。

2◎ 行政委員会は独立的に活動する。
正しい。**行政委員会は府省の外局であり，主任の大臣の統括の下に置かれている。しかし，主任の大臣から直接の指揮監督を受けず，独立的に活動することが認められている**点で，大きな特徴を持っている。

3✕ 法令の制定改廃のために閣議を求めるのは各府省の大臣の権限である。
各府省の大臣は，主任の行政事務について，法令の制定改廃を必要と認めるときは，案をそなえて，内閣総理大臣に提出して，閣議を求めなければならない（国家行政組織法11条，内閣府設置法7条2項）。行政委員会については，このような権限は認められていない。

4✕ 庁は府省の外局として設置される。
事務量が膨大であるなどして，担当部署を内部部局とするのが不適当な場合に，外局としての庁が設けられる。

5✕ 庁の長官は特別の命令を発することができる。
行政委員会や各庁の長官は，法律の定めるところにより，政令や府省令以外の規則や命令を自ら発することができる（国家行政組織法13条1項，内閣府設置法58条4項）。

正答 **2**

FOCUS

行政委員会と審議会については，出題内容にバリエーションが少なく，同じような内容が繰り返し出題されやすい。問題を解いた後で，解説の細部にまで目を配っておけば，必要な知識は確実に身につくはずである。

重要ポイント 1 行政委員会

行政委員会は，府省に設置された**外局の一種**である。その特徴は，**内閣や主務大臣の指揮監督には服さず，しかも合議制の形態をとっている**点に求められる。

（1）種類

行政委員会は，内閣府設置法や国家行政組織法などに基づき設置されている。

内閣府	公正取引委員会	**法務省**	公安審査委員会
	国家公安委員会※	**厚生労働省**	中央労働委員会
	個人情報保護委員会		
	カジノ管理委員会	**国土交通省**	運輸安全委員会
総務省	公害等調整委員会	**環境省**	原子力規制委員会

※その重要性をかんがみて，委員長に国務大臣が充てられている。

このほか，国家公務員法に基づいて設置された人事院も行政委員会に該当する。

なお，各委員会の委員は，内閣総理大臣ないし主任の大臣によって任命される。ただし，その際には，原則として**国会の両院の同意**が必要とされる（中央労働委員会の労働委員および使用者委員を除く）。

（2）設立目的

行政委員会は，高度の政治的中立性が必要とされる行政事務を遂行するために設置されている。 なかには，専門的知識を導入したり，対立する社会的利害を調整したりするために設置されている委員会もあるが，それらについても，基本的には政治的中立性の確保が前提として要求されている。

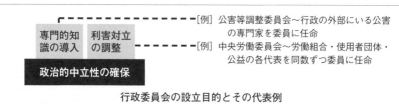

行政委員会の設立目的とその代表例

政治的中立性を旨とする以上，政治的任命職である大臣の意向に左右されたり，委員長1人の独断でその活動内容が決定されたりすることは，行政委員会にとって好ましいことではない。そうした理由から，活動における独立性の保障や合議制の組織形態という行政委員会の特徴が生まれてきた。

行政委員会の独立性	①主任の大臣の指揮監督を受けない。 ②政策上の意見の違いを理由に罷免されず，任期が保障される。 ③二重予算権を持つ（人事院など）。

（3）機能

行政委員会は，所掌事務の処理という行政的機能のほか，準立法的機能（規則制定権など）や準司法的機能（審判・審決権など）を営むことがある。

（4）沿革

行政委員会の起源は，ア
メリカの独立規制委員会に
求められる。独立規制委員

行政的機能	準立法的機能	準司法的機能
所掌の行政事務を処理する。	独自の規則を制定して，規制を加える。	審判・審決を行い，事件に裁定を下す。

会は大統領直属の行政機関でありながら，その指揮監督から独立し，公正な立場で
職務に当たることが認められている。1887年に州際通商委員会（ICC）が創設され
て以降，これまで証券取引委員会（SEC）や連邦通信委員会（FCC）などが設置さ
れてきた。**わが国ではこれを模範として，戦後の占領期に行政委員会が創設され
た。**

（5）その他

行政委員会は，地方自治法に基づ
いて，地方公共団体にも設置されて
いる。公安委員会，教育委員会，人
事委員会などである。その形式は多
様であるが，行政的機能・準立法的
機能・準司法的機能を営む点では，
国のものと同様である。

```
地方公共団体の行政委員会
├ 委員数＝1～33人（不定の委員会もある）
├ 任期　＝1～4年（長の任期以下）
├ 選任　＝①任命制，②任命制（＋議会の承認）
│ 方法　　③任命制と公選制の併用，④議会に
│　　　　　よる選出制〔以上，任命権者は長〕
```

重要ポイント 2　審議会

審議会（ないし審議会等）とは，内閣府設置法や国家行政組織法に基づき，個別
の法令によって設置された**合議制の附属機関**のことである。これに対して，大臣等
の裁量で設けられたものは，私的諮問機関と呼ばれる。

（1）目的

審議会は，次のような目的で設置されている。

対立する利害の調整	専門的知識の導入	民意の反映
対立関係にある団体の代表者を委員に迎え，利害の調整を進める。	各分野の専門家を委員に任命することで，専門的知識を行政活動に役立てる。	委員に民間人を加えることで行政の独善化を防ぎ，民意の反映を図る。

（2）機能

審議会は諮問機関であり，大臣や局長の諮問に応えて答申を提出する。ただし，
一部の審議会については，その答申が政策形成過程に制度的に組み込まれている。
こうした審議会は，特に**参与機関**と呼ばれる。

（3）欠点

審議会（諮問機関の場合）については，いくつかの欠点が指摘されている。第1
に，**答申に法的拘束力がないため，それが実現されるとは限らない。**第2に，主任
の大臣は答申を不採用としても，その理由を公表する法的義務を持たない。第3
に，事務局の力が強く，審議会が**官僚制の隠れ蓑**として利用されやすい。

◆ **No.1** * **行政委員会に関する次の記述のうち，妥当なものはどれか。**

【市役所・平成22年度】

1 行政委員会は，行政機能のみならず準立法的機能や準司法的機能も営む重要な組織であることから，その長には国務大臣を充てることとされている。

2 国の機関について見ると，内閣府の食品安全委員会は行政委員会であるが，国土交通省の運輸安全委員会は行政委員会ではない。

3 地方公共団体の機関について見ると，教育委員会は行政委員会であるが，選挙管理委員会は行政委員会ではない。

4 行政委員会は，わが国では第二次世界大戦前から設けられていたが，戦後，連合国軍総司令部（GHQ）の民主化方針によって拡大・強化された。

5 行政委員会の目的の一つに利害対立の調整があるため，利害関係者から委員を選任し，その意見を政策形成に反映させることもある。

No.2 * **行政委員会に関する次の記述のうち，妥当なのはどれか。**

【国家一般職・平成6年度】

1 行政委員会は，一般の行政組織からある程度独立した地位を持ち，複数の委員によって構成される合議制の機関であるが，行政統制の観点から委員会の長は必ず大臣をもって充てることになっている。

2 行政委員会は，国の機関としてはいくつか設置されているが，準立法的・準司法的権限を有しているのが一般的であるため，地方公共団体の性格にはなじまず，地方公共団体にはこのような行政委員会は存在しない。

3 行政委員会は，もともとアメリカにおいて発達したものであるが，第二次世界大戦後にはわが国にも導入されて順調に発展し，最近の例としては旧総理府の外局として設置された証券取引等監視委員会を挙げることができる。

4 行政委員会の特色としては，その委員は任命権者と政策上の意見が異なることを理由として罷免されることはなく，委員としての任期が定められ，独立して職務を遂行するために身分保障が与えられている。

5 行政委員会には，高度の専門的知識を必要とするもの，政治的中立性を要求されるもの，対立する利害調整を任務とするものなどがあるが，わが国では許認可事務の多くが行政委員会の行政審決により処理されている点に特徴がある。

No.3 次の表は，国家行政組織法に規定するわが国の行政機関を表したものであるが，表中の空所A〜Cに該当する委員会名の組合せとして，妥当なのはどれか。

【地方上級（特別区）・平成30年度改題】

省	委 員 会	庁
総務省	A	消防庁
法務省	公安審査委員会	出入国在留管理庁 公安調査庁
外務省		
財務省		国税庁
文部科学省		スポーツ庁 文化庁
厚生労働省	B	
農林水産省		林野庁 水産庁
経済産業省		資源エネルギー庁 特許庁 中小企業庁
国土交通省	運輸安全委員会	観光庁 気象庁 海上保安庁
環境省	C	
防衛省		防衛装備庁

	A	B	C
1	公害等調整委員会	中央労働委員会	原子力規制委員会
2	公害等調整委員会	公正取引委員会	原子力規制委員会
3	原子力規制委員会	中央労働委員会	公害等調整委員会
4	原子力規制委員会	公正取引委員会	公害等調整委員会
5	公正取引委員会	原子力規制委員会	公害等調整委員会

◆ **No.4** わが国の中央行政機構における審議会に関するA～Dの記述のうち, 妥当なものを選んだ組合せはどれか。

【地方上級 (特別区)・令和元年度】

A：審議会は, 重要事項に関する調査審議, 不服審査その他学識経験を有する者等の合議により処理することが適当な事務をつかさどらせるために設置される合議制の機関である。

B：審議会は, 行政委員会と同様に, 行政機関としての決定権限を有しており, 諮問機関としての審議会の答申には, 行政機関の意思決定を拘束する法的な効力がある。

C：審議会は, 内閣府または省の外局として設置されるものであるが, 行政機関からの独立性を確保するため, その委員は, 国会の承認を得て内閣が任命しなければならない。

D：審議会は, 政策決定における民主的手続きと専門性を確保するために設置されているが, 行政機関がすでに決定した方針を確認しているだけで形骸化しており, 審議会は行政の隠れみのになっているという批判がある。

1 A. B
2 A. C
3 A. D
4 B. C
5 B. D

No.5 わが国の中央行政機構における行政委員会または審議会に関する記述として, 妥当なのはどれか。

【地方上級 (特別区)・平成26年度】

1 行政委員会は, 第二次世界大戦後, アメリカの独立規制委員会を模範として導入されたものであり, 省の内部部局として設置されている。

2 行政委員会は, 行政的規制を行う権限を持ち, 一般行政機構から独立した独任制機関である。

3 行政委員会は, 政治的中立性を必要とする場合と複雑な利害関係を調整する場合に限り設置することができる。

4 審議会の委員は, 行政機関からの独立性を確保するため, すべて国会の承認を得て内閣が任命しなければならない。

5 審議会は, 行政機関に置くことができる合議制の機関であり, 諮問機関であるものと参与機関であるものとに分けることができる。

実戦問題の解説

→問題はP.78 **正答5**

No.1 の解説 行政委員会

1✕ 国家公安委員長を除き，行政委員会の長は国務大臣ではない。

行政委員会には政治的中立性が求められることから，原則としてその長に国務大臣を充てることはない。ただし，公安問題については政府も責任を負うべきだとの考えから，国家公安委員会の長には国務大臣が充てられている。

2✕ 食品安全委員会は審議会，運輸安全委員会は行政委員会である。

内閣府の食品安全委員会は「審議会」であるが，国土交通省の運輸安全委員会は「行政委員会」である。府省の行政委員会については，内閣府設置法ないし国家行政組織法に規定が設けられており，そこに列挙されていない機関は，原則として行政委員会には該当しない。

3✕ 選挙管理委員会は行政委員会である。

地方公共団体では，教育委員会も選挙管理委員会もともに「行政委員会」とされている。その他，人事委員会・公平委員会，農業委員会，監査委員なども行政委員会に該当する。

4✕ わが国の行政委員会は戦後に創設された。

わが国の行政委員会は，連合国軍総司令部（GHQ）の民主化方針によって，第二次世界大戦後に初めて設けられたものである。戦前の行政機関はすべて天皇の権威の下に置かれており，独立機関は設置されていなかった。

5◎ 行政委員会の委員には利害関係者が充てられることもある。

正しい。行政委員会は，利害対立の調整を目的の一つとしているため，利害関係者から委員を選任することがある。たとえば，中央労働委員会は，使用者代表，労働者代表，公益代表からなる三者構成をとっている。

No.2 の解説 行政委員会

→問題はP.78 **正答4**

1 ✕ 政治的中立性を確保するため，原則として行政委員会の長に大臣をもって充てることはない。唯一の例外は，内閣府に設けられた国家公安委員会である。

2 ✕ 地方公共団体にも，教育委員会や選挙管理委員会など数多くの行政委員会が設置されている。国と同様に，これらの委員会も準立法的・準司法的権限を有している。

3 ✕ 第二次世界大戦後のわが国では，GHQの方針を受けて行政委員会が数多く設立されたが，その後整理されて現在の形となった。また，証券取引等監視委員会は，旧大蔵省の「審議会」として設置されたものである。現在，同委員会は内閣府の外局である金融庁の下に置かれている。

4 ◎ **正しい。行政委員会では，委員の身分保障を行うために任期制がとられており，委員はその任期を全うすることが期待されている。**

5 ✕ **許認可事務の多くは担当官庁が直接処理するか，審議会や公益法人を設立してこれに処理させている。また，行政委員会が許認可事務を処理する場合でも，行政審判・審決を経ずにこれを行うことが多い。**

No.3 の解説 日本の行政機関

→問題はP.79 **正答1**

A：**総務省の委員会は公害等調整委員会である。**

「**公害等調整委員会**」が該当する。公害等調整委員会は，もともと旧総理府（現在の内閣府）の外局であったが，2001年の中央省庁再編によって総務省の外局となった。その主な任務は，①調停や裁定などによって公害紛争の迅速・適正な解決を図ること，②鉱業，採石業または砂利採取業と一般公益との調整を図ること，とされている。

B：**厚生労働省の委員会は中央労働委員会である。**

「**中央労働委員会**」が該当する。中央労働委員会は，労働者が団結することを擁護し，労働関係の公正な調整を図ることを目的としている。2007年には，国土交通省の外局であった船員労働員会の廃止に伴い，その任務の一部が移管されている。なお，公正取引委員会は内閣府の委員会である。

C：**環境省の委員会は原子力規制委員会である。**

「**原子力規制委員会**」が該当する。原子力規制員会は，東京電力・福島第一原子力発電所事故の教訓に基づき，独立した規制機関として環境省に設けられた外局である。内閣府の原子力安全委員会や経済産業省の安全規制部門などを統合する形で設立され，現在では各関係行政機関が担っていた規制機能が原子力規制委員会に一元化されている。

以上より，正答は**1**である。

No.4 の解説 審議会　　　　　　　　　　　　　　　　→問題はP.80 **正答3**

A〇 **審議会は調査審議等をつかさどる合議制の機関である。**

正しい。国家行政組織法8条は，「**法律又は政令の定めるところにより，重要事項に関する調査審議，不服審査その他学識経験を有する者等の合議により処理することが適当な事務をつかさどらせるための合議制の機関を置くことができる**」と規定している。

B✕ **諮問機関としての審議会の答申には法的な効力がない。**

審議会は，参与機関と諮問機関に分類される。このうち諮問機関は，重要政策，基本的施策等に関する行政機関の意思決定に当たって意見を述べるもので，答申に法的拘束力はない。なお，参与機関は，法の適用の公正を図る等の目的で行政機関の意思決定に参与するもので，行政機関はその答申に法的に拘束される。

C✕ **審議会は行政機関の附属機関として設置されている。**

審議会は，行政機関（＝内閣府や省など）の附属機関として設定されている。これに対して，行政機関の外局として設置されているのは，庁または委員会である。また，審議会の委員は，内閣または所轄の行政機関の長（＝主任の大臣など）によって任命されるが，任命に際して国会の同意は必ずしも必要ない。

D〇 **審議会は「行政の隠れ蓑」として批判されることがある。**

正しい。審議会の答申内容は，委員たちが一から作り上げたものだと思われがちである。しかし，実際には，**行政機関がすでに決定した方針を追認するにとどまっていることも多く**，官僚の実質的な影響力が見えにくくなっている。

以上より，AとDが正しく，正答は**3**である。

1 ✗ **行政委員会は府省の外局として設置されている。**

行政委員会は内閣府および各省の外局として設置されている。内部部局に該当するのは，局・課・係や大臣官房などである。

2 ✗ **行政委員会は一定の独立性を持つ合議制機関である。**

行政委員会は，一般行政機構から完全に独立しているわけではなく，一定の独立性を認められているにとどまる。また，行政委員会は独任制機関ではなく，合議制機関として設置されている。これらの組織上の特徴は，政治的中立性を保つために必要とされるものである。

3 ✗ **専門知識を行政へ導入するために設けられた行政委員会もある。**

行政委員会は，①政治的中立性の確保，②複雑な利害関係の調整，③専門知識の行政への導入という3つの目的を持って設置される。たとえば，公害防止のために規制を行う公害等調整委員会は，公害に関する専門知識を行政活動に導入する目的で設置されている。

4 ✗ **審議会委員の任命に際して，国会の承認は必ずしも必要ない。**

審議会委員は，各府省の主任大臣によって任命されるが，任命に際して国会の承認が義務付けられているとは限らない。衆議院議員選挙区画定審議会など，一部の審議会についてのみ，国会の承認が必要とされている。

5 ◎ **審議会には諮問機関と参与機関がある。**

正しい。**審議会は，諮問機関と参与機関に大別される。**諮問機関とは，大臣等の諮問に応えて答申を提出する合議制機関であり，助言的機能を果たしている。これに対して，参与機関とは，政策決定過程に組み込まれている審議会をさし，その議決は法的拘束力を持つとされている。

第2章
行政の管理

試験別出題傾向と対策

試験名	国家総合職					国家一般職					地方上級 (全国型)				
年度	21〜23	24〜26	27〜29	30〜2	3〜5	21〜23	24〜26	27〜29	30〜2	3〜5	21〜23	24〜26	27〜29	30〜2	3〜5
頻出度 出題数 テーマ	5	2	5	8	5	5	7	5	5	6	0	2	1	1	1
A ⑥公務員制度	2		3	4	1	1	2	1	2	1					
B ⑦予算		1		1	1	1	1		1						
B ⑧評価と能率	1								1	1					
C ⑨調整・計画・統計調査			2	1		1		1							
A ⑩行政改革	2	1	2	1	2	3	3	3	1	3		2	1	1	1

　「行政の管理」では，行政組織の円滑な作動を保障するために，組織内で実施されている管理活動について学習する。学習の中心となるのは，公務員制度（テーマ6）と行政改革（テーマ10）である。その他，国家公務員試験を中心に出題のある予算（テーマ7），評価と能率（テーマ8）についても学習する。調整・計画・統計調査（テーマ9）はほとんど出題されていないが，平成30年度以降，国家公務員試験で出題が見られたので，念のため学習しておこう。

　2本柱の一つである公務員制度については，アメリカとわが国の公務員制度をしっかりと理解するようにしよう。前者については猟官制から資格任用制への転換，後者については明治期以降の制度変遷がポイントとなる。

　もう一つの柱である行政改革については，わが国の行政改革の歴史を中心に押さえておこう。中曽根行革や橋本行革の内容は必須の知識といえるので，確実に頭に入れておく必要がある。

● 国家総合職（政治・国際・人文）

　平成21年度以降，この分野からの出題数は大きく変動するようになったが，「3年間で5問」という出題ペースが標準となりつつある。頻出テーマは公務員制度と行政改革なので，この両テーマの学習は優先的に進めたい。いずれも過去問演習を重ねることで得点力はアップするが，それに加えて毎日のニュースにも注意を払い，さまざまな改革に関する時事的な話題を頭に入れておきたい。公務員の定年延長制度の導入，特区制度の展開，内閣府から各省への事務権限の移譲など，近年実施された諸改革について出題されることも多いためである。なお，この分野からは英文問題が出題されることも多いので，career civil servant（職業公務員），appointment（任命），promotion（昇進）などの基本用語は確認しておこう。

地方上級 (関東型)					地方上級 (特別区)					市役所 (C日程)					
21‑23	24‑26	27‑29	30‑2	3‑5	21‑23	24‑26	27‑29	30‑2	3‑5	21‑23	24‑26	27‑29	30‑2	30‑4	
0	2	1	1	1	3	4	3	3	3	1	0	2	1	0	
					1	1	1		1	1		1			テーマ 6
								1	1						テーマ 7
					1		1	2	1						テーマ 8
															テーマ 9
	2	1	1	1	1	3	1						1	1	テーマ 10

● 国家一般職

　出題数は年度によって多少の変動はあるが，平均すれば毎年2問程度の出題がある。かなり重要な分野なので，力を入れて学習しよう。出題の中心となっているのは，公務員制度，予算，行政改革である。このうち行政改革については，ときおり流行問題が出現しており，少し前にはNPM改革が流行していたが，その後は規制改革が続けて出題されるようになった。出題傾向をつかむためにも，最近3年間の問題には特に注意して当たるとよい。なお，5年度にはわが国の中央政府の情報化が出題されたが，これはDX化という時事的な話題の反映だろう。

● 地方上級

　全国型と関東型では，行政改革を除き，この分野からはあまり出題されていない。これに対して，特別区では公務員制度と行政改革，評価と能率からある程度コンスタントに出題がある。いずれの試験においても，問題の難易度はさほど高くないことが多いので，まずは基本問題の演習を集中的にこなすようにしよう。わが国の公務員制度やわが国の行政改革については，わが国における歴史と現状が問われやすいので，問題演習の際には特に注意が必要である。

● 市役所

　公務員制度と行政改革に出題が集中しているので，何よりも各国の公務員制度および行政改革の歴史と現状をしっかりと押さえておこう。前者では，フランスやドイツの公務員制度に言及されることもあり，その場合は難易度がやや高くなる。後者では，わが国の行政改革史やNPM改革など基本事項が問われやすく，難易度はさほど高くない。

公務員制度

必修問題

　人的資源管理の理論と実際に関する次の記述のうち，最も妥当なのはどれか。

【国家一般職・令和5年度】

1　F.ハーズバーグは，モチベーションを仕事の内外に分けて検討し，二要因説を提示した。この説では，人間関係，賃金，作業条件といった衛生要因と，仕事の達成，仕事による評価，仕事の内容，昇進といった動機づけ要因とが示された。

2　R.リッカートは，公務員のモチベーションを合理性，規範，感情の3つに分類したうえで，政策決定への関心，公益への関心，効率性の3つの尺度によってそれぞれのモチベーションを測定することが可能であることを示した。この理論は，**パブリック・サービス・モチベーション（PSM）理論**と呼ばれる。

3　第二次世界大戦中に米国で誕生した職階制は，科学的な人的資源管理を可能にするものとして，第二次世界大戦後にわが国において導入が検討された。しかし，**職階制**は大部屋主義や年功序列といったわが国の雇用・人事慣行にはそぐわないものとして国家公務員法に規定されなかった。

4　わが国では，各府省において人事交流が行われており，その対象は行政機関に限定されているものの，多くの職員が他の組織への出向を経験している。各府省から地方公共団体に出向する職員は出向官僚と称され，各府省の政策を現場で実施する責任者という位置づけから，出向先は都道府県の特定のポストに限定されている。

5　わが国では，国家公務員の早期退職・再就職の慣行について，官民癒着の温床になっているのではないかなど厳しい批判が寄せられる中，平成13（2001）年の中央省庁再編時に出身府省からの再就職のあっせんが禁止された。同時に人事院に官民人材交流センターが設置され，中立的な立場から再就職のあっせんが行われることとなった。

難易度　＊＊

必修問題の解説

　本問は，人的資源管理に関する応用問題である。PSM理論（**2**）は初めての出題であり，動機づけ＝衛生理論（**1**）も過去にあまり出題例がないので，難易度はかなり高めといえよう。なお，**4**や**5**は国家公務員に特徴的な出題である。

1 ◎ ハーズバーグは動機づけ＝衛生理論を提唱した。
　正しい。ハーズバーグは，①仕事そのものに深く関連した「動機づけ要因」と，②仕事を取り巻く外部的要因である「衛生要因」を区別し，特に動機づけ要因が仕事に与える影響を重視した。

2 ✕ PSM理論を提唱したのはペリーとワイズである。
　ペリーらは，公務員が何にやりがいを感じているのかという観点から，公務員の行動を説明しようとした。このPSM理論では，公務員のモチベーションを合理性，規範，感情に分類したうえで，①政策決定への関心＝合理性，②公益への関心＝規範，③憐みの気持＝感情，④自己犠牲＝感情，という4つの尺度によって，それぞれのモチベーションを測定することがめざされた。

3 ✕ 職階制は戦後のわが国で国家公務員法に規定された。
　職階制とは，官職をそれに付随する職務の性質に応じて分類・整理・体系化したものである。わが国では，昭和22（1947）年の国家公務員法で職階制の導入が定められ，職階法も制定された。しかし，わが国の人事慣行になじまないなどの理由で実施されず，2009年には関連規定がすべて廃止された。

4 ✕ わが国の中央省庁は，民間企業や地方公共団体と人事交流を行っている。
　わが国では，官民人事交流，すなわち国と民間企業の間の人事交流が盛んに行われている。また，出向官僚の出向先は多様であり，都道府県のみならず市町村に出向することもあれば，出向先のポストも限定されていない。

5 ✕ 官民人材交流センターは内閣府に設けられている。
　出身府省による再就職のあっせんは，中央省庁再編後も引き続き行われた。しかし，平成19（2007）年の改正国家公務員法でこれが禁止され，再就職のあっせんは内閣府の官民交流センターが一元的に行うこととなった。なお，現在では，民間の再就職支援会社を利用する形で再就職支援が行われている。

正答 **1**

FOCUS

　公務員制度で出題頻度が高いのは，アメリカやイギリスにおける公務員制度の変遷，フーバー勧告の内容と影響などである。国家総合職・一般職では，国家公務員の定年延長などの時事的話題にも注意しておきたい。

━ POINT ━

重要ポイント 1 先進各国の公務員制度

　ヨーロッパ諸国では，絶対王政の確立期に，国王に奉仕する官僚制が発達した。そしてその後は，これを改革して民主化・効率化していくことが重要な課題となっていった。これに対して，アメリカでは，当初から国王のための官僚制は存在しなかった。そこで重要な課題とされたのは，官僚制が強大化して，民意に背いてしまうことのないように，組織のデザインを描いていくことであった。

（1）フランス

　フランスでは，18世紀末の市民革命を機に，官職の売買や世襲が一掃され，官職の多くは選挙職に改められた。しかし，革命後の混乱を収めるためには，専門的能力を持つ官僚の登用が必要であったため，まもなく任命職の範囲が拡大されることとなった。さらに，**ナポレオンの時代には官僚制度の大改革が行われ，近代官僚制が確立された**。技官養成のための理工科大学校や教員養成のための高等師範学校が設立されたのも，この頃のことである。

　公務員制度の整備・拡大はその後も進み，その結果，フランスは世界有数の行政主導型国家に成長した。第二次世界大戦後にこれを支えてきたのは，官僚養成学校の最高峰に位置する**国立行政学院（ENA）**の出身者（＝エナルク）であった。

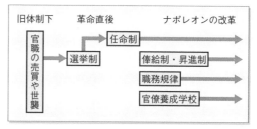

（2）ドイツ

　ドイツ（プロイセン）では，行政の専門化を進めるため，早くから公開競争試験が実施されていた。しかし，その合格者の中には特権的身分に安住し，国家への貢献を欠く者も少なくなかった。そこで，ナポレオン戦争での敗北（1806年）を機に，ハルデンベルクとシュタインによって官僚制の改革が進められ，新たに階統制（ヒエラルキー）が導入されることとなった。

　ドイツの公務員制度では，長らく**官吏（ベアムテ）・公務員職・公務労働者という3層構造**がとられてきた。しかし，近年の改革により，公務員職と公務労働者が統合され，**官吏・非官吏という2層構造**に整理された。

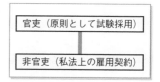

（3）イギリス

　イギリスでは，名誉革命（1688年）を経て，政治的実権が国王から議会および内閣へと移行した。それとともに，共和派の人々が次々と官僚に任命されるようになり，後には政権党による党派的任用が一般化した。これを**情実任用制（パトロネージ）**と呼ぶ。

　しかし，政権交代に伴う官僚の頻繁な更迭や，専門性を欠く官僚の存在がやがて問題視されはじめ，19世紀中頃には公務員制度改革への気運が高まった。特に1853

年の**ノースコート・トレヴェリアン報告**は，イギリスにおける公開競争試験の実施を提言したことで有名である。同報告の提案は，その後徐々に実施に移され，本人の能力を基準に採用が行われる**資格任用制（メリット・システム）**が確立した。

ノースコート・トレヴェリアン報告（1853年）	フルトン報告（1968年）
公開競争試験の実施，採用試験における一般教養の重視（＝ゼネラリスト志向），人事委員会の創設を提言した。	学歴にとらわれずに公務員を採用するため，試験における専門科目の重視（＝スペシャリスト志向）を提言した。

なお，イギリスでは，**アドミニストラティヴ・クラス（行政クラス）**やエギュゼクティヴ・クラス（執行クラス）などのクラス別に採用が行われてきたが，近年では能力主義的な人事管理の要素が強められている。

(4) アメリカ

1801年，第3代大統領に就任したジェファーソンは，自らの政治的信条を行政機構にも浸透させるため，自分と同じアンチ・フェデラリスト派（＝連邦の権限拡大に反対する立場）の人々を行政官に登用した。

さらに，1829年，**第7代大統領に就任したジャクソンは，この政治的任用制を大規模に実施した**。中西部出身のジャクソンは，東部の上流階級が支配していた行政機構を統制するために，

この制度を利用したのである。もっとも，ここでジャクソンが新たに登用したのは，主に選挙での勝利に貢献した人々であった。このように，公職の当選者が選挙協力者を官職に登用する制度を，**猟官制（スポイルズ・システム）**という。当然，猟官制で登用された人々は行政の素人であったが，当時の国家は極めて単純な仕事しか果たす必要がなく，行政のプロを必要とはしていなかった。

ジャクソン期以降，猟官制は広く定着していったが，やがて官職配分に漏れた者によるガーフィールド大統領暗殺事件（1881年）が起こったり，行政の腐敗と非効率が目立つようになったりした。そこで，1883年には**ペンドルトン法**（1883年連邦公務員法）が制定され，**資格任用制の導入**と人事院の設置が定められた。

その後，資格任用制の範囲は次第に拡大されていったが，各省の長官，副長官，次官，次官補など，局長級以上の**幹部職員については，現在でも政治的任命制がとられている**。

重要ポイント 2 わが国の公務員制度

わが国の公務員制度は，第二次世界大戦の前後で大きく変化を遂げた。

(1) 戦前の官吏制度

戦前のわが国における行政官は「天皇の官吏」とされ，特権的身分が与えられていた。当初，官吏は無試験で採用されていたが，**1893年（明治26年）には公開競争試験が本格的に導入され**，法律学中心の筆記試験および口述試験が実施された。な

お，試験による任用の範囲は時代によって異なり，**政党勢力の強い時代には政治任用の範囲が拡大され，政党員が大量に官吏に任命された。**

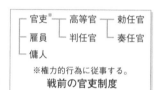

戦前の官吏制度

(2) 戦後の公務員制度

戦後のわが国では，「天皇の官吏」が「国民の公務員」に改められ，中央人事機関として人事院が創設された。さらに，近年では内閣人事局も創設されている。

①人事院

人事院は，人事行政をつかさどる独立的・中立的な合議制機関であり，内閣の所轄の下に置かれている。3名の人事官により構成され，うち1名が総裁を務めるものとされている。**公務員の給与等に関する勧告（人事院勧告）を行う**ほか，採用試験の実施，人事院規則の制定，処分に関する不服申立ての審査などを行っている。

②内閣人事局

内閣人事局は，国家公務員の人事管理に関する戦略的中枢機能を担う組織として，2014年に内閣官房に新設された。国家公務員制度の企画立案，任用・採用試験・研修などに関する事務を行っている。人事院との違いであるが，たとえば内閣人事局が優れた人材の養成・活用に関する事務を所掌するのに対して，人事院は職員の公正な任用の確保に関する事務を所掌するとされる。

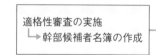

幹部職員の任免手続き

③職階制

職階制とは，さまざまな官職（ポスト）を，それに付随する職務の性質に応じて分類・整理・体系化したものである。職階制が実施された場合，各職務にふさわしい能力を備えた人物が当該ポストに登用され，給与もその職務内容に応じて支給される。**わが国では，国家公務員法の規定に基づいて，職階制を実施するための法律（職階法）も制定されていたが，わが国の伝統的労使慣行（終身雇用制など）になじまないとの理由で実施されないまま，2009年（平成21年）には法律が廃止された。**

なお，職階制はいわゆる開放型任用制の前提となる制度である。

名称	閉鎖型任用制	開放型任用制
採用国	イギリス，日本など	アメリカなど
内容	新採職員を訓練し順次昇進させていく仕組み。**中途採用はまれ**である。	ポストに見合った**能力の持ち主を組織の内外から広く募る**仕組み。

実戦問題 ❶ 基本レベル

No.1 アメリカのペンドルトン法に関する記述のうち，妥当なものはどれか。

【市役所・平成27年度】

1 1860年代，南北戦争後の政治的不安定を解消することを目的として，公務員の給与を法律で定めた。

2 1880年代，公務員の資質向上のため，資格任用制と政治的中立性について定めた。

3 1900年代，公務員の任用をこれまでの学力・専門技能に基づくものから公選要素を高めるものに改めた。

4 1930年代，世界恐慌の進展に伴い，失業期間を公務員への任用に際して考慮すべき重要な要素とすることにした。

5 1950年代，マッカーシズムの進展に伴い，政治活動歴を任用の失格理由として定めた。

No.2 わが国またはアメリカの公務員制度に関する記述として，妥当なのはどれか。

【地方上級（特別区）・平成28年度】

1 わが国では，フーバーを団長とする調査団が行った勧告に基づいて，1948年に内閣の所轄の下に置かれる合議制の機関である人事院が設置されたが，その機能の一つである人事院勧告制度は，労働基本権を制約された国家公務員の代償措置として位置づけられる。

2 わが国では，2008年に国家公務員制度改革基本法が制定され，官職を職務の種類，複雑さおよび責任の程度に応じ，分類整理した職階制の創設などが盛り込まれ，職階制が導入された。

3 アメリカでは，ジャクソン大統領が，1883年にペンドルトン法を成立させ，官僚機構への民主的統制手段として，選挙に勝利し政権を握った政党が，公職者の任免を支配する猟官制が導入された。

4 アメリカでは，ノースコート・トレヴェリアン報告を受け，猟官制の廃止，公開競争試験の採用，試験と採用を監督する中央機関の設立，成績に基づく昇進などの制度が導入された。

5 アメリカでは，ギューリックが，公務員への採用について，採用者の構成は社会の構成を適正に反映したものでなければならないとする代表的官僚制の概念を提起し，社会の少数派に属する人種，民族の人々を割当比率まで採用し，現状の格差を是正するアファーマティブ・アクションが講じられている。

公務員制度に関する次の記述のうち，妥当なのはどれか。

【国家一般職・平成28年度】

1 米国のジェファーソン大統領は，有権者の意思を政策に反映するためには人事にもそれを反映することが真の民主主義であると考え，就任後政府高官を大規模に更迭し，自らの政治信条に沿った人々を新たに登用した。

2 米国では，猟官制の伝統が確立されていたが，1880年代に行政課題の複雑化と専門化に対応するため，資格任用制と政治的中立性を根幹とするペンドルトン法案が議会に提出されたものの，否決され，資格任用制の範囲の拡大は断念された。

3 公務員制度におけるアメリカン・デモクラシーは，米国のジャクソン大統領が，それまでの政府高官を大規模に更迭し，選挙活動への貢献の度合いで支援者の任用を行う政治任用を改め，メリット・システムを導入したジャクソニアン・デモクラシーに見られる。

4 英国では，政党内閣制の発達期に，1853年のノースコート・トレヴェリアン報告の勧告を受けて，政権交代時には政権の意図を明確に反映するために，政党色を人事に反映することが有効であるとして，内閣による民主的統制を重視する新しい公務員制度が確立された。

5 明治初期のわが国では，明治維新を遂行した藩閥勢力から官吏が登用されていたが，試験合格者から官吏を登用する仕組みが確立され，最初の政党内閣である隈板内閣も試験に基づく官吏制度が日本の民主主義を確立すると考えた。

わが国の公務員制度に関する記述として，妥当なのはどれか。

【地方上級（特別区）・平成25年度】

1 人事院は，国会の両院の同意を得て内閣が任命する人事官をもって組織される機関であり，準立法権と準司法権を持つ。

2 人事院は，地方公務員と国家公務員の給与水準を比較検討して，給与の改定を内閣と国会に，毎年，少なくとも1回，勧告しなければならない。

3 わが国では，採用時に公開競争試験で潜在的能力を判断し，内部研修によりスペシャリストとする，終身雇用を保障した開放型任用制が採用されている。

4 職階制は，官職を職務の種類および複雑と責任の程度に基づいて分類整理する制度であり，国家公務員については，第二次世界大戦後にこの制度が導入され，今日まで実施されている。

5 フーバーを団長とする合衆国対日人事行政顧問団の報告書に基づき，国家公務員法は，独立性の強い人事院の設置，事務次官の政治任用，公務員の労働基本権の保障の拡大という形で改正された。

No.5 公務員の任用に関する次の記述のうち，妥当なのはどれか。

【国家一般職・平成12年度】

1 第二次世界大戦後，公務員制に法律主義が採用され，1947年（昭和22年）には国家公務員法が制定された。国家公務員法では，いわゆる代表的官僚制の原則が定められており，公務員の採用者の構成は社会の構成を公正に反映したものになっていなければならないとされている。

2 わが国では，官史に関して明治時代からすでに公開競争試験に基づく資格任用制が確立されていた。このため，国家公務員法制定直後に設けられた人事院においても，アメリカ型の職階制への移行が検討されることはなかった。

3 わが国の公務員制は，終身雇用制を基礎にした閉鎖型任用制と呼ばれるものである。これに対し，1920年代にアメリカ合衆国で確立された公務員制は，職階制を基礎にした開放型任用制と呼ばれるものであるが，これらは，どちらも資格任用制を基本原理としている。

4 開放型任用制の下では，転職による中途採用も多い。そのため，個々の職位の職務・職責をこなすのに必要な事務処理能力は執務の中で訓練され習得されるべきものと考えられており，閉鎖型任用制に比べて職場における研修が重視される傾向が強い。

5 わが国やフランスで見られる閉鎖型任用制とは，特定の有力大学出身者から優先的に任用する制度のことをいう。このため，出身大学を基礎にしたいわゆる学閥が形成されやすいことが，閉鎖型任用制の弊害であるとされている。

No.6 わが国の人事院または人事院勧告に関する記述として，妥当なのはどれか。

【地方上級（特別区）・令和3年度】

1 人事院は，フーバーを団長とする対日合衆国人事行政顧問団が行った勧告に基づいて設置されたが，アメリカ型の職階制は，日本の雇用慣行になじまないとして国家公務員法に規定されなかった。

2 人事院は，国家行政組織法の適用を受ける組織であり，内閣の所轄の下に置かれ，行政的機能のほか，準立法的機能や準司法的機能が与えられている。

3 人事院は，人事官3人による合議制の組織であり，そのうち1人が人事院総裁となるが，人事官は両議院の同意を経て内閣が任命する。

4 人事院勧告は，官民給与比較を基礎に国家公務員の給与を勧告する制度で，毎年，少なくとも1回，国会と内閣に提出することが義務づけられている。

5 人事院勧告は，公務員の労働基本権が制約されていることへの代償措置として位置づけられているため，内閣は勧告を受け入れず給与改善を見送ることはできない。

公務員制度に関する次の記述のうち，妥当なのはどれか。

【国家一般職・平成30年度】

1 わが国の公務員は，国家公務員と地方公務員に分類され，現在，両者の数は拮抗している。また，国家公務員は一般職と特別職に分類されるが，一般職国家公務員の数は，平成12（2000）年以降，国立大学法人化や郵政民営化等を経て，現在は平成12年の時の7割程度まで減っている。

2 政治的中立性は，公務員制度の基本原理の一つであり，日本国憲法においても，すべて公務員は全体の奉仕者であると定められている。政治的中立性を担保するためには，政治家が公務員をコントロールする民主的統制の強化が必要であり，わが国では，各府省の事務次官，局長など特に高い政治的中立性が求められる職には，資格任用ではなく，政治任用が行われている。

3 公務員の任用については，閉鎖型任用制と開放型任用制が挙げられる。1920年代の米国で形成されてきた公務員制度は，資格任用制を基本にした閉鎖型任用制であったのに対し，第二次世界大戦後のわが国の公務員制度では，科学的人事行政論に基づく職階制が実施され，現在に至る開放型任用制が確立された。

4 J.D.アバーバックらは，政策形成過程における政治家と官僚の関係を4類型に分類した。彼らは，政治家が政策の立案，官僚が政策の実施という別の役割を担う状態（イメージⅠ）から，次第に両者の区別がつかなくなる状態（イメージⅣ）に至る道筋を示し，多くの国では，官僚が利益の調整まで担う状態（イメージⅢ）が実際には現実を描いているとした。

5 わが国では，平成19（2007）年の国家公務員法改正により，人事評価制度の見直しが行われた。管理職員については，成果が求められることから，能力評価をやめて年2回の業績評価に一本化する一方，一般の職員については，育成等への活用を重視し，年1回の能力評価のみを実施することとされた。

実戦問題 **1** の 解説

→ 問題はP.93

No.1 の解説 アメリカのペンドルトン法　　　　　　　正答**2**

　　アメリカの**ペンドルトン法**は，1883年連邦公務員法とも呼ばれている。猟官制（＝選挙協力の見返りとして官職を配分する仕組み）による腐敗や非効率を克服するため，資格任用制（＝試験等によって能力を実証した者を採用する仕組み）の導入を定めたものである。

　　①**成立年代は19世紀後半である。→3，4，5**は誤り。
　　②**制定目的は腐敗と非効率の克服にある。→1，4**は誤り。
　　③**主な内容は資格任用制の導入である。→1，3，4，5**は誤り。
　　以上より，正答は**2**である。

No.2 の解説 日本・アメリカの公務員制度　　　　　正答**1**

→ 問題はP.93

1◎ 人事院勧告制度は労働基本権の制限の代償措置である。

　　正しい。わが国では，フーバー勧告に基づいて，1948年に人事院が設立された。人事院は，前年に設立された人事委員会を改組して独立性を強めた組織であり，内閣の所轄の下に置かれた。**人事院は国家公務員の給与水準について国会と内閣に勧告を行う**とされたが，これは**国家公務員の労働基本権が制限されており，自ら賃上げ交渉等を行うことができないための代償措置である。**

2✕ 職階制の導入はすでに断念されている。

　　わが国では，第二次世界大戦直後に職階制の導入が図られたが，伝統的な労働慣行になじまないなどの理由で中断され，2009年にはこれが断念された。関連法や関連規定もすべて廃止・削除されている。

3✕ ペンドルトン法は猟官制を排除した。

　　猟官制（スポイルズ・システム）は，ジャクソン大統領によって大規模に導入されたが，やがて行政の腐敗や非効率という弊害を生むようになった。そこで，1883年にはペンドルトン法が制定され，猟官制に代えて資格任用制（メリット・システム）を導入することとなった。

4✕ ノースコート・トレヴェリアン報告はイギリスで発表された。

　　ノースコート・トレヴェリアン報告は，情実任用制（パトロネージ）による行政の腐敗や非効率を克服するため，1853年にイギリスで発表されたものである。その内容は，選択肢に記されているとおりである。

5✕ 代表的官僚制の概念を提起したのはキングスレーである。

　　代表的官僚制とは，社会における人種的・民族的構成を公務員の構成にも反映させようとするもので，キングスレーによって提唱された。代表的官僚制を実現するためには，人種・民族ごとの採用枠を事前に定めておくなどの措置が必要であり，これを積極的差別是正措置（アファーマティブ・アクション）という。ギューリックは，行政の原理を模索した行政学者であり，POSDCORB行政学の提唱者として有名である。

1 ◎　ジェファーソン大統領は猟官制を導入した。

正しい。米国のジェファーソン大統領（第3代）は，アンチ・フェデラリスト（反連邦派）の立場に立ち，各州の自立性を強めるべきだと考えていた。そして，国民から支持された自らの政治信条を，行政の人事にも反映させようとして，政府高官の入れ替えを行った。これが米国における猟官制の起源である。

2 ✕　ペンドルトン法の成立により，資格任用制が確立された。

米国では，1883年に連邦公務員法（いわゆるペンドルトン法）が成立し，資格任用制の範囲が大幅に拡大された。なお，資格任用制（メリット・システム）とは，試験等を通じて能力を実証した者を採用する仕組みのことである。

3 ✕　ジャクソン大統領は，選挙活動への貢献の度合いで支援者の任用を行った。

米国のジャクソン大統領（第7代）は，史上初の中西部出身の大統領であり，東部出身者を中心とする官僚制と対立した。そこで，選挙活動への貢献の度合いが大きかった者を官僚に任命することで，選挙で示された国民の意思を行政にも浸透させようとした。このように，公務員制度におけるアメリカン・デモクラシーは，ジャクソニアン・デモクラシー期における猟官制（スポイルズ・システム）の大規模な導入によって実現したものである。

4 ✕　NT報告は，政治的に中立な官僚制の確立を提言した。

英国では，政党内閣制の発達期に，「国王の官吏」を「国民の公務員」に変えていく必要が生じた。そこで，国民が選挙で支持した政党，すなわち与党が，情実によって官僚を任命する仕組みが確立された。1853年のノースコート・トレヴェリアン報告は，こうした情実任用制に代えて資格任用制を採用し，政治的に中立な官僚制を確立するべきだと提言したものである。

5 ✕　隈板内閣は猟官制を実施した。

隈板内閣は，1898年に成立したわが国初の政党内閣であり，大隈重信首相と板垣退助内務大臣を中心に組織されていた。**隈板内閣は，試験合格者から官吏を登用する仕組みを大きく修正し，数多くの政党員を官吏に登用した。**なお，翌1899年に隈板内閣が倒れ，第2次山縣有朋内閣が成立すると，**山縣有朋内閣は文官任用令を改正し，政党員の政府高官への登用を制限した。**

No.4 の解説 日本の公務員制度

→ 問題はP.94 **正答1**

1 ◎ 人事院は3人の人事官をもって組織される。

正しい。**人事院**は，国家公務員法に基づいて，内閣の所轄の下に置かれた行政組織である。3人の人事官によって組織され，そのうち1人が総裁となる。人事官を任命するのは内閣であるが，任命に際して国会の両院の同意が必要とされる。また，人事院は準立法権や準司法権を持っており，人事院規則の制定，不利益処分の不服審査・判定などを行うことができる。

2 ✕ 人事院勧告は官民の給与水準の均衡を基本とする。

国家公務員の給与に関する人事院勧告は，国家公務員の給与水準を民間企業従業員の給与水準と均衡させること（**民間準拠**）を基本に行われている。地方公務員と国家公務員の給与水準を比較検討して行われるものではない。

3 ✕ わが国の公務員制度は閉鎖型任用制をとっている。

わが国の公務員の任用は，終身雇用を保障したうえで，職務経験や内部研修を通じてスペシャリストに育てていくという方式で行われている。こうした方式は「閉鎖型任用制」と呼ばれている。これに対して，「開放型任用制」とは，途中採用も積極的に行いながら，一定の有資格者を組織の内外から補充していく方式をさす。開放型任用制の典型例はアメリカである。

4 ✕ 職階制は実施されないままに廃止された。

わが国では，第二次世界大戦直後の行政改革において，職階制に関する規定が国家公務員法に盛り込まれ，これを実施するための職階法も制定された。しかし，終身雇用制と年功制を基本とするわが国の労働慣行になじまないことから，その実施は長年にわたって凍結され，2007年の国家公務員法改正では職階制に関するすべての規定の削除が決定された。職階法も2009年に廃止された。

5 ✕ フーバー勧告は公務員の労働基本権の制限等を提案した。

フーバー顧問団の報告書（いわゆる**フーバー勧告**）を受けて，1947年にはわが国初の国家公務員法が制定された。しかし，同法にはフーバー勧告に反する内容が数多く盛り込まれていたため，フーバーらの批判を受けることとなった。そこで，翌1948年には早くも改正が行われ，「独立性の強い人事院の設置」，「事務次官の一般職化（＝政治任用の禁止）」「公務員の労働基本権の制限」などの規定が盛り込まれた。

第2章

行政の管理

No.5 の解説　公務員の任用

1 ✕ わが国の国家公務員法において，代表的官僚制の原理が採用されたことはない。なお，近年では，女性公務員の少なさが問題視され，その積極的登用が図られているが，これはあくまでも政府の方針として打ち出されているものであり，なんら法的根拠を持つものではない。

2 ✕ 第二次世界大戦後のわが国では，職階制に関する規定が国家公務員法に盛り込まれ，さらにこれを実施するための職階法も制定された。当然，人事院も職階制の導入を検討したが，終身雇用制と年功制を基本とするわが国の労働慣行になじまないとの理由で，その実施は長年にわたって凍結され続けた。なお，その後，2007年の法改正で職階制に関する規定の削除と職階法の廃止が決定した（2009年施行）。

3 ◎ **正しい。わが国やイギリスの公務員制は，途中採用を原則として行わない閉鎖型任用制に該当する。これに対して，アメリカの公務員制は，途中採用を幅広く行う開放型任用制に該当する。** 開放型任用制では，個々の職位に要求される資格や能力の要件を事前に定めておくことが必要とされるため，職階制の実施が前提とされる。

4 ✕ 開放型任用制では，個々の職位の職務・職責をこなすのに必要な事務処理能力を備えた人材だけが，その職位を得ることができる。これに対して，閉鎖型任用制では，ある職位に就いた職員が，必要な事務処理能力を執務の中で習得していくものとされる。

5 ✕ 閉鎖型任用制とは，職員を一括採用し，執務を通じて訓練を行っていく制度のことをいう。採用試験の結果，特定の有力大学出身者が数多く採用されることもあるが，それ自体が閉鎖型任用制の特徴というわけではない。

No.6 の解説　人事院または人事院勧告

1 ✕ 職階制は国家公務員法に規定されたが，未実施のまま廃止された。
わが国では，昭和22（1947）年の国家公務員法で職階制の導入が定められ，職階法も制定された。しかし，わが国の雇用慣行になじまないなどの理由で実施されず，2009年には関連規定がすべて廃止された。

2 ✕ 人事院は国家公務員法の適用を受ける。
人事院は国家公務員法に基づいて設置された行政機関であり，国家行政組織法の適用は受けない。なお，本肢で言及されている人事院の準立法的機能とは人事院規則を制定できることをさし，準司法的機能とは各省の懲戒処分が適正かどうかを審査する公平審査を実施できることをさす。

3 ◎ 人事院の人事官は，両議院の同意を経て内閣が任命する
正しい。**人事院の3人の人事官を任命するのは内閣であるが，任命には国会の両議院の同意が必要とされている（国会同意人事）。**

4 ✕ 人事院勧告は給与を 5 ％以上増減する必要が生じたときに行われる。

人事院は，毎年，少なくとも1回，給与水準が適当かどうかについて，国会と内閣に「報告」しなければならない。さらに，**給与水準を5％以上増減する必要が生じたと認められるときは，国会と内閣に適当な「勧告」をしなければならない**。後者がいわゆる人事院勧告である。

5 ✕ **人事院勧告に法的拘束力はない。**

人事院勧告はあくまでも勧告であり，法的拘束力は持たない。したがって，内閣がこれと異なる内容の給与法案を国会に提出し，国会がこれを成立させることも可能である。

No.7 の解説　公務員制度　　　　→問題はP.96　正答4

1 ✕ **公務員の8割以上は地方公務員である。**

わが国の公務員数は300万人超の水準にあり，そのうち8割以上は地方公務員である。また，一般職国家公務員の数は，郵政民営化，国立大学法人化，非特定独立行政法人化（2018年4月以降は中期目標管理法人および国立研究開発法人）等を経て，現在は平成12年（2000年）の時の3分の1程度まで減っている。

2 ✕ **わが国の幹部職員は一般職とされている。**

わが国では，各府省の事務次官や局長などの幹部職員も，すべて一般職の国家公務員とされており，資格任用制が貫かれている。特別職の国家公務員とされているのは，裁判所職員，国会職員，防衛省の職員等に限られている。

3 ✕ **米国では開放型任用制度，わが国では閉鎖型任用制度が確立されてきた。**

米国の公務員制度では，科学的人事行政論に基づく職階制が実施され，開放型任用制が確立されてきた。これに対して，第二次世界大戦後のわが国の公務員制度では，当初，米国のような職階制と開放型任用制の導入が図られたものの，わが国の労働慣行になじまないとの理由で断念され，資格任用制を基本にした閉鎖型任用制が確立された。

4 ◎ **アバーバックは官僚の役割が拡大してきたと主張した。**

正しい。**アバーバックは，政策過程を①理念の提示，②利害の調整，③政策の形成，④政策の実施という4段階に区分した。**そして，かつては政治家が①～③，官僚が④の役割を担っていた（イメージⅠ）が，次第に官僚が③や②の役割も政治家と共有するようになり（イメージⅡ・Ⅲ），最終的には①の役割まで共有するようになる（イメージⅣ）と主張した。

5 ✕ **わが国の国家公務員は能力評価と業績評価を定期的に受けている。**

わが国では，平成19年（2007年）の改正国家公務員法により，能力・実績主義の人事管理が導入された。**現在では，すべての職員が，能力評価（年1回）と業績評価（年2回）による定期評価を受けている。**この点では，管理職員と一般職員の間に違いはない。

＊＊＊

No.8 政党と官僚に関するア～エの記述のうち，妥当なもののみをすべて挙げているのはどれか。

【国家総合職・平成28年度】

ア：戦前わが国は，各省の幹部人事に政党員を任用する政治任用の範囲を一貫して拡大した。山縣有朋内閣は，文官任用令を改正し，政党員を各省幹部に任用する制度を創設した。大正時代になると，山本権兵衛内閣は，文官任用令を再改正し，政治任用の範囲をさらに拡大した。そのうえで，政友会の原敬は，官僚出身の政党員を大臣に起用し，本格的な政党内閣を組織した。

イ：米国では，選挙に勝利し政権に就いた政党が官職への任免を支配する猟官制（スポイルズ・システム）を改革するため，1883年にペンドルトン法が制定され，公開競争試験を用いて連邦政府の職員を任用する資格任用制（メリット・システム）が導入された。ただし，今日でも連邦政府の幹部職員を中心に，政治任用が行われている。

ウ：フランスでは，官僚は，各省別に採用され，各省内部で昇進していく仕組みがとられている。官僚の政党所属は認められておらず，行政の政治的中立性を確保する観点から，大臣を補佐する大臣キャビネの職員および各省の幹部職員の人事については，政治任用の対象になっていない。

エ：わが国では，自由民主党による長期政権の下で，与党による法案の事前審査が行われていた。そこでは，各省が立案した法案について，閣議決定に先立ち，自由民主党が憲法や他の現行の法制との関係，立法内容の法的妥当性，条文の表現および配列等の構成の適切性等の観点から審査を行っていた。この与党による法案の事前審査は，平成21（2009）年の政権交代により行われなくなった。

1 ア
2 イ
3 ア，ウ
4 イ，エ
5 ウ，エ

No.9 ***
わが国の公務員制度等に関する次の記述のうち，妥当なのはどれか。

【国家一般職・令和２年度】

1 国家公務員の採用については，府省別採用や採用後の人事管理がセクショナリズムの原因となっているとの指摘があった。このため，国家公務員採用試験は，平成28（2016）年度試験より，総合職試験，一般職試験，各種専門職試験に再編された。また，内閣人事局が一括して採用を行い，配属先を決定する仕組みとなった。

2 女性国家公務員の採用については，平成27（2015）年に策定された第４次男女共同参画基本計画において，総合職試験の採用者の30％以上を女性とすることを義務づけるクォータ制を導入した。これにより，総合職試験の女性の採用者は，平成29（2017）年度から３年連続で40％を超えている。

3 国から地方公共団体への出向者は，幹部に就任することが原則であり，これにより地方公共団体の職員の意欲が低下し，地方公共団体の自律的な運営を阻害していると指摘される。このため，現在は，国から地方への出向者数の上限が法定されるとともに，各府省の大臣は，職員を出向させる際には総理大臣の事前承認を得ることとされている。

4 公的年金の支給開始年齢が65歳へと引き上げられたことに伴い，平成25（2013）年に国家公務員の定年制が廃止された。これにより，若年層の昇進ペースが遅くなり，管理職員の高年齢化が進んだため，平成30（2018）年度に，60歳に達した管理職員を原則として降格させる役職定年制が導入された。

5 国家公務員の給与については，民間企業の給与水準との格差をなくすことを基本に，第三者機関である人事院が，給与の改定について内閣および国会に対し勧告を行う，給与勧告制度がとられている。これは，国家公務員の労働基本権が制約されていることの代わりに設けられている措置である。

わが国の公務員制度等に関する次の記述のうち，妥当なのはどれか。

【国家総合職・令和4年度】

1 一般職のすべての国家公務員・地方公務員は団結権を有しており，各府省や地方公共団体ごとに職員団体を結成して当局と交渉し，団体協約の締結を行っている。国がかつて運営してきた公社や地方公共団体が運営する公営企業の職員は争議権を有しており，たとえば過去の日本国有鉄道の職員は争議権を行使してしばしばストライキを行った。

2 国家公務員・地方公務員の給与に関する法律や条例においては，俸給表あるいは給料表と呼ばれる表が規定されている。これらの表では，職務の複雑さ，困難さおよび責任の度合いに応じて定められる「号」と業績や経験年数によって定められる「級」が規定され，その組合せによって給与の額が決められる。「号」に応じて職員数が決められており，国家公務員の場合は人事院がその設定・改定を行っている。

3 公務員は，全体の奉仕者として政治的中立性を保つ観点から，法律等による事由によらなければ，その意に反して不利益な処分を受けないものとされており，一般職国家公務員が受けた不利益処分について不満があれば内閣人事局に審査請求をすることができる。地方公務員の場合は，都道府県に設置される公平委員会あるいは市町村の人事委員会が不利益処分についての準司法的な審査を行う。

4 採用された官庁と他の府省や地方公共団体，独立行政法人，民間企業などとの間で行われる人事交流は，他の組織での経験を通じた人材育成の一手法となっている。国と地方公共団体の人事交流の特徴としては，国は市町村より都道府県に職員を送る傾向があることや，地方公共団体から国への出向は令和2（2020）年までの10年間で増加傾向にあることが挙げられる。

5 公務員の業務は特殊で，売上高等の金銭的尺度による評価が困難であるために，専門能力や業績の評価にかかわる人事評価制度に関する法律の規定はなく，地方公共団体はそれぞれ独自の運用を行っている。専門的なスキルを持つ地方公務員の採用については，任期付職員の採用に関する制度が導入されたことで，それまで非正規雇用として扱われていた職員を同制度に基づき任期付職員として採用しなくてはならないようになった。

実戦問題 **2** の 解説

No.8 の解説 政党と官僚　　　　　　　　　　　　　　　→問題はP.102　**正答2**

ア✕ 戦前のわが国では，政治任用の範囲が拡大と縮小を繰り返した。明治中期には公開競争試験による任用が一般化していたが，1898年に成立した隈板内閣は猟官制を導入し，数多くの政党員を各省幹部に任用した。翌1899年に隈板内閣が倒れると，第2次山縣有朋内閣は文官任用令を改正し，政治任用の範囲を制限したが，第1次護憲運動を経て，1913年には山本権兵衛内閣が同法を再改正し，政治任用の範囲を再拡大した。

イ◯ 正しい。米国では，**1883年のペンドルトン法によって資格任用制が導入**されたが，幹部職員等は現在でも政治任用とされている。

ウ✕ フランスの官僚は支持政党を明確にしていることが多く，政党に所属することも禁止されてはいない。特に**大臣を補佐する大臣キャビネ（大臣官房）の職員や各省の幹部職員などは，政治任用の対象とされており，政権交代に伴**って職員の入れ替えが行われる。

エ✕ 各省が立案した法案について，閣議決定に先立ち，憲法や他の現行の法制との関係等の観点から審査を行っているのは，内閣に置かれた内閣法制局である。与党による事前審査では，有権者や支持団体などの意見も考慮しつつ，主に政治的観点から法案の内容が検討されている。また，**与党の事前審査は，2009年に民主党政権が誕生した後，しばらく行われていなかったが，まもなく復活して今日に至っている。**

以上より，**イ**のみが正しく，正答は**2**である。

1 ✕ **国家公務員の採用は各機関が行っている。**

国家公務員の採用は，人事院の実施する採用試験に合格した者が，各機関を訪問して面接試験に合格することでなされている。内閣人事局は，国家公務員の人事管理に関する戦略的中枢機能を担っており，幹部職員人事の一元管理などを担っている。

2 ✕ **30％目標は実現をめざすべき成果目標として設定されている。**

第4次男女共同参画基本計画では，総合職試験の採用者の30％以上を女性とすることが成果目標として設定された。しかし，クォータ制（割当制）によって強制的に実現が図られたわけではない。また，総合職試験の女性の採用者数は，2017年度から3年連続で30％を超え，2023年度には過去最高の38.7％に達した。なお，現行の第5次男女共同参画基本計画では，上記の成果目標は35％に引き上げられている。

3 ✕ **国から地方公共団体への出向については，特に制限は設けられていない。**

国から地方公共団体への出向者の中には，幹部職員以外に就任する者も多い。また，出向者数の上限は特に定められておらず，出向に際して各省の大臣が総務大臣の事前承認を得るという制度も設けられていない。

4 ✕ **国家公務員には定年がある。**

国家公務員の定年制が廃止されたという事実はなく，現在でも一般職職員については定年年齢が定められている。ただし，従来の定年年齢は60歳であったが，2023年度から2031年度にかけてこれが2年に1歳ずつ引き上げられ，最終的には65歳とされる予定である。

5 ◎ **国家公務員の給与改定について，人事院の給与勧告制度が設けられている**

正しい。国家公務員の給与については，人事院が内閣および国会に勧告を行う制度が設けられている。ただし，人事院勧告に法的拘束力はないため，財政難などを理由に勧告が凍結されたこともある。

No.10 の解説　わが国の公務員制度

→問題はP.104　**正答4**

1 ✕　公務員はすべて争議権を持たない。

一般職の国家公務員や地方公務員は団結権を持ち，当局と交渉することはできるが，交渉での合意事項を団体協約として締結することはできない。また，**旧公社や地方公営企業の職員を含め，公務員はすべて争議権を持たない**。過去の日本国有鉄道（現在のJR各社）の職員は，しばしばストライキを行っていたが，争議権を認められていない中で行われたストライキであった。

2 ✕　国家公務員の職員数を管理しているのは内閣人事局である。

俸給表や給料表では，号と級の組合せによって給与の額が定められている。このうち，職務の性質（複雑さ，困難さ，責任の度合い）に応じて定められているのが「級」であり，職員の属人的性質（業績や経験年数）によって定められているのが「号」である。また，**国家公務員の職員数は，かつては総務省行政管理局が管理していたが，現在では内閣官房の内閣人事局が管理している**。

3 ✕　一般職国家公務員が受けた不利益処分を審査するのは人事院である。

人事院は公平審査の権限を持っており，一般職国家公務員が懲戒その他の不利益処分を受けた場合は，人事院に審査請求を行うことができる。また，地方公共団体では人事委員会または公平委員会が公平審査を行っているが，このうち都道府県や政令指定都市などに置かれているのは人事委員会である。公平委員会は，人口規模が比較的少ない市町村などに置かれている。

4 ◎　わが国の中央省庁はさまざまな人事交流を行っている。

正しい。**わが国の中央省庁は，地方公共団体，独立行政法人，特殊法人，民間企業などとの間で人事交流を行っている**。かつては中央省庁から多くの職員が地方公共団体に出向していたが，地方で生え抜きの職員が育ち，幹部職の多くを占めるようになったこともあって，地方へ出向する職員の数は減少傾向にあり，逆に地方から中央へ出向する職員の数が増加傾向にある。

5 ✕　現在では，法律に基づいて公務員の人事評価が行われている。

国家公務員については，平成19（2007）年の国家公務員法改正により，年2回の業績評価と年1回の能力評価が行われている。地方公務員についても，平成26（2014）年の地方公務員法改正により，同様の制度が導入されることとなった。なお，現在，任期付採用制度が採用されていることは事実だが，非正規職員がすべて任期付職員に転換されたわけではない。

必修問題

予算・決算に関する次の記述のうち，最も妥当なのはどれか。

【国家総合職・令和5年度】

1 　予算が新会計年度までに成立しなかった場合には，前年度予算がそのまま新年度予算として執行されることが現行憲法上規定されているが，そうした場合に生ずる不都合を回避するため，国会の審議状況から判断して予算が新会計年度の始まる前に成立しないことが明らかなときには，内閣は，必要最小限の事務的な経費を計上した**補正予算**を編成し，国会に提出するのを通例としている。

2 　**概算要求基準（シーリング）**とは，各府省が財務省に対して概算要求をする場合の上限を前年度比として示したものであるが，各府省・政策領域ごとの予算配分が固定化されるきらいがある。このため，近年では，原則として厳しいシーリングを課しつつ，政府としての重点施策に関しては，財源に一定の枠を設け，それを**特別枠**として予算を組むという取組みが行われている。

3 　予算提案権は国会および内閣に認められているが，厳しい時間的制約が課されているため，実際には予算の提案は内閣のみが行っている。こうした中，各府省としても，早期に財務省に提出する概算要求を決定するため，まず各府省の大臣官房予算担当課が各局筆頭課からヒアリングを行い，次いで各局筆頭課が局内各課からヒアリングを行う，という形で迅速な意思決定を行っている。

4 　決算については，予算と同様，国会による議決が必要とされており，衆議院においては決算行政監視委員会，参議院においては決算委員会にそれぞれ付託され，議決された後，本会議に送られる。国会において，決算の審議は予算に優先して行われるため，ある年度の決算については，翌年度の予算に反映されることになるのが通例である。

5 　各府省の局・課の設置のほか，常勤職員の定員総数の最高限度や各府省ごとの定員は法律で規定されており，これらの変更については，従前，各府省は総務省行政管理局に要求をしていた。しかし，予算とも連動することなどを踏まえ，平成26（2014）年からは予算と一括して財務省が各府省からの要求を受けて査定することとなった。

難易度　＊＊

<table>
<tr><td>頻出度</td><td></td></tr>
</table>

B

国家総合職 ★	地上特別区 ★
国家一般職 ★★	市役所 C —
地上全国型 —	
地上関東型 —	

7 予　算

必修問題の解説

　本問は，予算・決算に関する応用問題である。暫定予算（**1**）や予算提案権（**3**），決算の法的効果（**4**）は頻出項目であるが，特別枠（**2**）や機構・定員管理（**5**）は必ずしも頻出ではなく，難易度が若干高めである。

1 ✕ 予算が新会計年度までに成立しない場合，暫定予算が組まれる。

　予算が新会計年度（毎年 4 月 1 日）までに成立しない場合，内閣は必要最小限の事務的な経費を計上した**暫定予算**を編成し，国会に提出する（財政法30条）。前年度予算をそのまま執行したのは，戦前の場合である。

2 ◎ 予算編成はシーリングと特別枠の組合せで行われている。

　正しい。わが国の予算編成は，概算要求基準（シーリング）によって各省庁からの概算要求に歯止めをかけつつ，特別枠で重点施策を優先的に取り扱うという形で行われている。

3 ✕ 予算提案権は内閣にのみ認められている。

　予算提案権は国会には認められておらず，内閣のみに認められている（憲法73条 5 号，86条）。また，各省内では，まず各局筆頭課が局内各課からヒアリングを行い，次いで大臣官房予算担当課が各局筆頭課からヒアリングを行うという「積み上げ方式」によって意思決定が行われている。

4 ✕ 決算については，国会による議決は必ずしも必要とされない。

　決算は内閣から国会に提出されるが，国会による議決は必ずしも必要とされない。また，決算よりも予算が優先して審議されるため，決算の審議には時間がかかる。そのため，決算の内容は翌々年度以降の予算に反映されるのが通例である。

5 ✕ 各府省の機構・定員等の審査・管理は内閣人事局が行っている。

　常勤職員の定数は，法律（「総定員法」）で定められている。しかし，各府省の内部部局や各省ごとの定員は，内閣が政令で定めるものとされている。また，各府省の機構・定員等の審査・管理は，かつては総務省行政管理局が行っていたが，現在では内閣官房の内閣人事局が行っている。

正答 2

FOCUS

　予算については，わが国の予算制度が頻出である。特に近年では，会計検査院に関する問題が増えているので注意しよう。諸外国の予算編成は出題されにくいが，インクリメンタリズムとPPBSはいちおうチェックしておこう。

重要ポイント 1 ▶ わが国の予算サイクル

　予算とは，1会計年度における政府の活動量を金銭ベースで定めた計画のことである。予算は主に歳入（＝収入見積もり）および歳出（＝経費の支出計画）によって構成され，わが国では立法と同様の形式をもって成立している。

(1) 予算サイクル

　各年度予算は，準備・執行・決算・政治的統制という4つの過程をたどる。例年，準備・執行には各1年，決算および政治的統制には約1年半を要することから，**1つの予算は約3年半をもってそのサイクルを終える。**

(2) 予算の重層構造

　1つの予算サイクルが1年では終了しないため，**各年度予算は互いに重なり合いつつ，重層構造をなす**ことになる。したがって，任意の年度を取り上げてみれば，そこでは前々年度予算への政治的統制，前年度予算の決算，当年度予算の執行，来年度予算の準備が同時進行している。なお，このような重層構造の結果，**各局面は相互に影響を及ぼし合う**ことも多い。

予算サイクル

重要ポイント 2 ▶ 予算の準備過程

　予算は内閣の下で編成され，国会の承認を受ける。

(1) 予算の編成と決定

　わが国の場合，まず各省庁内で課ごとに予算要求原案が作成され，それらが局単位で調整される。次に，各局でまとめられた予算要求書を大臣官房の予算担当課が調整し，省庁としての概算要求書が作成される。続いて，**各省庁から提出された概算要求書を財務省の主計局が査定し，政府予算の原案が作成される。**この原案は，復活折衝（＝特定事業への予算配分を求める交渉）を経て修正され，12月下旬には閣議に報告される。最終的には，閣議の承認を得た政府予算が1月下旬に国会に提出され，その議決を受ける。

(2) 予算編成方針の策定

　以上のように，**わが国の予算はボトムアップ型編成を原則と**しているが，その一方で，内閣がリーダーシップを発揮する仕組みも設けられている。たとえば，予算の編成に当たっては，**内閣府の経済財政諮問会議でと**

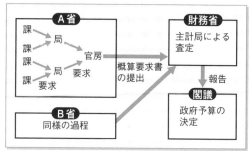

りまとめた骨太の方針（「経済財政運営と改革の基本方針」）や概算要求基準を内閣が閣議決定・閣議了解しており，これを各省庁に遵守させることで概算要求額に歯止めをかけている。

重要ポイント **3** 予算の執行過程

予算は国会の承認を受けた後，新年度から執行過程へと入る。

（1）予算執行の手続き

予算の執行過程では，いつ，何に対して，いくら支出するかという細目が各官庁によって確定され，実際に契約および支払いが行われる。

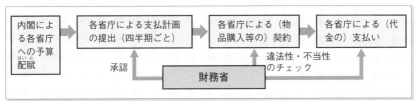

（2）支出負担行為実施計画

国会による予算承認の段階で内容が固まっていなかった事業計画等については，新年度の開始後に各省庁が支出負担行為実施計画を策定し，その内容を具体化する。同計画は財務省に提出され，その承認を受ける。

重要ポイント **4** 予算の決算および政治的統制過程

執行過程を終えた予算は，翌年度から決算過程および政治的統制の過程に入る。

（1）決算過程

政府各機関は，予算の執行内容を会計検査院に報告し，その検査を受けなければならない。**会計検査院は，憲法および会計検査院法に基づいて設置された合議制の独立的機関である。**規則制定権を持つとともに，二重予算提出権が認められており，内閣が同院の予算要求を減額した場合，同院は独自の予算要求書を国会に提出することができる。

（2）政治的統制過程

会計検査の結果は国会に提出される。その後，決算は両院で議決されるが，**国会の承認に法的効果はなく，**たとえこれが否決されても，すでに行われた支出が無効となるわけではない。

アメリカでは，1960年代以降，さまざまな予算編成の手法が実践されてきた。

(1) PPBS

計画事業予算制度（Planning-Programming-Budgeting System）とは，長期目標を達成するために中期計画を立て，その下で立案された毎年度の施策に対して合理的に予算を配分していく制度である。予算配分に際して，**各手段（＝代替案）の効率性を事前に比較検討し，最も効率的な手段に予算を配分する点が特徴**である。

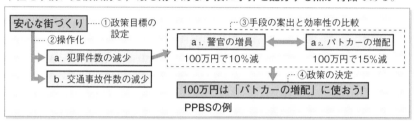

PPBالسの例

PPBSは，民間企業で開発された後，ケネディ政権の下で国防省の予算編成に導入され，さらにジョンソン大統領の時代には，これが連邦政府の予算編成全体に拡大された。しかし，**PPBSはその後，衰退を余儀なくされた**。その理由としては，①扱う情報量が膨大なため，情報の収集・処理が困難であったこと，②政治家や利益団体からの圧力が現実の予算編成をゆがめたこと，などが挙げられる。

(2) MBO

目標による管理（Management by Object）とは，**事前に設定された目標事業量が実際にどれだけ達成されたかについて，現場の管理者に評価・報告を求め，これを次年度以降の事業計画に反映していこうとする制度**のことである。MBOは，ニクソン政権およびフォード政権の下で採用されていた。

(3) ZBB

ゼロベース予算（Zero-Base Budgeting）とは，**あらゆる事業の必要性を定期的に見直すことで，無駄な支出を防ごうとする制度**のことである。各機関の上級管理者は，実施を予定している諸政策に優先順位をつけたうえで，優先順位の高い政策から順次，必要な予算額を確定していき，与えられた予算総額を使い果たすまで，これを繰り返す。ZBBは，カーター政権の下で採用されていた。

PPBS（1965～71年）	MBO（1971～80年）	ZBB（1977～80年）
ジョンソン	ニクソン，フォード	カーター
効率性の事前評価	達成事業量の事後評価	各政策の優先順位づけ
中央主導型の合理的決定	現場情報に基づく決定	各機関の自主的判断の尊重

(4) 業績予算

1993年のGPRA（政府業績成果法）に基づいて，政府各機関は政策執行後の業績評価とその結果の公表が義務づけられた。現在では，業績評価の結果を反映した業績予算（Performance Budget）も組まれている。

実 戦 問 題

◆◇ **No.1** 予算編成の手法に関する記述として，妥当なのはどれか。

【地方上級（東京都）・平成20年度】

1 サンセット方式とは，対象の事業について一定の期限を設定し，期限が到来した時点で事業の廃止の措置が講じられない限り，事業を自動的に継続するという手法である。

2 シーリング方式とは，概算要求の段階から前年度予算に関係なく要求限度の枠を設定する手法であり，この手法では，事業の優先順位を明確にすることができる。

3 ゼロベース予算とは，すべての事業について，ゼロから出発して予算を編成する手法であり，この手法では，既定経費の見直しを徹底して行うことができる。

4 パフォーマンス・バジェットとは，費用・便益分析を軸にしたシステム分析の手法により，予算編成過程の合理化をめざす手法である。

5 PPBSとは，長期的な計画策定と短期的な予算編成とを切り離し，予算編成については長期的な計画策定にとらわれず，資源配分に関する組織体の意思決定を合理的に行おうとする手法である。

No.2 わが国の会計検査院に関する記述として，妥当なのはどれか。

【地方上級（特別区）・令和4年度】

1 会計検査院は，検査官3人をもって構成する検査官会議と事務総局で組織されるが，検査官のうちから互選された会計検査院長が意思決定を行うことから，合議制の機関ではない。

2 会計検査院は，内閣に対し独立の地位を有する機関であり，検査官は両議院の同意を経て天皇が任命する。

3 会計検査院は，検査の結果，行政に関し改善を必要とする事項があると認めるときは，主務官庁その他の責任者に，意見を表示することができるが，改善の処置を要求することはできない。

4 会計検査院の検査は，正確性，緊急性，経済性，効率性および有効性の観点その他会計検査上必要な観点から行うものであるが，特に，緊急性，経済性および有効性については，3E基準といわれる。

5 会計検査院の検査対象機関には，国が資本金の2分の1以上を出資している法人のほか，国会や裁判所も含まれる。

No.3 予算および決算等に関する次の記述のうち，妥当なのはどれか。

【国家一般職・令和3年度】

1 　予算編成に当たっては，例年，各府省は概算要求を作成し内閣総理大臣に提出する。その後，財務省主計局において各府省からのヒアリングを行うなど具体的な査定が行われ，内閣府に設置された経済財政諮問会議が財務省原案を承認した後に，政府案としての予算案が閣議決定されることとなる。

2 　本予算の政府案は，例年，1月以降に国会で審議され，さまざまな議論が行われる結果，必ず国会による予算の修正が行われたうえで議決されている。また，新年度が始まる前までに本予算が成立しないことが明らかになった場合には，暫定予算が作成されるが，公務員の給与や生活保護費など最低限度の支出に限定されることから国会の議決は不要とされている。

3 　会計検査院は，明治憲法において規定されていた機関であった。現在は日本国憲法に根拠を持ち，会計検査院法において内閣に対し独立の地位を有することが規定されている。検査の対象は，国の行政機関，国会，裁判所だけでなく，国が出資している団体や国が補助金等を交付する地方公共団体等にも及んでいる。

4 　会計検査院が実施する会計検査の結果，不適当な会計経理が行われたと判断した場合には，同院はその是正を求めることができる。また，同院は，故意または重大な過失により著しく国に損害を与えた場合に関係した会計事務職員に対し懲戒処分を行う権限や，現金出納職員や物品管理職員の不注意等により国に損害を与えた場合に当該職員に弁償を求める権限を有している。

5 　決算については，内閣は，会計検査院の検査報告とともに国会に提出し，その承認を受けなければならないことが財政法に規定されている。また，決算は，先に衆議院に提出しなければならないことや，参議院が衆議院と異なる議決をした場合に衆議院が両院協議会の開催を求めなければならないことが国会法に規定されている。

No.4 わが国の予算制度に関する次の記述のうち，妥当なのはどれか。

【国家一般職・平成24年度改題】

1 マスグレイブは，政府の行政活動の財源を保障している財政は，3つの政策的機能を持つとした。このうち，資源配分機能とは，低所得者に対する非課税，高所得者に対する累進課税，社会保障関係費の支出などの財政措置を通して，資源を配分する機能である。

2 予算編成に当たっては，例年，各府省からの概算要求提出の前に，概算要求基準が決定される。この概算要求基準は，歳出規模を抑制することを目的としており，令和5年度予算の概算要求基準においては，従来認められてきた「事項要求」と「重要政策推進枠」が廃止されたことから，令和5年度予算額（一般会計）は前年度当該予算の90％以下に抑えられた。

3 建設国債以外の国債，すなわち赤字国債は，健全財政主義の観点から財政法では発行が認められていない。しかし，実際には，1年限りの公債特例法を制定することにより，赤字国債を発行している。

4 憲法上，予算の作成・提出権は内閣に専属するが，予算の成立には国会の議決が必要とされている。国会は，予算を議決するに当たり，これを否決することはできるが，予算の修正の動議や組替えの動議は，内閣の予算作成・提出権に抵触することとなるため，認められていない。

5 憲法上，国の収入支出の決算は，すべて毎年会計検査院がこれを検査したうえで，内閣は，当該決算について国会の承認を得なければならないと規定されている。検査を行う会計検査院は，内閣に対して独立の地位を有し，3人の検査官から構成される検査官会議が意思決定機関となっている合議制の組織である。

予算と決算に関する次の記述のうち，妥当なのはどれか。

【国家一般職・平成27年度】

1 予算編成の意思決定方式は，各局の総務課等が各課等からの予算要求原案に関するヒアリングを経て内示し，不同意の場合には復活要求がなされる局内の過程を経て，省庁・行政府レベルへと続き，文書を用いて行われることから，西尾勝によれば稟議書型の意思決定に分類される。

2 概算要求基準（シーリング）とは，平成21（2009）年の民主党政権の発足に伴って導入された予算編成に関するもので，各省庁が財務省に概算要求する際に要求できる上限を前年度比で示す予算基準であり，この基準を用い，経済財政諮問会議と財務省主計局が予算総額を管理する。

3 会計検査院は，内閣法第90条に基づく内閣の付属機関で，国会の同意に基づいて内閣が任命する3人の検査官による検査官会議を意思決定機関とし，国の収入支出の決算を検査し確認すること，常時会計検査を行って会計経理を監督し，適正を期し，是正を図ることなどを役割とする。

4 W.ニスカネンは予算極大化（最大化）モデルを提唱し，官僚は自らの所属する行政機関の予算を可能な限り最大化させようとするのに対し，政治家は予算に関する情報を十分持たないことから官僚の統制不足が生じ，最適なサービス量以上の予算が決定されるとした。

5 G.アリソンは，実現可能な3つ程度の選択肢を摘出して比較するにとどめて，短期間での決定を重視することにより漸進的に政策の変更を繰り返すという政策形成過程のモデルを考案し，それを予算編成過程に適用した場合には，新規の増分のみ厳しく審査することにより予算は迅速に決定されるとした。

実戦問題の解説

No.1 の解説 予算編成の手法　　　　　　　　　　　　→ 問題はP.113　**正答3**

1× サンセット方式では期限が来れば事業は原則廃止される。

サンセット方式とは，対象の事業について一定の期限を設定し，期限が到来した時点で事業の「継続」の措置が講じられない限り，事業を自動的に「廃止」するという手法である。

2× シーリング方式では前年度予算を基準に要求限度が決まる。

シーリング方式とは，概算要求（＝財務省に対する各省からの予算要求）の段階で「前年度予算比△％増（ないし減）」という上限を設定する手法である。シーリング方式の下では，各省が各事業に優先順位をつけ，重要事業の予算を優先的に確保しようとする。

3◎ ゼロベース予算では前年度予算が全面的に見直される。

正しい。ゼロベース予算とは，既存事業を含むすべての事業について，その必要性を再検討し，優先順位を付けたうえで予算を配分していく手法である。予算を効果的に用いるため，既定経費の見直しが徹底的に進む。

4× パフォーマンス・バジェットはシステム分析とは無関係である。

パフォーマンス・バジェット（業績予算）とは，達成すべき業績を明示して編成される予算のことである。各事業は年度終了後に評価を受け，その結果が次年度の予算配分に反映される。これに対して，システム分析は事前評価を特徴とする。すなわち，各事業がもたらす効果を費用・便益分析の手法で事前評価し，その結果を予算配分に反映するのが，システム分析である。

5× PPBSでは長期計画と各年度の予算編成が関連づけられる。

PPBS（計画事業予算制度）とは，長期目標を達成するために中期計画を立て，その下で立案された毎年度の施策に対して合理的に予算を配分していく手法である。したがって，PPBSでは長期的な計画策定と短期的な予算編成が結びついている。

No.2 の解説 会計検査院　　　　　　　　　　　　　　　→問題はP.113　**正答5**

1× 会計検査院は3人の検査官からなる合議制の機関である。

会計検査院は合議制機関であり，3人の検査官の合議によって意思決定が行われている。検査官の互選で院長が選出されてはいるが，院長は単独で意思決定を行う権限を持っているわけではない。

2× 会計検査院の検査官を任命するのは内閣である。

会計検査院の検査官は，両議院の同意を経て内閣が任命する。天皇はこれを認証する（＝正当な手続きでなされたことを証明する）にとどまる。

3× 会計検査院は，改善の処置を要求することができる。

会計検査院は，改善を必要とする事項があると認めるときは，主務官庁その他の責任者に意見を表示し，また改善の処置を要求することができる。

4× 「3Eの基準」とは経済性，効率性，有効性のことである

会計検査院の検査は，正確性（Accuracy），合規性（Regularity），経済性（Economy），効率性（Efficiency），有効性（Effectiveness）という5つの観点から行われている。このうち**経済性，効率性，有効性の3つを，一般に「3Eの基準（規準）」という。**

5 ◎ 国の予算の支出先は広く会計検査院の検査対象となる。

正しい。**会計検査院は，国の会計のすべての分野（国会，裁判所，内閣，内閣府ほか11省など）のほか，政府関係機関など国が出資している団体や，国が補助金その他の財政援助を与えている都道府県，市町村，各種法人など**を，すべて検査の対象としている。

No.3 の解説　予算と決算等
→問題はP.114　**正答3**

1 ✕ 概算要求は各府省から財務省（主計局）に提出される。

予算編成に際して，**各府省は概算要求を財務省（主計局）に提出し，その査定を受ける。**こうして作成された財務省原案は，復活折衝を経て政府案にまとめ上げられ，閣議決定後に国会に提出される。この過程で，経済財政諮問会議が財務省原案を承認するということはない。

2 ✕ 政府予算案は国会でそのまま可決されることも多い。

国会では一般に与党が過半数の議席を占めているため，**政府予算案はそのまま可決・成立することが多い。**また，暫定予算も予算の一種であることから，**暫定予算の成立には国会の議決が必要とされている。**

3 ◎ 会計検査院は憲法に根拠を持つ機関であり，明治期から設けられていた。

正しい。**会計検査院の設立は，明治13（1880）年にまでさかのぼる。**その後，**大日本帝国憲法や日本国憲法が成立すると，会計検査院はそれらの憲法に設置根拠を持つ機関として活動するようになった。**また，現在の会計検査院は，国の予算の支出先を広く検査対象として検査を行っている。

4 ✕ 会計検査院は，懲戒処分の「要求」や弁償請求の「検定」を行う。

会計検査院は，会計事務職員が故意または重大な過失により著しく国に損害を与えたと認めるときは，監督責任者に対し懲戒の処分を要求することができる。会計検査院は，当該職員に対して自ら懲戒処分を行うわけではない。また，会計検査院は，現金出納職員や物品管理職員が不注意等により国に損害を与えたかどうかを審理し，弁償責任の有無を検定することができる。決定の結果，弁償責任が認められた場合，監督責任者は弁償を命じなければならない。会計検査院は，当該職員に対して直接弁償を求めるわけではない。

5 ✕ 決算に国会の承認は不要である。

内閣は，会計検査院の検査報告とともに決算を国会に提出しなければならないが，国会の承認までは求められていない（財政法40条1項・2項）。したがって，決算が承認されてもされなくても，なんらの法的効果をもたらすものではない。また，国会法に決算の審議に関する規定はなく，衆議院の先議権や両院協議会の開催なども定められていない。

No.4 の解説　日本の予算制度　　　　　　→問題はP.115　正答 3

1× 低所得者に対する非課税，高所得者に対する累進課税，社会保障関係費の支出などの財政措置は，社会的格差を是正するもので，「所得再分配機能」に該当する。これに対して，「資源配分機能」とは，政府が社会資本や公共サービスなどの公共財を提供する機能のことである。なお，**マスグレイブのいう財政の3機能とは，資源配分機能，所得再分配機能，経済安定機能である。**

2× 令和5年度予算の概算要求基準においては，事項要求と重要政策推進枠が設けられた。事項要求とは，金額を示さずに事項のみを挙げて要求できるとするものであり，重要政策推進枠とは，各省庁が裁量的経費を10％削減すれば，その3倍までの額を重要政策推進のための特別枠として要求できるとするものである。これらが設けられた結果，令和5年度予算額（一般会計）は初めて110兆円を超えた。

3◎ 正しい。財政上の規律を保つため，赤字国債の発行は財政法で禁止されている。しかし，**実際には，個別法に基づく特例として赤字国債が発行されており，**1975年度以降は，若干の例外を除き，毎年度発行が続いている。

4× 国会は，予算を否決することができるほか，予算の修正や組替えの動議を行うことも認められている。なお，予算修正動議とは，予算の個別の項目についてその増減額を求めるものであり，予算組替え動議とは，予算案の作り直しと再提出を政府に求めるものである。

5× 憲法上，国の収入支出の決算は，内閣がこれを会計検査院の検査報告とともに国会に提出しなければならないとされている（90条1項）。しかし，国会の「承認」までは必要とされておらず，決算に関する国会の承認は法的効果を持つものではないとされている。

No.5 の解説　予算と決算　　　　　　→問題はP.116　正答 4

1× 予算編成の際には，予算要求の文書をもとに要求側と査定側が折衝を行い，これを順次レベルを上げながら繰り返すことで，予算案がまとめられる。そこで，井上誠一は，これを「文書型」の意思決定に分類した。

2× 民主党政権は，発足直後に概算要求基準（シーリング）を廃止した。しかし，各府省の予算要求額が膨らみ，予算総額が急増したため，翌年度にはこれを復活させた。なお，概算要求基準の導入は1960年代にまでさかのぼる。

3× 会計検査院は，内閣に対して独立の地位を有する（会計検査院法1条）。内閣の付属機関ではなく，内閣法の適用は受けない。

4◎ 正しい。**ニスカネンは，情報の非対称性により，官僚の予算増額要求を政治家は抑えきれないと主張し，予算極大化（最大化）モデルを提唱した。**

5× 少数の選択肢を比較・検討しながら漸進的に政策の変更を繰り返していくという政策形成過程のモデルは，インクリメンタリズムと呼ばれている。インクリメンタリズムを提唱したのは，リンドブロムである。

評価と能率

必修問題

次の文は，行政の能率概念に関する記述であるが，文中の空所A～Cに該当する語または人物名の組合せとして，妥当なのはどれか。

【地方上級（特別区）・令和5年度】

　　　　A　　　は，ある目的にとって能率的であるということは，必ずしも他の目的にとって能率的なことを意味しないと考え，能率概念を　　B　　と　　C　　に分ける**二元的能率観**を提唱した。

　すなわち，目標が明確で判断のしやすい場合には　　B　　が成立し，能率の判断基準が個人の主観に大きく依存している場合には　　C　　が成立するとした。

	A	B	C
1	ディモック	機械的能率	規範的能率
2	ディモック	客観的能率	社会的能率
3	ディモック	機械的能率	社会的能率
4	ワルドー	客観的能率	規範的能率
5	ワルドー	機械的能率	社会的能率

難易度　＊

必修問題の解説

　本問は，能率観に関する基本問題である。ワルドーが「なんのための能率か」を問題にしたこと（A）は頻出なので，当然覚えておく必要がある。また，客観的能率（B）と規範的能率（C）はペアの概念なので，両者の違いはしっかりと理解しておかなければならない。

A：能率を目的との関連でとらえようとしたのは「ワルドー」である。
　　ワルドーは，能率や節約という価値を無条件に尊重してきた従来の行政学に疑問を投げかけ，「なんのための能率か」を考えるべきであるとした。そして，**ある目的にとって能率的であるということは，必ずしも他の目的にとって能率的なことは意味しない**と主張した。

B：目標が明確で判断しやすい場合は「客観的能率」が適している。
　　ワルドーは，**客観的能率**と**規範的能率**という2つの能率概念を提唱した。これを**二元的能率観**という。このうち，目標が明確で判断のしやすい場合には，投入と産出の比率をもって能率とする「客観的能率」が適しているとされた。

C：能率の判断基準が個人の主観に依存する場合は「規範的能率」が適している。
　　能率の判断基準が個人の主観に大きく依存している場合には，評定者の規範意識がどの程度満たされたかをもって能率とする「規範的能率」が適しているとされた。

　　以上より，正答は**4**である。

正答 4

FOCUS

　　評価と能率については，従来，能率概念を中心に出題があった。現在でも，特別区を中心とする地方公務員試験では能率概念の出題が見られるが，全体的には評価，特にわが国の政策評価制度について問われることが多くなっている。

重要ポイント 1　わが国の政策評価

　政策評価とは，政策の効果等を事前または事後に測定・分析し，その結果を政策の企画立案や実施に役立てていこうとする活動のことである。現在では，わが国でもその導入が進んでいる。

（1）導入の歴史

　わが国の政策評価は，**三重県をはじめとする地方自治体において先行的に実施されてきた。**これに対して，国レベルでの政策評価は2001年（平成13年）1月の中央省庁等再編に際して導入され，さらに**翌2002年（平成14年）4月からは政策評価法に基づいてこれが実施されている。**

（2）評価体制の概要

　政策評価法では，次のような諸点が定められている。

項目	説明
評価の目的	国民本位の効率的で質の高い行政の実現，国民的視点に立った成果重視の行政への転換，国民に対する行政の説明責任の徹底
評価の観点	必要性，効率性，有効性など
評価の原則	**政策効果の把握は，当該政策の特性に応じた合理的な手法を用い，できるだけ定量的に行う。**政策の特性に応じて学識経験を有する者の知見の活用を図る。
評価実施機関	**各府省および総務省行政評価局**
行政機関の長の役割	政策評価に関する基本計画（3年以上5年以下）の策定・公表，**事前評価・事後評価の実施，**評価書の作成・公表など
その他	評価結果を予算に反映させる努力義務

　また，同法に基づいて実施されている政策評価の体制は，次のとおりである。

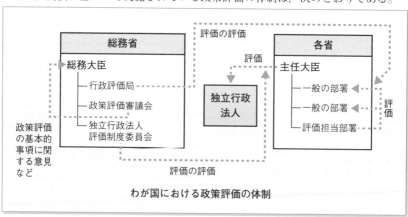

わが国における政策評価の体制

　総務省行政評価局は，政策評価制度に関する企画立案や事務の総括を行うほか，評価専担組織として，客観性担保評価や統一性・総合性確保評価も行っている。前

者は，各省が行った政策評価をチェックするものであり，必要に応じて，同局が直接その府省の政策評価を行うことも認められている。後者は，各省の政策について政府全体としての統一性・総合性を確保するための活動であり，府省横断的な評価や複数省庁にまたがる政策の評価が行われている。

重要ポイント 2　行政評価と能率概念

　政策評価としばしば同義的に用いられるのが，行政評価という概念である。行政評価は，一般に「行政活動を一定の基準・視点に従って評価し，その結果を改善に結びつける手法」と定義される。国レベルでは主に従来の行政監察（＝行政機関の業務実施状況の評価）の機能を行政評価と呼び，地方レベルでは行政組織の業績向上や財務会計制度の見直しを図ることを行政評価と呼んでいる。国の場合，これを中心的に行っているのは，総務省行政評価局である。

　行政評価を行う際に重要となるのが，その評価基準である。これには多様なものがあるが，行政学では伝統的に「能率」が重視されている。

(1) 機械的能率観

　伝統的な能率観においては，**より少ない労力・時間・経費をもってより多くの作業成果を生み出すことが，能率の高さにほかならない**と考えられている。このように，投入（＝入力）と産出（＝出力）の比率として能率をとらえたとき，これを機械的能率という。機械的能率観は，テイラーの創始した科学的管理法と結びついて大きく発達を遂げた。

　機械的能率は，仕事の遂行状態を客観的に評価するうえで，大変有用なものである。しかし，その反面で，いくつかの欠点も指摘されている。

　第1に，**投入－産出比率の最大化のみが行政の目的ではない点を無視している**こと，第2に，**人間を機械と同様に扱うことで，労働者の人間性を奪ってしまうこと**などである。

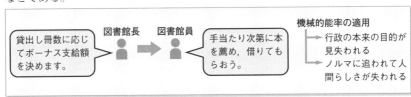

（2）社会的能率観

　社会的能率観とは，**関係者の満足の度合いをもって能率とみなす**ものである。その提唱者である**ディモック**は，これを「所与の状況において可能な最適の社会的かつ人間的な効果」と定義している。社会的能率観は，労働者の心理を重視する人間関係論の流れに乗って幅広く浸透し，現代組織論の創始者であるバーナードも，これと類似の立場を表明した。

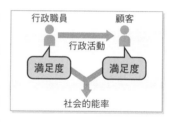

　しかし，社会的能率は明確に数量化することが困難であるため，**浪費・非効率の言い訳に用いられやすい**という欠点を持っている。

（3）二元的能率観

　機械的能率にしろ社会的能率にしろ，一長一短の面を持っていることは否めない。そこで，状況に合わせて両者を使い分けようとする考え方も提唱されている。これが，**ワルドー**の二元的能率観である。

客観的能率	規範的能率
投入と産出の比率をもって，客観的に能率を測定する。機械的能率と同義。	評定者の規範意識の満足度を基準に，能率を測定する。社会的能率と類義。
単純で定型的な仕事の評価に向いている。	複雑な政策決定の評価に向いている。

　ワルドーは，**ある目的にとって能率的であるということは，必ずしもほかの目的にとって能率的なことを意味しない**とも述べている。

（4）機会費用

　能率概念を現実に適用するに当たっては，さまざまな困難が生じてくることが多い。たとえば，通常，各政策は投入量も産出量も異にするため，その能率を正確に比較することは難しい。こうした難問に対して，サイモンは機会費用の概念を提示することで，解決を図っている。

　たとえば，60万円で福祉職員を増員し，福祉水準を20ポイント向上させる政策Aと，100万円で福祉施設を建設し，福祉水準を50ポイント向上させる政策Bを比較してみよう。この場合，政策Aについては政策Bとの差額である40万円をほかの政策，たとえば設備投資に費やすことが可能である。そこで，これによって福祉水準がさらに35ポイント向上するとすると，政策Aはトータルで福祉水準を55ポイント上昇させることになる。このように投入量をそろえてみると，政策Aの能率は政策Bの能率よりも高いと判断することができる。

政策A		政策B	
職員増員 （60万円）	…＋20	施設建設 （100万円）	…＋50
設備投資 （40万円）	…＋35		
合計 （100万円）	…＋55	合計 （100万円）	…＋50

124

実戦問題

No.1 次の文は，行政の能率概念に関する記述であるが，文中の空所A～Cに
該当する語または人物名の組合せとして，妥当なのはどれか。

【地方上級（特別区）・平成30年度】

　　　A　　とは，科学的管理法における能率概念である。能率の内容を決定する
ものは，労力，時間，経費の3要因であり，最少の労力，時間，経費によって最
大の効果を実現することが能率を測定する最大基準となる。

　　　B　　が提唱する　　C　　は，組織成員の勤労意欲と仕事についての満足と
ともに，組織と交渉を持ち，組織からサービスを享受する顧客や消費者の満足の
度合いをもって判定される能率概念である。　　A　　とは異なり，より人間的な
要請を充足する性質を持つものである。

	A	B	C
1	規範的能率	ワルドー	社会的能率
2	規範的能率	ディモック	客観的能率
3	客観的能率	ギューリック	社会的能率
4	機械的能率	ワルドー	客観的能率
5	機械的能率	ディモック	社会的能率

No.2 行政学における能率の概念に関する記述として，妥当なのはどれか。

【地方上級（東京都）・平成18年度】

1　バーナードは，組織活動の有効性と能率性とを区別し，有効性とは組織目的の
達成度合いであり，能率性とは職員および組織活動に貢献している人々が感じて
いる満足の度合いのことであるとした。

2　ギューリックは，行政活動における能率という概念を批判し，行政学にとって
基本的善は能率ではなく節約であり，節約こそは，行政の価値体系において最高
の鉄則であるとした。

3　ディモックは，社会的能率は，勤労意欲や組織に所属していることに対する満
足感によって決まるため，客観的な能率ではないと批判し，投入・産出比率こそ
が真の能率というべきであるとした。

4　ワルドーは，能率の概念には，客観的能率と社会的能率の2つの側面があり，
行政活動においては，社会的能率が有効であるとした。

5　サイモンは，能率性の評価について機会費用の概念を否定し，行政活動におい
ては，産出した成果ではなく，投入した経費を比較すべきであるとした。

No.3 政策評価に関する記述として，妥当なのはどれか。

1 イギリスやニュージーランドで形成されたPPBSは，民間企業における経営理念や手法を行政実務の現場に導入して，行政の効率化や活性化を図ろうとするものである。

2 アメリカで形成されたNPM（新公共管理）は，費用便益分析を予算編成過程で活用し，資源配分の合理化を行うもので，ケネディ政権が導入したものである。

3 わが国の行政における政策評価は，地方公共団体が先行して導入しており，その例としては，三重県の事務事業評価システムや北海道の「時のアセスメント」がある。

4 わが国の「行政機関が行う政策の評価に関する法律」による政策評価では，各省庁が事業評価，実績評価，総合評価の３方式による事後評価を行っているが，事前評価が行われることはない。

5 わが国では「行政機関が行う政策の評価に関する法律」により，行政機関は，必要性，効率性または有効性のみの観点から，自ら政策を評価するとともに，その評価の結果を政策に適切に反映させなければならない。

No.4 政策評価に関する記述として，妥当なのはどれか。

1 ベンチマーキング方式とは，費用便益分析を軸にしたシステム分析の手法で，諸政策や諸事業間に優先順位をつけ，予算過程における意思決定の合理化をめざすもので，1960年代にアメリカの国防省に初めて適用された。

2 NPM（新公共管理）改革における業績測定では，政府活動の成果（アウトカム）ではなく，予算，人員，時間の投入量（インプット）や活動の結果（アウトプット）を評価の指標として用いる。

3 「行政機関が行う政策の評価に関する法律」では，各府省がその所掌に係る政策の評価を自ら行うことは認めず，総務省が客観性と統一性を確保して評価を行うこととしている。

4 日本における政策評価制度については，国の「行政機関が行う政策の評価に関する法律」の施行よりも早く，三重県で「事務事業評価システム」が導入された。

5 国が政策評価制度を法制化しているのと同様に，地方公共団体においても，政策評価制度を条例によって制度化しており，内部的規範である要綱によって制度化している地方公共団体はない。

No.5 行政活動の能率と評価に関する次の記述のうち，妥当なのはどれか。

【国家一般職・令和元年度】

1 行政相談は，総務大臣から委嘱された行政相談委員が，国民から国の行政全般についての苦情や意見，要望を受け付け，中立・公正の立場から関係行政機関に必要なあっせんを行い，その解決や実現を促進し，それらを通じて行政の制度と運用の改善を図るための仕組みである。

2 政策評価制度は，市町村レベルでの導入が先行して進められ，三重県津市の事務事業評価システム，北海道札幌市の政策アセスメント，静岡県静岡市の業務棚卸表等が知られている。そうした実践を受けて，平成29（2017）年に国レベルで政策評価制度を導入する「行政機関が行う政策の評価に関する法律」が成立した。

3 政策評価では，投入した費用であるインプット，行政の活動量を示す結果であるアウトカム，実際に社会が変化したかという成果であるアウトプットが主な指標となっている。結果であるアウトカムは，経済情勢等の要因も影響して変化するため，政策によるものかどうかの判断が難しいとの指摘がある。

4 G.W.ブッシュ政権下の米国連邦政府では，D.ラムズフェルド国防長官の就任に伴って，年々の予算編成過程で費用便益分析（費用効果分析）の手法を活用しようとする計画事業予算制度（PPBS：Planning, Programming, and Budgeting System）が導入された。

5 C.リンドブロムは，問題を根本的に解決する政策案の検討が重要であり，実現可能性の有無にかかわらず，政策案を網羅的に比較し，検討する必要性があるとする増分主義（インクリメンタリズム）を提唱し，その中から最適なものを選択すると，政策実施後の評価が最小限の費用や時間で行われるとした。

***

わが国の政策評価に関する次の記述のうち，最も妥当なのはどれか。

【国家一般職・令和5年度】

1 政策評価については，財政状況が悪化する中，行政改革会議の最終報告にその導入が盛り込まれたことを受けて政策評価法（行政機関が行う政策の評価に関する法律）が制定され，財務省が各府省の政策について評価することとされた。その後，三重県などの地方公共団体にも政策評価の導入の動きが広がっていった。

2 政策評価の方式のうち，実績評価方式とは，政策効果に着目した達成目標をあらかじめ設定し，これに対する実績を定期的・継続的に測定して，目標の達成度合いを評価するものである。このほか，事業評価方式，総合評価方式や，これらの要素を組み合わせたものなど，適切な方式を用いて政策評価を行うこととされている。

3 広い意味の政策は，政策・施策・事業といった形で細分化されつつ，全体が一つの体系を成すように構成されている。政策は事業より内容が具体的であるため，地方公共団体においては，事業についての評価より政策についての評価を行うのが一般的である。

4 評価の基準のうち，有効性とは資源の投入量と産出量の比率から政策の質を評価する基準であり，効率性とは与えられた政策目標の達成度から政策を評価する基準である。このほか，必要性や公平性などの基準もあり，これらの基準を組み合わせて政策の評価を行う。

5 政策評価の手法として定量的評価と定性的評価があり，このうち定性的評価は政策効果を客観的に把握できるものである。このため，政策評価法においても，政策効果はできる限り定性的に把握することと規定されており，定量的な把握については規定されていない。

実戦問題の解説

No.1 の解説　行政の能率概念　　　　　　　　　→問題はP.125　**正答5**

A：科学的管理法における能率概念は機械的能率である。
　　「**機械的能率**」が該当する。機械的能率では，最少の入力（労力，時間，経費）で最大の出力（効果）を実現することが評価される。

B：能率を測定する際に関係者の満足を重視したのはディモックである。
　　「**ディモック**」が該当する。ディモックは，科学的管理法で用いられてきた機械的能率の概念を批判し，関係者（組織成員および顧客・消費者）の満足の度合いをもって能率とすることを主張した。

C：関係者の満足の度合いをもって能率とするのは社会的能率である。
　　「**社会的能率**」が該当する。ディモックは，関係者の満足の度合いをもって能率とすべきであると主張し，これを社会的能率と呼んだ。社会的能率の概念は，人間関係論の流れに乗って，広く浸透することとなった。
　　以上より，正答は**5**である。

No.2 の解説　能率の概念　　　　　　　　　　　→ 問題はP.125　**正答1**

1◎ バーナードは有効性と能率性を区別した。
　　正しい。**バーナードは，有効性を組織目標の達成度合い，能率性を職員等の満足の度合いと定義した。**このうち後者の能率性概念について見れば，バーナードの能率観はディモックの社会的能率観に類似していたといえる。

2✕ ギューリックは能率を行政学にとっての基本的善ととらえた。
　　ギューリックは，能率を行政における最高の指導原理（「ナンバーワンの公理」）として重視した。そして，能率を向上させるための諸原理を見つけ出すことで，いわゆる正統派行政学を打ち立てた。

3✕ ディモックは社会的能率観の妥当性を強く主張した。
　　ディモックは，投入・産出比率をもって能率とみなす機械的能率観を批判し，自らは関係者の満足の度合いをもって能率とみなした。これを社会的能率観という。

4✕ ワルドーは2つの能率概念の使い分けを主張した。
　　ワルドーは，客観的能率と「規範的能率」という2つの概念を示した。客観的能率は投入・産出比率をもって客観的に測定され，規範的能率は評定者の規範意識の満足度をもって主観的に測定される。ワルドーは，単純で定型的な仕事の評価には客観的能率を用い，複雑な政策決定の評価には規範的能率を用いるべきであるとして，両者の使い分けを主張した。

5✕ サイモンは機会費用の概念を主張した。
　　サイモンは，複数の行政活動の能率性を比較する場合，経費などの投入量が異なる状況で，産出された成果のみを比較しても意味がないと考えた。そして，経費などの投入量をそろえた場合，どれだけの成果が産出されうるかを比較するべきであると主張し，機会費用の概念を提唱した。

1 × 民間企業の手法等を行政実務に導入しようとしたのはNPMである。

イギリスやニュージーランドで形成された新公共管理（NPM）は，民間企業における経営理念や手法を行政実務の現場に導入しようとした。具体的には，エージェンシー化，官民競争入札，PFIなどが実現している。

2 × 費用便益分析を予算編成過程で活用しようとしたのはPPBSである。

アメリカで形成されたPPBS（計画事業予算制度）は，費用便益分析を予算編成過程で活用し，資源配分の合理化を図ろうとするものであった。しかし，扱う情報量が膨大なため，情報の収集処理が困難であったこと，政治家や利益団体からの圧力が現実の予算編成をゆがめたこと，などが原因で，現在ではすでに用いられていない。

3 ◎ わが国の政策評価は地方公共団体が先行して導入した。

正しい。**わが国では，平成8年から9年（1996～1997年）にかけて，三重県の事務事業評価システムや北海道の「時のアセスメント」が相次いで実施された。**これに対して，国の政策評価制度がスタートしたのは平成13年（2001年）のことである。同年中には，政策評価制度の実効性を高め，国民の信頼の一層の向上を図るため，政策評価法（「行政機関が行う政策の評価に関する法律」）も制定された。

4 × 政策評価法では事前評価と事後評価がともに規定されている。

政策評価法は，事後評価の実施を各省庁に義務づけており（8条），さらに一定の政策については事前評価の実施も義務づけている（9条）。また，各省庁が実施する3方式の評価のうち，事業評価方式は原則として事前評価である。なお，3方式の概要は次のとおり。①事業評価方式＝個々の事業・施策の採否や選択に資するため，あらかじめ期待される政策効果やそれらに要する費用を推計・測定して評価を行う方式。必要に応じて事後的な検証も行われる。②実績評価方式＝政策の不断の見直しや改善に資するため，事前に設定した目的に照らして実績を定期的・継続的に測定するとともに，目標期間の終了後に目標の達成度合いを評価する方式。③総合評価方式＝政策決定から一定期間を経過した後を中心に，政策の見直しや改善に資する見地から，特定のテーマについて政策効果の発現状況をさまざまな角度から掘り下げて分析し，総合的に評価する方式。

5 × 政策評価法では政策の特性に応じた評価の実施も求められている。

政策評価法は，「行政機関は（中略）必要性，効率性又は有効性の観点その他当該政策の特性に応じて必要な観点から，自ら評価するとともに，その評価の結果を当該政策に適切に反映させなければならない」（3条1項）と規定している。したがって，政策評価の観点は必要性，有効性または有効性に限定されているわけではない。

No.4 の解説　政策評価

→ 問題はP.126　**正答4**

1 ✕　1960年代の費用便益分析に基づく予算編成方式はPPBSである。

PPBS（計画事業予算制度）に関する説明である。PPBSでは，費用便益分析をもとに，最小の費用（入力）で最大の便益（出力）を生み出す政策や事業を選択することがめざされた。これに対して，ベンチマーキング方式とは，目標とすべき指標（ベンチマーク）を設定し，それを達成するように業務の実践方式等を改善していくやり方のことである。

2 ✕　NPM改革ではアウトプットよりもアウトカムが重視される。

NPM改革における業績測定では，政府活動の結果（アウトプット）ではなく，予算，人員，時間の投入量（インプット）および活動の成果（アウトカム）が評価の基準として用いられる。言い換えれば，より少ない投入量でより多くの成果を上げることが，NPM改革の目標である。

3 ✕　政策評価法では各府省が自ら政策評価を行うものとされている。

「行政機関が行う政策の評価に関する法律」（政策評価法）では，各府省がその所掌にかかわる政策の評価を自ら行うこととしている。また，総務省行政評価局については，各府省が行った評価に対する二次的評価（客観性担保評価）や，複数府省にまたがる政策の評価等を行うこととしている。

4 ◎　政策評価の試みは地方が国に先行している。

正しい。**わが国の政策評価制度は，国に先駆けて，地方公共団体によって導入された**。特に有名なのが，三重県の「事務事業評価システム」や北海道の「時のアセスメント」である。

5 ✕　地方公共団体の政策評価制度は条例や要綱などで規定されている。

地方公共団体の中には，政策評価制度を条例によって制度化しているところもあれば，要綱によって制度化しているところもある。ただし，近年では，条例によって制度化する地方公共団体が増える傾向にある。

1 ◎　**わが国では行政相談委員が国の行政への苦情等を受け付けている。**

正しい。**わが国では，国民の行政に関する苦情の解決に資するため，全国の
すべての市区町村の区域を単位として，行政相談委員が配置されている。**

2 ×　**政策評価制度は都道府県レベルでの導入が先行した。**

政策評価制度は，都道府県レベルでの導入が先行して進められ，三重県の事
務事業評価システム，北海道の政策アセスメント（時のアセスメント），静
岡県の業務棚卸表等が知られている。また，国における政策評価制度の導入
はこれよりも遅れたが，平成13年（2001年）には「行政機関が行う政策の評
価に関する法律」（政策評価法）が成立している。

3 ×　**行政活動の結果をアウトプット，成果をアウトカムという。**

政策評価では，投入した費用をインプット，行政の活動量を示す結果をアウ
トプット，実際に社会が変化したかという成果をアウトカムとしている。ア
ウトカムについては，さまざまな要因が影響するため，政策によるものかど
うかの判断が難しいとされている。

4 ×　**PPBSはジョンソン政権の下で全省的に実施された。**

計画事業予算制度（PPBS）とは，年々の予算編成過程で費用便益分析の手
法を活用しようとする予算編成手法であり，ケネディ政権の下で，マクナマ
ラ国防長官の就任に伴って開始された。当初は国防予算に限って用いられて
いたが，ジョンソン政権の下でこれが連邦政府全体の予算編成に拡大された。

5 ×　**インクリメンタリズムでは実現可能な少数の選択肢だけが検討対象とされる。**

リンドブロムは，差し迫った問題をとりあえず解決する政策案の検討が重要
であり，実現可能な少数の選択肢を比較検討すれば十分であるとする増分主
義（インクリメンタリズム）を提唱した。また，インクリメンタリズムで
は，政策案の事前評価が網羅的に行われるわけではないため，事後評価にお
いて費用や時間が節約されるとは限らない。

No.6 の解説　わが国の政策評価 →問題はP.128　**正答2**

1 × **政策評価制度の導入は地方が国に先行した。**

わが国における政策評価制度の導入は，三重県や北海道などの地方公共団体が国に先駆けて実現した。また，政策評価法に基づいて各府省の政策を評価するのは，各府省に設けられた評価担当部署であり，その評価結果を総務省の行政評価局が評価（点検）するという形がとられている。財務省が政策評価を担当するわけではない。

2 ◎ **わが国では，評価対象に適した方式を用いて政策評価が行われている。**

正しい。**わが国では，事業評価，実績評価，総合評価など，評価対象に適した方式を用いて政策評価が行われている。**なお，①「事業評価」とは個々の事務事業を主な対象とした事前評価（必要に応じて事後検証），②「実績評価」とは主要な施策等についての事後評価，③「総合評価」とは特定のテーマについての事後評価，を意味している。

3 × **地方公共団体においては，事業についての評価を行うのが一般的である。**

政策・施策・事業を比較した場合，内容が最も抽象的なのは政策であり，最も具体的なのは事業である。地方公共団体においては，具体的な事務事業が多岐にわたって展開されているため，事業についての評価を行うのが一般的となっている。

4 × **資源の投入量と産出量の比率を評価基準とするのは「効率性」である。**

「効率性」とは，資源の投入量と産出量の比率から政策の質を評価する基準であり，同じ投入量を与えるならば，より多くの産出量を得るほうが効率がよいと判断される。これに対して，「有効性」とは，与えられた政策目標の達成度から政策を評価する基準であり，政策目標をより高い水準で達成したほうが有効であると判断される。

5 × **政策効果をより客観的に把握できるのは定量的評価である。**

定量的評価では政策効果が数値として示されるのに対して，定性的評価では数値化されにくい政策効果が記述的に示される。したがって，政策効果をより客観的に把握できるのは定量的評価であり，政策評価法でも**「政策効果は，政策の特性に応じた合理的な手法を用い，できる限り定量的に把握すること」**（3条2項1号）と規定されている。

調整・計画・統計調査

必修問題

わが国における計画と調整に関する次の記述のうち，妥当なのはどれか。

【国家一般職・令和2年度】

1　地域再生計画とは，地方公共団体の財政が悪化したときに，財政健全化を図る，まち・ひと・しごと創生法に基づく地方創生の仕組みであり，地方公共団体は，事前に設定された財政健全化基準を超えた場合に，この計画を策定することが義務づけられている。

2　高齢社会を迎えたわが国では，各種行政計画を策定するうえで高齢者の意向とその変化を調査する必要があり，65歳以上の高齢者を対象として，将来への不安や生活満足度を定期的に調査する国勢調査が行われている。この調査は，5年に1回行われていたが，平成27（2015）年以降，マイナンバーを用いて，毎年行われることとなった。

3　地方公共団体は，市町村合併の基本的な考え方を定めた**総合計画**を策定する。財務省は，合併に向けた総合計画の達成可能性やその実現に必要となる経費を算出し，地方公共団体に対する地方交付税交付金の額を決定する。

4　平成13（2001）年に行われた中央省庁等再編では，内閣総理大臣の補佐体制を強化するため，内閣官房は，各省の対立を調整する総合調整の機能に加えて，企画立案の機能を有することとなり，その役割が強化された。

5　経済財政諮問会議は，平成30（2018）年に財務省に設置された合議制組織であり，毎年度，「経済財政運営と改革の基本方針」を策定，公表し，中長期の財政目標や予算の総額，公債発行額転など，今後の財政の大枠を示し，予算を積み上げて決定するミクロ編成で重要な役割を果たしている。

難易度　＊＊

第2章　行政の管理

必修問題の解説

　本問は，計画と調整に関する応用問題である。国勢調査（**2**）と経済財政諮問会議（**5**）の選択肢はすぐに切れるので，事実上，3択問題となっている。財政健全化計画（**1**）は地方自治でも出題される可能性があるので，確認を怠らないようにしたい。

1 ✕ 地方公共団体が財政健全化のために策定するのは財政健全化計画である。
　地方公共団体の財政が悪化し，財政健全化基準を超えた場合，当該団体は財政健全化計画を策定しなければならない。これは地方公共団体財政健全化法に基づく仕組みである。これに対して，地域再生計画とは，地域の活力の再生を総合的かつ効果的に推進するため，地方公共団体が作成するものであり，地域再生法に基づく仕組みである。

2 ✕ 国勢調査はすべての国内居住者を対象として実施されている。
　国勢調査は，日本に住んでいるすべての人および世帯を対象とする統計調査であり，現在でも5年に1度行われている。また，マイナンバーは法律で定められた範囲以外での利用・提供が禁止されており，現在のところ国勢調査に用いることは認められていない。

3 ✕ 市町村合併の基本的な考え方をまとめた計画は合併市町村基本計画である。
　市町村合併の基本的な考え方や合併後のまちづくりの構想は，合併市町村基本計画にまとめられる。これに対して，**総合計画は，地方公共団体のすべての計画の基本となるもので，いわばまちづくりを進めていくための道標となるものである。**なお，総合計画の内容と地方交付税交付金の額を連動させる仕組みは導入されていない。

4 ◎ 中央省庁等再編に際して，内閣官房は企画立案の機能を与えられた。
　正しい。**中央省庁等再編に際して，内閣官房は単に政治的な調整を行うだけでなく，重要政策について基本的な方針を企画立案するものとされた。**

5 ✕ 経済財政諮問会議は内閣府に設けられた合議制組織である。
　経済財政諮問会議は，平成13年（2001年）の中央省庁等再編に際して，内閣府に設けられた重要政策会議の一つである。同会議が毎年度「経済財政運営と改革の基本方針」（いわゆる骨太の方針）を策定し，今後の財政の大枠を示しているという点は正しい。

正答 4

FOCUS

　調整・計画・統計調査は，国家総合職を除けば，それほど頻出のテーマではない。学習効率を考えれば，あまりにも細かな知識は捨てて，最重要のポイントだけでもつかむようにするとよいだろう。

重要ポイント 1 調整

　現代の行政組織においては，各部署の活動を活発化するのみならず，それらを適切に調整して全体目標の達成に向かわせることも，強く要請されている。

(1) 調整の必要性

　現代の行政組織は著しく大規模化しているため，各部署は専門化し，分立化する傾向にある。また，行政活動を通じて実現すべき「公共利益」は，その具体的内容が曖昧であることから，各部署がそれぞれ独自に「公共利益」を設定してしまい，全体として統一のとれた行動をとることが難しくなっている。こうした事情から，**部署間の調整を行うことは，現代行政において必要不可欠な活動となっている。**

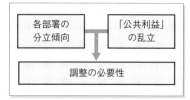

(2) 調整の種類

　調整の進め方については，次のような類型化が提唱されている。

論者	調整の種類	説明
ギューリック	理念による調整	組織のメンバーが政策理念を共有するように仕向けることで達成される調整。
	組織による調整	制度ないし組織を活用し，仕事をうまく割り当てることで行われる調整。
サイモンとマーチ	計画による調整	事前に策定された計画に基づいて行われる調整。将来を予測しやすい場合に有効である。
	フィードバックによる調整	状況の変化に対応してこまめに行われる調整。将来を予測しにくい場合に有効である。

(3) わが国における調整

　わが国の行政組織においては，さまざまな形で調整が行われている。

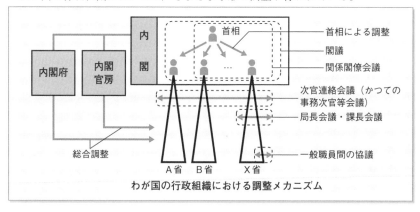

わが国の行政組織における調整メカニズム

重要ポイント 2 計画

計画とは，なんらかの将来予測に基づいて，政府や自治体が今後数年間にわたってとるべき活動案を明示したものである。

(1) 計画の歴史

各国における本格的な計画の策定は，第一次世界大戦中の戦時計画にまでさかのぼる。その後は，大恐慌期の経済復興計画，第二次世界大戦中の戦時総動員計画，戦後の経済復興計画・国土復興計画などが相次いで立案された。

戦後のわが国で最も有名な計画の一つは，高度経済成長を導いた「国民所得倍増計画」（池田勇人内閣）である。また，これを受けて策定された「全国総合開発計画」は5次を数え，2008年からはこれが「国土形成計画（全国計画および広域地方計画）」へと発展している。

(2) 計画への評価

1930～40年代のアメリカでは，自由主義の観点から計画を批判する声もあったが，**現在では，計画の重要性を否定する見解は皆無に近い**。

戦前期	➡	戦後期
計画は政府に権限を集中させ，国民の自由な活動を制約するおそれがあるとして，自由主義者から批判された。		各国ともに計画を導入しており，政府諸部門の活動を調整し，目標達成の方向に導くうえで，大きく貢献している。

重要ポイント 3 統計調査

行政にかかわる情報を幅広く収集するため，先進各国では統計調査が実施されている。わが国もその例外ではなく，国が直接にこれを実施しているほか，自治体等に委託するという形で，数多くの統計調査がなされている。

(1) 統計の種類

わが国で実施されている統計は，次のように分類される。

> 調査統計＝独自の目的を持って実施された調査に基づく統計
>> センサス調査＝全対象を調べる統計…国勢統計，経済構造統計など
>> 標本調査＝対象の一部を調べる統計…家計統計，労働力統計など
> 業務統計＝日常の業務記録から副次的に得られる統計

国勢統計や労働力統計など，**行政機関が作成する統計のうち重要なものとして総務大臣が指定した統計は，「基幹統計」として位置づけられている**（統計法）。

(2) 統計情報の活用方法

統計で得られた情報は，さまざまに活用されている。たとえば，①業務遂行の適切さを評価する，②問題の所在を明らかにする，③問題の背景や原因を探り，その解決策を模索する，という具合である。こうした情報分析の結果は，さまざまな報告書に記載されるほか，白書にまとめられて公表される。

No.1 調整に関する次の記述のうち，妥当なのはどれか。

【国家一般職・平成５年度】

1　調整とは，組織の望ましい目標の達成に向かって，各組織単位の活動を調和的に協働させることであるが，これは閣議，関係閣僚会議，次官連絡会議といった場で行われるもので，一般職員のレベルで自発的に行われることはない。

2　行政事務の増大に伴い，職務の専門分化による組織の拡散化が進むと，組織間における調整の必要性は低下する傾向があり，この傾向は，民間組織より行政組織においてより顕著である。

3　組織の規模が拡大するにつれ，調整機能はスタッフ機関では処理しきれなくなり，ラインの長の職能となってくる傾向がある。

4　地方自治体の場合は，国の官僚制の「割拠性（セクショナリズム）」が存在しないから，調整のための機関を置く必要性に乏しく，現実にもほとんど見られない。

5　状況が安定し予測可能であればあるほど，「計画」による調整への依存が大きくなり，状況が変化し予測不可能であればあるほど，「フィードバック」による調整への依存が大きくなる。

No.2 行政計画に関する次の記述のうち，妥当なのはどれか。

【地方上級（全国型）・平成13年度】

1　行政計画は第二次世界大戦前後のアメリカで始まり，その後GHQ（連合国軍最高司令官総司令部）の指導の下でわが国にも導入された。

2　行政計画は第一次世界大戦後のヨーロッパで広まり，昭和30年代以降のわが国でも盛んになった。

3　第二次世界大戦後にGHQ（連合国軍最高司令官総司令部）の下でとり入れられた「国民所得倍増計画」は，行政計画の例である。

4　行政計画は特定機関への権力集中を避けている点で，民主政治の原理に適合するものである。

5　行政計画は臨機応変の適応行動を可能とするため，適切な行政サービスの提供につながる。

◆ No.3 行政における計画に関する次の記述のうち，妥当なのはどれか。

1 アメリカでは，計画とは，経済計画・社会主義経済を意味し，自由主義・市場経済・私有財産制に対立するものと考えられた。そのため，計画行政は導入されることはなかった。たとえば，土地所有権・財産権という私権への制限を伴う都市計画も，アメリカではほとんど発達しなかった。

2 計画は，通常は未来の事象にかかわるものであり，何か年かの計画期間を設定したものが多い。しかしながら，未来の状況の予測は困難ないし不可能であるから，予測に依存する部分は，計画には盛り込むことはない。

3 行政の認識能力と制御能力は不完全であるから，計画の策定は，複雑な社会事象を極めて単純化することでなされる。その意味で，いわゆる「総合計画」も，完全な意味での「総合性」を有するとは考えられない。したがって，計画に対しては，不完全だという批判もある。

4 新自由主義あるいは新保守主義と呼ばれる世界的な潮流の変化の中で，行政の計画能力には大きな疑念が生じてきた。わが国でも，それまでは多数策定されていた各種の計画は，1980年代以降になると激減した。その代表例は国土計画である全国総合開発計画であり，1980年代以降は策定されていない。

5 わが国では，計画行政が進展したのは主として国レベルであり，市町村などの地方自治体では，総合計画が策定されることはまれである。なぜなら，計画の策定においては，多大なノウハウが必要であり，小規模な地方自治体には，このような専門的能力が十分にはないからである。

1 平成28（2016）年に利用が開始された個人番号制度では，市区町村長が住民票を持つ者に12桁の個人番号（マイナンバー）を付番している。マイナンバーは，納税をはじめとしたさまざまな行政の場面で利用されることになっており，マイナンバーをさまざまな分野の情報に直接結び付けることで情報の連携を行っている。また，連携を効率的に行うため，利用目的にかかわらずマイナンバーを公開することも推奨されている。

2 行政が公開するオープンデータとは，公共交通機関の運行情報や，人々が行政を利用する過程で記録として自動的に蓄積されていくようなデータのことをさす。そのようなオープンデータを利用することで，行政機関や企業が人々の行動を予測し，適切な政策や戦略の決定等を行うことができる。その結果，従来は政策やサービスを提供する対象が曖昧であったが，より対象を明確に絞った形で具体的なサービスを提供することが期待されている。

3 統計は，潜在的な行政需要を理解するために不可欠である。国勢調査は，内閣府が中心となって，日本国民全員を対象として実施される。国勢調査以外にもさまざまな統計調査が政府によって行われているが，それぞれの調査は内閣府の指揮の下に集権的に行われ，各府省が所掌事務の遂行に必要な統計データを独自に収集することはできない。

4 わが国の行政組織の特徴の一つとして，大部屋主義が挙げられる。大部屋主義の下では，同じ課内の職員どうしの意思疎通や情報共有が重視され，他の構成員の業務をあらかじめ理解しておくことで，課題に応じて協力して柔軟な対応を行うことが可能になる。状況に応じた役割分担を組織下部にゆだね，ノウハウもそこに蓄積されることになるため，意思決定においてはボトムアップでの上司や関係部局との調整が行われる。

5 文書主義を貫徹する近代の官僚制では，文書を丹念に追えば意思決定の過程が分かることになる。平成13（2001）年に情報公開法が制定され，中央省庁で作成された文書には文書番号がつけられ，作成から5年以上経過した文書は請求に応じて必ず公開されることになった。さらに，平成21（2009）年に制定された公文書管理法により，本府省課長級以上の国家公務員が業務で用いるコンピュータで作成するすべての文書が行政文書とされた。

実戦問題の解説

No.1 の解説　調整

→問題はP.138 **正答5**

1 ✕ 調整はさまざまな局面で行われており，一般職員のレベルで自発的になされることも多い。他の部署からの異議申し立てを防ぎ，政策執行を円滑に行うためである。

2 ✕ 職務の専門分化によって組織の拡散化（＝ばらばらになること）が進むと，割拠性（セクショナリズム）の弊害を克服するためにも調整の必要性は増大する。また，行政組織では倒産がなく，業務改善への圧力が働きにくいため，調整の必要性は民間組織よりも強い。

3 ✕ 組織の規模が拡大するにつれて調整活動は次第に複雑となり，ラインの長だけでは十分に対処しきれなくなるため，調整活動を専門的に行うスタッフ機関が設立される。

4 ✕ 地方自治体においても，その規模が大きければ大きいほど各部署が自律的に活動するようになり，割拠性（セクショナリズム）の弊害が生じてくる。そのため，調整のための機関が必要とされるようになり，たとえば調整担当者が置かれたりする。

5 ◎ 正しい。**状況が安定し予測可能であれば，その予測に基づいて長期計画が策定され，行政の諸活動が調整される。**これに対して，**状況が変化しやすく予測不可能であれば，とりあえず行政活動が行われ，その結果に応じて次の行政活動の内容が決定される。**前者が「計画」による調整，後者が「フィードバック」による調整である。

No.2 の解説　行政計画

→問題はP.138 **正答2**

1 ✕ 行政計画は，第一次世界大戦中の戦時計画を起源とする。第一次世界大戦後，行政計画は各国に広まり，大恐慌期には経済復興計画が策定されるなどした。

2 ◎ 正しい。**行政計画は，第一次世界大戦後のヨーロッパで広まった。わが国では，昭和30年代に行政計画の策定が盛んとなり，**初の経済計画である「経済自立5か年計画」（昭和30年），初の国土計画である「全国総合開発計画」（昭和37年）などが閣議決定された。

3 ✕ 「国民所得倍増計画」は，昭和35年（1960年）に池田勇人内閣が閣議決定した行政計画である。わが国は昭和27年（1952年）に独立を回復し，GHQの間接統治を終えているため，同計画はGHQの下で取り入れられたものではない。

4 ✕ 行政計画は，国の行政活動を方向づけるという点で大きな影響力を持つ。そのため，行政計画を策定する一部の官僚たちが大きな権力を持つことになり，民主政治の観点からすれば，まったく問題がないわけではない。

5 ✕ 行政計画は長期計画として策定されるため，しばしば臨機応変の適応行動を妨げてしまう。したがって，適切な行政サービスを提供するためには，その

定期的な見直しが必要とされる。

No.3 の解説　行政における計画

1 ✕ アメリカでは計画が積極的に導入されている。

1930～40年代のアメリカでは，計画は経済計画・社会主義経済と同一視され，自由主義の観点から厳しい批判を受けた。しかし，その後は計画の重要性が認識されるようになり，今日では都市計画をはじめとする計画が数多く立案されている。

2 ✕ 計画は将来予測に基づいて策定される。

将来予測は確かに困難ではあるが，計画にとって不可欠の要素でもある。たとえば，高齢者福祉の10か年計画を立案する際には，老年人口割合や税収など，数多くの将来予測が必要となる。

3 ◎ 総合計画が追求する政策の総合性には限界がある。

正しい。**行政が現状を認識し，これを制御する能力には限界があるため，社会のあらゆる事象に対応して，行政が完全に総合的な活動を行うことは不可能である。**

4 ✕ 1980年代以降のわが国でもさまざまな計画が策定されている。

新自由主義ないし新保守主義とは，自由競争を尊重して政府の介入を控えるべきだとする立場のことである。先進諸国では，こうした考え方に沿ってさまざまな改革が展開されてきたが，行政の取組みが必要不可欠な分野については，現在でも計画が立案されている。その代表例がわが国の全国総合開発計画であり，1998年には第5次計画が策定された。なお，2008年（平成20年）以降は，その名称が全国総合開発計画から国土形成計画に改められている。

5 ✕ 市町村においても総合計画の策定は盛んである。

わが国では，市町村などの自治体レベルにおいても盛んに総合計画が策定されている。そうした計画の中には，自治体が自主的に策定したものもあれば，国の法律に基づいて義務的に策定されたものもある。また，近年では近隣の市町村が広域連合を形成し，総合計画を共同で策定するケースも増えている。

No.4 の解説 **行政と情報** →問題はP.140 **正答4**

1 ✕ マイナンバーの利用範囲は社会保障，税，災害対策に限定されている。

個人番号（マイナンバー）の取り扱いについては，マイナンバー法に規定が設けられている。同法9条は，**個人番号（マイナンバー）の利用範囲を社会保障，税，災害対策の3分野に限定している**ため，マイナンバーをその他の行政の場面で利用することはできない。また，同法19条は，特定個人情報の提供を原則禁止しているため，**マイナンバーの公開はこれに違反する可能性があり，推奨されてはいない**。

2 ✕ 誰もが容易に利用できる形になっていなければオープンデータではない。

政府のオープンデータ基本指針（平成29年）によると，**オープンデータと**は，「**国，地方公共団体及び事業者が保有する官民データのうち，国民誰もがインターネット等を通じて容易に利用（加工，編集，再配布等）できるよう，次のいずれの項目にも該当する形で公開されたデータ**（後略）」と定義されている。したがって，たとえば公共交通機関の運行情報が紙媒体で公開されていても，それはオープンデータには該当しない。

3 ✕ 国勢調査を中心となって実施しているのは総務省統計局である。

国勢調査は，総務省統計局が中心となって実施されている。国勢調査の対象は，日本に住んでいるすべての人および世帯であるため，国内に住んでいる外国人は調査対象となるが，外国に住んでいる日本国民は調査対象とはならない。また，**国のさまざまな統計調査は，各府省が独自に実施しており，内**閣府がこれを指揮しているわけではない。

4 ◎ わが国では大部屋主義がとられている。

正しい。**わが国では課や係を単位として業務上の権限と責任が定められており，同室の職員は協力し合いながら業務を処理している**（「大部屋主義」）。この場合，課や係にノウハウが蓄積されることとなり，下位職員の作成した稟議書が順次上位者に回覧されることで，ボトムアップ的に意思決定がなされる（「稟議制」）。

5 ✕ 情報公開法では行政文書の原則公開が定められている。

情報公開法では，**開示請求があったときは，当該行政文書を原則として開示しなければならない**と定められている（5条）。5年間の非開示期間が設けられているという事実はなく，個人に関する情報や国の安全等に関する情報などについては不開示とすることが認められている。また，公文書管理法で**行政文書**とされているのは，**行政機関の職員が職務上作成し，または取得した文書（図画および電磁的記録を含む）であって，当該行政機関の職員が組織的に用いるものとして，当該行政機関が所有しているものである**（2条4項）。本肢にある「本府省課長級以上の国家公務員が業務で用いるコンピュータで作成されたすべての行政文書」というような定義はなされていない。

必修問題

わが国と諸外国における行政改革に関する次の記述のうち，妥当なのはどれか。

【国家一般職・令和4年度】

1 佐藤栄作内閣で設置された**第1次臨時行政調査会**は，第二次世界大戦後の新しい行政需要に対応するための抜本的な行政改革を行うため，11名の委員以外にも専門委員，調査員から構成される大規模な調査審議機関となり，その後の行政改革のモデルとなった。

2 橋本龍太郎内閣で設置された**行政改革会議**では，同会議の設置法で示されたように，内閣機能強化や中央省庁再編を始めとした公的部門のさまざまな改革が検討され，その中の一つとして，各省庁の組織規制の弾力化が最終報告で提言され，同提言をもとに国家行政組織法が改正された。

3 米国のB.オバマ政権では，「**国家業績レビュー（NPR）**」の最終報告書を基に多様な改革が実施されたが，政府組織に関しては，NPM型改革を一層進めることを目的として，政府組織を連携させる「**連結政府（連携政府）**」の概念が提示され，組織連携の取組みが進められた。

4 経済不況に直面していた英国のM.サッチャー政権では，経済政策をマネタリズムから**ケインズ主義**へと大きく転換したうえで，公的部門の改革にも着手し，その中で，VFM（Value for Money）の基本理念の下，民間の資金や技術を公共施設の整備・管理に活用する**PFI**を導入することとなった。

5 経済・財政状況が悪化していたニュージーランドでは，1984年にD.ロンギ労働党政権が誕生し，財務省主導の下で改革が進められ，各種産業の規制の緩和・撤廃，国有企業の民営化，政府機構改革をはじめとした急進的な改革が世界で注目された。

難易度　＊＊

A 頻出度
国家総合職 ★★★
国家一般職 ★★★
地上全国型 ★★★
地上関東型 ★★★
地上特別区 ★★★
市役所C ★
⑩行政改革

必修問題の解説

　本問は，行政改革に関する応用問題である。特に連結政府（**3**）やニュージーランドの行政改革（**5**）は過去にほとんど出題例がなく，難易度は高めである。その他の内容については，しっかりと正誤を判断できるようにしておきたい。

1 ✕ 第1次臨調は池田勇人内閣によって設置された。

　第1次臨時行政調査会（第1次臨調）は池田勇人内閣によって設置され，高度経済成長に対応するための抜本的な行政改革を審議した。なお，第1次臨調が大規模な審議機関となったのは事実だが，委員数は7人であった。

2 ✕ 各省庁の組織編成を弾力化したのは中曽根康弘内閣である。

　行政改革会議は，政令に基づいて設置されており，この点で設置法に根拠を持つ第1次・第2次臨時行政調査会とは異なっていた。また，各省庁の組織規制を弾力化したのは中曽根康弘内閣である。中曽根内閣は1983年に国家行政組織法を改正し，内部部局の廃止を法律事項から政令事項に改めた。

3 ✕ NPRはクリントン政権，連結政府はブレア政権の業績である。

　国家業績レビュー（NPR）の最終報告書をもとに多様な改革を実施したのは，米国のクリントン政権であった。これに対して，連結政府（joined-up　government）を提唱し，細分化した政府組織の連携を深めようとしたのは，英国のブレア政権であった。いずれも1990年代に実施されている。

4 ✕ サッチャー政権はケインズ主義からの転換を進めた。

　英国のサッチャー政権は，経済政策をケインズ主義からマネタリズムに転換し，貨幣供給量を絞ることでインフレの抑制を図った。また，VFM（Value for Money）やPFI（Private Finance Initiative）などの新機軸を打ち出したのは，サッチャー政権を継承したメージャー政権であった。

5 ◎ 1980年代にはニュージーランドでNPM改革が推進された。

　正しい。ニュージーランドでは1980年代にNPM（新公共管理）改革が推進され，政府機構の改革などが実現した。労働党のロンギ政権が改革を主導し，その政策は当時の財務大臣の名前からロジャーノミクスと呼ばれている。

正答 5

FOCUS

　近年では，新公共管理（NPM）の各手法とわが国の行政改革の歴史が出題の2本柱となっている。前者については官民競争入札，PFI，指定管理者制度，後者については中曽根行革，橋本行革，小泉行革などに注意しよう。

━ POINT ━

重要ポイント 1 ▶ 1980年代以降の行政改革

　1980年代以降の先進各国では，安定成長によって国の税収が伸び悩み，従来のような福祉国家化政策を維持することが困難となった。そこで，「小さな政府」というスローガンが掲げられ，さまざまな形で行政改革が実施されるようになった。

　こうした改革は，**ゆきすぎた福祉国家化を反省し，政府による過剰な介入を改めるものであり，新自由主義的改革**と呼ばれた。

(1) アングロ・サクソン諸国の行政改革

①アメリカ

　1980年代のアメリカでは，**共和党のレーガン政権**によって財政支出の削減（軍事予算は除く）が進められ，国家財政の立て直しが図られた。また，税収を確保するために，減税や規制緩和によって経済を活性化するという手法がとられた。

　1990年代になっても，民主党のクリントン政権の下で行政改革は続けられた。たとえば，1993年には政府業績成果法（GPRA）が制定され，各省庁に5年を単位とする戦略的プランと年間業務プラン，年間業績レポートの提出が義務づけられた。

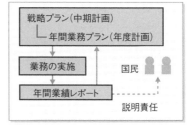

②イギリス

　1980年代から1990年代前半にかけて，イギリスでは**保守党のサッチャー，メージャー両政権**によって行政改革が強力に推進された。福祉水準の引下げなどを通じて財政支出の削減が図られたほか，いわゆる**NPM（新公共管理）改革**が導入され，**国有企業の民営化，行政機関における実施部門のエージェンシー化，PFIの導入**などの諸施策が進められた。

施策	年号	内容
ネクスト・ステップス	1988年	各省庁において企画業務と実施業務を分離し，後者の担当機関として**エージェンシー（外局）を創設**した。エージェンシーの管理者は，大幅な裁量権をもって事業計画の実施に当たり，業績給を受ける。
市民憲章	1991年	議会に提出された白書で，①行政の基準，②情報と公開，③選択と協議，④礼儀と親切，⑤適切な修正，⑥税の対価として価値あるサービス（Value for Money），という6点が示された。
PFI	1992年	**公共施設等の建設・維持管理・運営等を，民間の資金・経営能力・技術的能力を活用して行う**こととした。政府は事業の企画立案を行い，サービスを購入する。

(2) わが国の行政改革

　1980年代のわが国では，**自民党の中曽根康弘内閣**によって「増税なき財政再建」が図られた。中曽根首相は，前内閣が設置していた**第2次臨時行政調査会**を活用し，その答申を忠実に実施することで，官僚制の抵抗を抑え込んだ。

　審議会を活用して行政改革を進めるという手法は，1960年代にも採用されていた

が，これほど大きな影響を与えることはなかった。

	第1次臨時行政調査会	第2次臨時行政調査会
設置	1961〜64年（池田勇人内閣）	1981〜83年（鈴木善幸内閣，**中曽根康弘内閣**）
会長	佐藤喜一郎・三井銀行会長	土光敏夫・経団連名誉会長
背景	高度経済成長に伴う構造変化	安定成長下での財政難
目的	社会の構造変化に対応して，行政整理や行政機構改革を進める。また，新しい行政需要への的確な対応を行う。	**「増税なき財政再建」**を進めるとともに，「活力ある福祉社会の実現」および「国際社会に対する貢献の増大」をめざす。
主な提案	①内閣府の新設（予算編成権の移管，内閣補佐官の新設など），②中央と地方の役割分担（企画と実施の関係，機関委任事務の活用），③行政手続法の制定，④会計検査院による政策評価，など	①財政支出の削減（福祉水準の引き下げ，公務員の定数削減など），②内閣機能の強化（内閣官房の強化など），③許認可等の整理合理化，④**3公社**の民営化，⑤機関委任事務の整理合理化（2年間で1割程度），など
成果	**答申内容の多くが実現されないままに残された。**	政府が答申内容の尊重を事前に表明し，その多くが実現した。

※3公社とは，日本国有鉄道，日本電信電話公社，日本専売公社をさす。

第2次臨時行政調査会は1983年に解散したが，その後も時限的な審議会が次々と設置され，行政改革を後押しした。

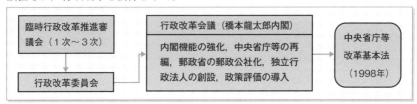

その後，2000年に森喜朗内閣の下で行政改革大綱が閣議決定され，また，2006年には小泉純一郎内閣の下で行政改革推進法が制定された。

（3）独立行政法人

わが国の行政改革の一つの成果として，2001年に創設されたのが，独立行政法人である。**国の行政機構から実施部門の一部を切り離したもので，イギリスのエージェンシー制度を参考としているが，独立の法人格を持つ点で特徴的である。**

独立行政法人の目標は，「確実に実施されることが必要な事務および事業であって，国が自ら主体となって直接に実施する必要のないもののうち，①民間の主体にゆだねた場合，実施されないおそれがあるもの，②一つの主体に独占して行わせることが必要であるものを，効率的かつ効果的に行わせること」とされている。

独立行政法人は，**主務大臣から指示された目標の下で，それを達成するための計画を自ら定める。また，幅広い裁量をもって活動し，必要であれば運営費交付金を受けることもできる。各年度の終了後には主務大臣の評価を受けなければならない。**

発足当初の独立行政法人制度では，独立行政法人は特定独立行政法人（公務員

型）と非特定独立行政法人（非公務員型）に分類されていた。しかし，2015年4月からは，**業務の特性に注目した3分類が導入され，中期目標管理法人，国立研究開発法人，行政執行法人とされた**。それぞれ中期目標（3年以上5年以下），中長期目標（5年以上7年以下），年度目標（1年）に基づく管理が行われる。このうち**行政執行法人の役職員には国家公務員の身分が与えられ**，争議権は認められない。

（4）規制改革

　政府の規制によって保護された企業や団体は，規制による超過利益（レント）が失われることを恐れ，政治家や官僚に接近して規制の継続を求めようとする。そうした活動を一般に**レントシーキング**という。わが国では，特に橋本龍太郎内閣や小泉純一郎内閣の下でその打破が試みられ，**規制緩和**が推進された。

　もちろん，規制はやみくもに緩和すればよいわけではなく，弱者保護などを目的としてこれを強化すべき場合もある。現在では，そうした観点から，規制緩和と規制強化を併せて「**規制改革**」と呼ぶケースも増えている。また，**規制改革を集中的に進める「特別区域制度」（特区制度）**も設けられている。

名称	説明	
構造改革特区	規制の特例措置により事業の展開を支援。**財政支援は行わない**。成功事例は全国拡大を検討。	地方公共団体による申請。規制の特例措置を個別に調整して実現。
総合特区	**総合的な支援**（規制・制度の特例，税制・財政・金融措置など）により先駆的取組みを支援。国際戦略総合特区と地域活性化総合特区。	
国家戦略特区	特例的な措置を組み合わせて世界一ビジネスがしやすい環境を創出。**民間，地方公共団体，国が一体となってプロジェクトを形成**。既存の規制改革パッケージを利用。	

※東日本大震災からの復興を支援するための復興特区も設けられている。

重要ポイント 2 　行政改革の理論と手法

　行政改革については，次の2つの理論が唱えられている。

理論	主張
プリンシパル・エージェント理論	国民や議会を**本人（プリンシパル）**とすれば，官庁や官僚制はその**代理人（エージェント）**に当たる。**エージェンシー・スラック（＝代理人が本人の期待に背いて行動すること）**の発生を防ぐためには，①業績給などの動機づけ，②情報公開などによる監視（モニタリング）の強化が必要である。
NPM（新公共管理）理論	**民間企業の考え方や手法を公共部門に導入する**ことで，公共部門の効率化・活性化を図るべきである。具体的には，①**業績・成果による統制（自由裁量と事後的統制，アウトカム**[※1]**の重視）**，②**市場メカニズムによる統制（競争原理の導入，市場化テスト**[※2]**）**などを重視しなければならない。

※1：アウトカムとは成果のことであり，モノやサービスの提供量などを意味するアウトプット（出力）とは区別される。
※2：市場化テストとは官民競争入札（および民間競争入札）のことである。

実戦問題 **1** 基本レベル

💠 **No.1** わが国の行政改革に関する次の記述のうち，妥当なのはどれか。

【国家一般職・平成29年度】

1 第1次臨時行政調査会は，昭和37年に設置された行政改革に関する調査会であり，土光敏夫会長の下，財界の主導により，昭和39年に郵政民営化や特殊法人の整理・縮小を主題とする行政改革に関する意見を取りまとめた。

2 第2次臨時行政調査会は，昭和56年に設置され，「小さな政府」を旗印に，日本国有鉄道，日本電信電話公社，アルコール専売事業のいわゆる3公社の民営化と大幅な増税等を提言し，2度の石油危機以降の財政危機を建て直そうとした。

3 橋本龍太郎首相の主導により開始された金融システム改革は，フリー，フェア，グローバルを3原則とし，証券会社の業務の多角化，銀行・証券・保険の業態間の相互参入の促進，取引ルールの透明化等に取り組み，日本版金融ビッグバンと呼ばれている。

4 行政改革会議は，平成8年に設置され，小渕恵三首相自らが会長を務め，内閣府と内閣人事局の創設，政策評価制度と情報公開制度の導入等を決定し，その成果として中央省庁等改革基本法が制定された。

5 いわゆる小泉構造改革は，小泉純一郎内閣時代の経済・行政改革の総称で，「官から民へ」，「国から地方へ」をスローガンに，道路公団の民営化，独立行政法人制度の創設，組織の大括り化による省庁再編等を行った。

💠 **No.2** わが国における国・地方の行政改革に関する次の記述のうち，妥当なものはどれか。 【地方上級（全国型）・平成27年度改題】

1 わが国の都道府県では，2022年現在，職員の勤務評定は実施されていない。地方公務員法改正によって導入がめざされたものの，国会で廃案となったためである。

2 OECDによる「日本の雇用者に占める公務員数」を見ると，雇用者の3分の1以上を公務員が占めているノルウェーやスウェーデンに次いで，日本は高い水準にある。

3 図書館や公民館等の公の施設については，従来，公的機関のみがその管理に当たってきた。しかし，2000年代になって「指定管理者制度」が導入され，民間団体やNPOによっても管理が実施されるようになった。

4 2007年の郵政民営化により，郵政関連事業は，郵便事業株式会社，株式会社ゆうちょ銀行，株式会社かんぽ生命保険の3社で実施されるようになった。また，政府による株式保有もできなくなった。

5 小泉内閣において道路関係四公団民営化推進委員会が設置され，民営化推進案が提出されたが，国会で廃案となったため4公団の民営化は実施されなかった。

行政組織の編成と組織管理に関する次の記述のうち，妥当なのはどれか。

【国家一般職・平成28年度】

1 各省庁の内部機構の新増設に対しては，スクラップ・アンド・ビルドの原則が適用されている。すなわち，各省庁の内部機構に関しては，時限を定め，その時限ごとに更新の必要の有無を厳格に審査することとしている。

2 国の行政機関には，庁が外局として設置されることがある。庁の長は，国務大臣の中から任命される。また，大臣が，外局内の職員の任命権を持つ。庁は，省と同様に，自ら省令等の命令を出すことができる。

3 内部部局の局や部の新設改廃は，以前は，内閣が定める政令事項とされていたが，現在は，国会が定める法律事項とされている。これは，行政組織のあり方を国会ができるだけ細かく規定できるようにすることで，行政に対する民主的チェック機能を強めることを目的としている。

4 中央省庁等改革基本法に基づく改革では，内閣の補佐機能を強化するために，総理府が廃止され，内閣府が新設された。内閣府には，特命担当大臣・副大臣・大臣政務官が配され，経済財政諮問会議等の合議制機関が置かれている。

5 内閣官房および内閣府は，内閣機能強化の観点からその充実が図られてきたが，さまざまな業務が集中してきたことから，橋本龍太郎内閣の下，組織および仕組みの効率化・見直しを行うことが決定された。これを受け，内閣府が担ってきた自殺対策や食育推進等の業務が，各省庁に移管された。

No.4 **新公共経営（NPM）に関する記述として，妥当なのはどれか。**

【地方上級（特別区）・平成29年度】

1 PFIは，民間の資金，経営能力および技術的能力を活用して，公共施設の建設，維持管理，運営を行う方式であり，わが国のPFI事業は，学校等の文教施設では実施されているが，刑務所等の行刑施設では実施されていない。

2 指定管理者制度は，地方自治法の一部改正により導入された，公の施設の管理運営について，NPOや市民団体，さらには株式会社をはじめとする民間企業にも行わせることができるようにした制度である。

3 わが国の独立行政法人制度は，イギリスのエージェンシー制度と同一であり，中央省庁の組織の中で，政策の企画立案部門と実施部門を切り離し，企画立案機能のみを分離された機関に移譲する制度である。

4 市場化テストは，公共サービスの提供にあたり官民が対等な立場で競争入札に参加し，価格と質の両面で最も優れた者がそのサービスの提供を担う制度であり，わが国の省庁ではすでに実施しているが，地方自治体では実施していない。

5 NPMは，行政サービスに価値があるか否かについて，政策の成果であるアウトカムではなく，予算や人員の投入量である政策のインプットや，事業活動や予算の執行などの政策のアウトプットから判定される。

No.5 **NPM（ニュー・パブリック・マネジメント）に関する次の記述のうち，最も妥当なのはどれか。** 【国家総合職・令和５年度】

1 英国のエージェンシーは，政府が行う業務から政策の企画・立案を除いた業務の執行部門について，その業務を民間で実施できないかを検討したうえで，それができない場合に設立されるものである。業務に責任を持っていた大臣が，エージェンシーの長と業務執行に関する一種の契約を取り交わすものであり，日本の独立行政法人制度の制度設計に影響を与えた。

2 政府や地方公共団体が行っている事業について，その業務の主体を民間企業に転換し，新しく創設された民間企業に規制をかける手法を民間委託と呼ぶ。それに対して，民間企業との契約によって，それまで政府が行っていた業務を，政府が当該民間企業に金銭を払うことで実施する手法は民営化と呼ばれ，民間委託よりも容易なために地方公共団体で行われやすい。

3 PFIは，民間企業が政府や地方公共団体の資金を使って，公共性の高い民間施設の整備やその中でのサービス提供を行おうとする手法である。民間企業が整備等を行うことで，国や地方公共団体が直接実施するよりも，効果的・効率的に行うことが可能になると期待されており，たとえば公立の病院の代わりに大規模な民間病院を整備するときなどに用いられている。

4 市場化テストは，国が所管する独立行政法人が行うサービスと地方公共団体が行うすべての公共サービスについて，存廃の是非を検討したうえで，残るものについて競争入札を実施するものである。これは，平成18（2006）年に成立した公共サービス改革法で導入されたものであり，入札に当たっては，国や地方公共団体は参加できず，当該公共サービスに従事してきた職員は，落札した民間事業者の運営の下で引き続き業務に従事することになる。

5 NPMでは，決定と実施を切り離したうえで，決定については分権的な管理組織から階統的な官僚制組織を改めて構築し，選挙で選ばれた政治家が責任を持って意思決定に当たることが強調される。公務員に対しては以前と同様に手続きによる管理が重視され，公務員は規則を守ることを通じて，意思決定を行う政治家に対して責任を果たすことが求められる。

日本の行政改革に関する次の記述のうち，妥当なものはどれか。

【地方上級（全国型／関東型／中部・北陸型）・平成30年度】

1 指定管理者制度とは，それまで地方公共団体やその外郭団体等に限定していた公共施設の管理・運営の委託先を，民間企業にも認めるとした仕組みであるが，委託先を決定する際には競争入札以外の手段は認められていない。

2 国の独立行政法人に該当するものとして，地方には地方独立行政法人が設けられており，これまでに大学・公営企業・試験研究機関などが地方独立行政法人化されている。

3 バウチャー制度とは，国が国民に使途を限定しない補助金等を支給し，受給する公共サービスを自ら選択させることを通じて，サービス提供者間の競争を促す制度である。

4 「競争の導入による公共サービスの改革に関する法律」が制定され，公共サービスに民間企業の創意工夫を反映させることがめざされているが，同法では官民競争入札を廃止し，一般競争入札に限って認めるものとしている。

5 PFIとは，公共施設等の設計，建設，維持管理および運営に，民間企業の優れた手法をとり入れることで，行政サービスの向上を図ろうとするものであるが，その建設資金はすべて公の予算を通じて調達するものとされている。

実戦問題 **1** の 解説

→問題はP.149 **正答3**

No.1 の解説 日本の行政改革

1 ✕ **土光敏夫は第2次臨調の会長を務めた。**

第1次臨時行政調査会（第1次臨調／1960年代前半）の会長を務めたのは佐藤喜一郎である。**土光敏夫は第2次臨時行政調査会（第2次臨調／1980年代前半）の会長を務めた。**また，郵政民営化はいわゆる小泉行革（2000年代前半）の成果であり，特殊法人の整理・縮小（整理合理化）はいわゆる橋本行革（1990年代後半）の成果である。

2 ✕ **第2次臨調は「増税なき財政再建」をスローガンに掲げた。**

第2次臨調は「増税なき財政再建」をスローガンに掲げており，大幅な増税を行うことはなかった。また，**第2次臨調が民営化を提言した3公社とは，日本国有鉄道，日本電信電話公社，日本専売公社（たばこと塩の専売）である。**

3 ◎ 橋本龍太郎首相は日本版金融ビッグバンをもたらした。

正しい。**橋本龍太郎首相は，1990年代後半に行政改革，財政構造改革，社会保障構造改革，経済構造改革，金融システム改革，教育改革という6つの改革を推進した。**そのうち金融システム改革では，2001年までにわが国の金融市場がニューヨーク，ロンドン並みの国際市場となって再生することがめざされ，**日本版金融ビッグバンが導かれた。**

4 ✕ 行政改革会議で会長を務めたのは橋本龍太郎首相である。

行政改革会議で会長を務めたのは，小渕恵三首相ではなく橋本龍太郎首相である。また，行政改革会議は，内閣府の創設，政策評価制度や情報公開制度の導入等を決定したが，内閣人事局の創設は提案していない。**内閣人事局の創設を導いたのは安倍晋三内閣である。**なお，**小渕恵三首相は，小沢一郎の構想を受け入れて国会審議活性化法を成立させ，国会における党首討論などを実現した。**

5 ✕ 独立行政法人制度の創設や中央省庁等再編を導いたのは橋本行革である。

小泉構造改革では，郵政3事業や道路公団の民営化が行われた。**独立行政法人制度の創設や組織の大括り化による省庁再編は，橋本行革の成果とされている。**なお，実際に中央省庁が再編され，独立行政法人が発足したのは平成13年（2001年）のことであり，その当時の首相は森喜朗であった。

No.2 の解説 国・地方の行政改革

1 ✕ 地方公務員法では勤務評定の実施が定められている。

地方公務員法40条1項は，地方自治体における職員の任命権者が勤務評定（勤務成績の評定）を実施すべきことを定めている。これを受けて，都道府県や政令指定都市では例外なくこれが実施されている。市区町村でもその導入率は約70％に達している。

2 ✕ わが国の労働人口に占める公務員数は低水準にある。

OECD（経済協力開発機構）による「雇用者に占める公務員数」を見ると，2021年現在，日本の水準は5％程度と低い水準にある。なお，公務員比率が高いのは北欧諸国であるが，それでも30％程度にすぎない。

3 ◎ 民間団体やNPOも指定管理者となることができる。

正しい。指定管理者制度とは，公の施設の管理を指定管理者に代行させる仕組みのことである。**指定管理者となることができるのは，公的機関，営利企業，財団法人，NPO法人，市民グループなどである**。なお，従来の管理委託制度では，管理の委託先は公的機関に限られていた。

4 ✕ 郵政民営化直後には4つの事業会社が誕生した。

2007年の郵政民営化により，郵政関連事業は，郵便事業株式会社，株式会社ゆうちょ銀行，株式会社かんぽ生命保険および郵便局株式会社の4社で実施されるようになった。なお，2012年には郵便事業株式会社と郵便局株式会社が統合され，日本郵便株式会社が誕生したため，事業会社は3社となった。

5 ✕ 小泉内閣は道路公団の民営化を実現した。

小泉純一郎内閣において道路関係4公団の民営化関係4法が成立し，4公団の民営化が実施された。これにより，たとえば日本道路公団は，東日本，中日本，西日本の3つの高速道路会社に分割民営化されることとなった。

No.3 の解説 行政組織の編成と組織管理

1 ✕ 時限を定めて機構を設置したり，法律を制定したりする手法は，一般にサンセット方式と呼ばれる。これに対して，**スクラップ・アンド・ビルドの原則とは，内部機構の新増設にあたって，それと同格の内部機構を同数だけ統廃合しなければならないとするものである**。

2 ✕ 庁の長（＝長官）は，必ずしも国務大臣の中から任命されるわけではない。職業公務員や民間人から任命することも認められている。また，庁の職員の任命権を持つのは，当該庁の長官である。

3 ✕ 内部部局の新設改廃は，**1983年の国家行政組織法改正により，法律事項から政令事項に改められている**。これは，環境の変動に対応して，行政組織を迅速に改編することを目的とした措置である。

4 ◎ 正しい。**中央省庁等改革基本法に基づく改革では，内閣の補佐機構の強化と省庁の大括り化が進められた**。このうち前者については，総理府に代えて内

閣府が設置され，主任大臣である内閣総理大臣を補佐するための副大臣と大臣政務官，法律に定められた特定事務や内閣の緊急課題を担当する特命担当大臣が置かれることとなった。また，重要政策会議として，経済財政諮問会議等の合議制機関も設置されることとなった。

5× 内閣官房や内閣府への業務集中を受けて，一部業務を各省庁に移管したのは，安倍晋三内閣である。これまでに，自殺対策の業務が厚生労働省へ移管されたり，食育の業務が農林水産省に移管されたりしている。

No.4 の解説　新公共経営（NPM）　　　→ 問題はP.150　正答2

1× **わが国のPFI事業は行刑施設でも実施されている。**
　わが国のPFI事業はさまざまな分野で行われており，学校等の文教施設，刑務所などの行刑施設，合同庁舎などの複合施設，公営住宅，公園・道の駅などの事例がある。

2◎ **指定管理者制度ではNPO等を指定管理者に指定できる。**
　正しい。従来の管理委託制度では，公的機関にしか公の施設の管理運営を委託できなかった。しかし，**指定管理者制度では，公的機関，NPO，市民団体，民間企業などを指定管理者に指定し，公の施設の管理運営を任せることが認められている。**

3× **独立行政法人やエージェンシーには政策の実施機能が委譲される。**
　わが国の独立行政法人やイギリスのエージェンシーは，政策目的を実現するための政策実施機関であり，政策の実施機能が委譲されている。また，わが国の独立行政法人制度とイギリスのエージェンシー制度は異なる制度であり，独立行政法人が独立した法人格を持つのに対して，エージェンシーはあくまでも政府の外局とされている。

4× **市場化テストは地方自治体でも実施されている。**
　市場化テスト（官民競争入札・民間競争入札）は，わが国の省庁のみならず，一部の地方自治体でもすでに実施されている。たとえば，旅券申請窓口業務や職員公舎管理業務などが，その対象とされている。

5× **NPMではアウトカムが重視される。**
　NPM（新公共管理）では，行政サービスに価値があるか否かを判定する際に，政策の成果であるアウトカムが重視される。これに対して，事業活動や予算の執行などの政策のアウトプットは，必ずしも重視されない。たとえば，清掃事業においては，ごみ収集車の走行距離（アウトプット）ではなく街の清潔度（アウトカム）がより重視される。

1 ◎ 英国のエージェンシーとは執行部門に大幅な裁量権を与えたものである。

正しい。**英国のエージェンシー（外局）は，政府の執行部門に大幅な裁量権を与えて活動を活発化させようとしたものである**。そのため，事前の規制による統制よりも，事後評価による統制が重視される。**日本の独立行政法人制度も，エージェンシー制度を参考にして創設されたものである。**

2 ✕ 事業の業務主体を民間企業に転換することを「民営化」という。

民間委託と民営化の説明が逆である。政府や地方公共団体が行っている事業について，その業務の主体を民間企業に転換することを**民営化**という。一方，**民間委託**とは，それまで政府が行っていた業務を，政府が民間企業に金銭を払うことで実施する手法のことである。より簡単なのは民間委託であり，地方公共団体は民営化よりも民間委託を進めることが多い。

3 ✕ PFIでは資金調達も民間企業が行う。

PFIでは，公共性の高い施設の建設・維持管理・運営等を，民間の資金・経営能力・技術的能力を活用して行うものとされる。したがって，PFIでは，施設を建設するための資金調達も民間企業が行うことになる。

4 ✕ 市場化テストには国や地方公共団体も参加できる。

市場化テスト（官民競争入札・民間競争入札）は，国や地方公共団体が直接執行すべき事務などを除き，あらゆる公共サービスを対象として実施されうる。また，**官民競争入札**の場合，国や地方公共団体が入札に参加し，民間企業と競い合うことも認められている。この場合，国や地方公共団体が業務を落札できなければ，その職員は仕事を失うことになる。

5 ✕ NPMでは自由裁量に基づく活動と事後評価が重視される。

NPMでは，決定と実施を切り離したうえで，実施については階統的な官僚制組織を分権的な管理組織に改め，現場の自由裁量を幅広く認めることが強調される。公務員に対しても，手続きによる管理に代えて事後評価による管理を導入し，実施を活性化することがめざされる。

No.6 の解説 　日本の行政改革　　　　　　　　　　→問題はP.152 **正答2**

1✖ 指定管理者制度では競争入札を行う必要はない。

指定管理者制度とは，「指定」によって，公の施設の管理権限を当該指定を
受けた者に委任する仕組みのことである。「指定」は行政処分の一種である
ため，指定に際して競争入札を行う必要はなく，公募を通じた選定も広く行
われている。

2◎ 独立行政法人は国にも地方にも設けられている。

正しい。国の独立法人制度と同様の仕組みとして，地方独立行政法人制度が
設けられている。その多くは大学や病院であるが，その他，試験研究機関や
博物館なども地方独立行政法人化されている。

3✖ バウチャー制度では使途を限定したバウチャーが発行される。

バウチャー制度とは，国や地方公共団体が使途を限定したバウチャー（引換
券）を発行し，それを受け取った者は，バウチャーと引き換えに特定のサー
ビスを好きな業者から購入できるとした仕組みのことである。サービス利用
者がサービス提供者を自由に選択できるため，サービス提供者間の競争が促
されるといわれている。

4✖ 公共サービス改革法によって官民競争入札が導入された。

わが国では，公共サービス改革法（「競争の導入による公共サービスの改革
に関する法律」）に基づいて，官民競争入札が導入されている。官民競争入
札とは，これまで官が独占してきた公共サービスについて，官と民が対等な
立場で競争入札に参加し，価格や質の点で最も優れた者が落札するという制
度である。

5✖ PFIでは資金調達も民間の主体が行う。

PFI（Private Finance Initiative）とは，公共施設等の設計，建設，維持管
理および運営に，民間の資金とノウハウを活用していくとする公共事業の手
法である。したがって，PFIにおいては，建設資金として公の予算が用いら
れることはない。

*** わが国における政府規制とその改革に関する次の記述のうち，妥当なのはどれか。 【国家一般職・令和３年度】

1 政府規制を行う根拠である市場の失敗を構成するものの一つとして「情報の非対称性」があるが，これは主に政府と規制対象企業との間での情報の差のことであり，この「情報の非対称性」を根拠に政府は企業に立入検査を行い，公益事業料金の積算資料の確認等を行っている。

2 政府規制は，経済的規制と社会的規制に大きく区分できる。社会的規制は産業の健全な発展と消費者の保護を目的としているため，そこでは，企業間の適正な競争を損なうような価格を制限する規制や，商品やサービスの安全性を確保する規制が行われている。

3 かつて金融業に対して行われた「護送船団方式」と称される規制政策では，国際競争力の維持という観点から経営基盤の小さい中小金融機関の淘汰が目的とされ，銀行業や証券業といった「業態規制」が撤廃されることによって業界の垣根を超えた新規参入が生じ，多くの中小金融機関が倒産する事態となった。

4 政府規制の改革への取組みとして，1990年代前半の第３次臨時行政改革推進審議会の最終答申において規制緩和推進のためのアクション・プランの策定と第三者的な推進機関の設置等が提言され，その後，「規制緩和推進計画」が策定され，行政改革委員会に規制緩和小委員会が設置された。

5 第１次安倍晋三政権では，規制改革についても重要な政策課題の一つとしていたため，政府規制の問題を検討する会議体の名称が規制緩和委員会から規制改革委員会へと改称され，同委員会で検討された規制改革の社会実験の議論をもとに構造改革特区制度が導入された。

** わが国における行政のあり方の見直しに関する次の記述のうち，妥当なのはどれか。 【国家一般職・令和元年度】

1 三位一体改革の一つとして導入されたPFIは，国の行政にかかわる事業のみを対象とし，道路，空港，水道等の公共施設や，庁舎や宿舎等の公用施設の建設と維持管理について，民間事業者にゆだねるものである。今後，地方公共団体の事業にPFIを導入することが課題となっている。

2 「行政機関の保有する情報の公開に関する法律」の制定により，国民主権の理念に基づいて，日本国民に限って行政機関が保有する行政文書に対する開示請求が可能となった。ただし，電磁的記録は，開示請求の対象とはされていない。

3 民間委託は，施設の運営をはじめとして，窓口業務，清掃，印刷等の地方公共団体におけるさまざまな業務に広く導入されている。平成15（2003）年には，指定管理者制度が導入され，民間事業者やNPO法人等に対し，包括的に施設の管

理や運営を代行させることが可能となった。

4　市場化テストとは，毎年度，経済産業省が中心となって対象事業を選定し，官民競争入札等監理委員会の審議を経て実施されているものである。この市場化テストは，民間事業者が事業を落札することを前提に運営されているため，政府機関が入札に参加することはできない。

5　政令や府省令等の制定・改正を必要とする行政施策を決定する前に，広く一般の意見を聴取する意見公募手続（パブリックコメント）が行われている。これは，政策に利害関係を有する個人が施策決定前に意見を表明できる機会であり，書面の持参による提出のみが認められている。

***
No.9　**わが国の中央政府と情報化に関する次の記述のうち，最も妥当なのはどれか。**　【国家一般職・令和5年度】

1　社会におけるインターネットの普及を背景に，第1次安倍晋三内閣においてIT基本法が制定された。同法を基に政府機関においてもデジタル化に向けてさまざまな検討が行われたものの，諸外国と比較してデジタル化が進まなかったため，菅義偉内閣において総務省の外局としてデジタル庁が設置されることとなった。

2　現在および将来の国民に説明する責務が全うされるようにすることを目的として，鳩山由紀夫内閣において公文書管理法が制定された。同法では，各府省の意思決定過程について歴史的に検証することを可能とするために，すべての行政文書について廃棄が禁止され，各府省から国立公文書館等に移管されることとなった。

3　予算・人員に制約がある中で，基幹統計をはじめとした公的統計を体系的・効率的に整備するため，統計法において「公的統計の整備に関する基本的な計画」を定めなければならないとされている。そして同計画の案の作成に当たっては，総務省に置かれた統計委員会の意見を聴くこととされている。

4　行政情報の公開を進めるために，わが国では，地方公共団体に先駆けて1999（平成11）年に行政機関情報公開法が制定され，これを契機に地方公共団体においても情報公開条例が制定され始めた。同法による開示請求については，請求権者が日本国民に限定されている。

5　行政機関において個人情報の利用が拡大していることから，小泉純一郎内閣において特定秘密保護法が制定された。同法では，個人情報の漏洩を防ぐため，紙媒体に記録された個人情報も保護の対象とするなど行政機関における個人情報の取扱いに関する規律が定められた。

実戦問題 **2** の解説

1 ✕ 「情報の非対称性」は企業と消費者の間で生じる。

一般に，企業は自社が提供する製品やサービスに関する情報を豊富に持っているが，消費者はそうした情報をあまり持っていない（「情報の非対称性」）。その結果，企業は消費者に気づかれないまま，消費者の不利益になるような行動をとることが可能となり，市場メカニズムは機能不全に陥ってしまう（「市場の失敗」）。こうした状況を克服するため，政府は企業の活動に規則を加え，消費者の保護を図っている。

2 ✕ 産業の健全な発展を目的とした規制は経済的規制に該当する。

経済的規制とは，市場や価格，競争に対する規制であり，社会的規制とは健康，安全等の社会的価値の保護を目的とする規制である。したがって，産業の健全な発展を目的とした規制は経済的規制に該当し，消費者保護を目的とした規制は社会的規制に該当する。

3 ✕ 護送船団方式では経営基盤の小さい金融機関が守られた。

護送船団方式では，行政が公式・非公式に介入し，業界内の競争を抑えることで，経営基盤の小さな金融機関であっても存続できる環境が整えられた。また，銀行業と証券業の間に垣根を設ける「業態規制」が維持され，新規参入が抑えられたことで，中小金融機関の経営環境が守られた。

4 ◎ 第3次行革審の最終答申を受けて規制緩和の動きが活発化した。

正しい。**第3次臨時行政改革推進審議会（第3次行革審）の最終答申を受けて，平成6（1994）年には規制改革推進のための第三者機関である行政改革委員会が設置された**。また，平成7（1995）年には行政改革委員会に規制緩和小委員会が設けられ，規制緩和のための最初のアクション・プログラムである「規制緩和推進計画」も閣議決定された。

5 ✕ 構造改革特区は小泉純一郎政権の「聖域なき構造改革」の一環であった。

第1次安倍晋三政権で設けられていた規制改革についての会議の名称は「規制改革会議」である。また，**構造改革特区制度を導入したのは第1次小泉純一郎政権である**。なお，構造改革特区とは，地方公共団体や民間事業者の自発的な立案により，地域の特性に応じた規制の特例を導入する特定の区域を設ける制度のことである。

No.8 の解説　日本の行政のあり方の見直し　→問題はP.158　正答3

1× PFIは地方公共団体の事業も対象としている。

PFIとは，公共施設等の設計，建設，維持管理および運営に，民間の資金とノウハウを活用していくとする公共事業の手法である。その対象には，国の事業も地方公共団体の事業も含まれる。また，三位一体改革とは，財政面において地方分権化を促していこうとする試みのことである。その内容は，地方交付税の見直し，国庫補助負担金の改革，税源移譲の3つであり，PFIは無関係である。

2× 情報公開法は外国人にも情報開示請求権を認めている。

情報公開法（「行政機関の保有する情報の公開に関する法律」）は，何人にも開示請求権を認めている（3条）。したがって，外国人や法人も行政文書の開示を請求することができる。また，開示請求の対象は，「行政機関の職員が職務上作成し，または取得した文書，図画および電磁的記録（中略）であって，当該行政機関の職員が組織的に用いるものとして，当該行政機関が保有しているもの」（2条2項）とされている。したがって，電磁的記録（＝パソコンのデータなど）も開示請求の対象となる。

3◎ 現在では民間委託や指定管理者制度が広く実施されている。

正しい。**民間委託とは，国や地方公共団体が事務事業を直接処理せず，契約に基づいて民間事業者に委託して行うことをさす。**また，**指定管理者制度とは，指定（行政処分の一種）によって，公の施設の管理権限を当該指定を受けた者に委任する仕組みのことである。**

4× 市場化テストには官民競争入札と民間競争入札が含まれる。

市場化テストの実施に当たっては，内閣府が中心となって対象事業を選定し，官民競争入札等監理委員会の審議と閣議決定を経るという手続きがとられる。この市場化テストには，官民競争入札と民間競争入札がともに含まれ，官民競争入札の場合は，官が落札してそのまま事業を実施し続けることもある。

5× 意見公募手続では電子メール等による意見の提出も行われている。

意見公募手続（パブリックコメント）では，「広く一般の意見を求めなければならない」（行政手続法39条1項）とされているため，政策に利害関係を有しない者や法人も自らの意見を提出することができる。また，意見聴取の方法は特に法定されていないため，各担当部局が定める適宜の方法（電子メールやファックス等）で意見を提出することができる。

1× デジタル庁は内閣に置かれている。

IT基本法は第2次森喜朗内閣において制定された。また，**デジタル庁は2021年に菅義偉内閣において設置されたが，総務省の外局ではなく，内閣の機関とされている。**

2× 公文書管理法は行政文書の保存期間や廃棄について定めている。

公文書管理法は，麻生太郎内閣において制定された。同法では，**行政文書に保存期間を定め，保存期間が満了した行政文書については国立公文書館等に移管し，または廃棄しなければならないとしている**（7条2項）。すべての行政文書が永久保存されるわけではない。

3◎ わが国では統計法に基づいて計画的に公的統計が作成されている。

正しい。**わが国の公的統計は，統計法に基づいて作成されている。**統計法では，政府による基本計画の策定や，国勢統計や国民経済計算などを基幹統計として作成することなどが定められている。

4× 情報公開制度の導入は地方が国に先駆けて行った。

情報公開制度をわが国で最初に導入したのは，山形県金山町（1982年）である。政府が情報公開法を制定したのは平成11（1999）年のことであった。また，情報公開法による開示請求は「何人」にも認められており，外国人や法人も開示請求を行うことができる（3条）。

5× 特定秘密保護法は重要な安全保障関連情報を保護するための法律である。

わが国の安全保障に関する情報のうち，特に秘匿することが必要であるものを特定秘密という。特定秘密保護法は，この特定秘密の保護を図るため，第1次安倍晋三内閣の下で制定された。なお，行政機関における個人情報の取り扱いを定める法律として，平成15（2003）年に行政機関個人情報保護法が制定されたが，令和3（2021）年には個人情報保護法，行政機関個人情報保護法，独立行政法人等個人情報保護法の3本の法律が一本化され，個人情報保護法に統合された。

第3章
行政の活動と統制

試験別出題傾向と対策

試験名	国家総合職					国家一般職					地方上級 (全国型)				
年度	21〜23	24〜26	27〜29	30〜2	3〜5	21〜23	24〜26	27〜29	30〜2	3〜5	21〜23	24〜26	27〜29	30〜2	3〜5
頻出度　テーマ　出題数	2	5	2	2	1	2	3	2	3	3	1	1	0	1	1
A　11政策過程	2	2	1	2			1	1	2	2	1				1
C　12行政活動		1	1												
B　13行政責任															
A　14行政統制		2			1	2	2	1	1	1		1			1

　「行政の活動と統制」では，行政をその動態においてとらえつつ，①政策過程（テーマ11），②行政活動（テーマ12），③行政責任・行政統制（テーマ13・14）という3つの内容を学習する。

　第1の政策過程では，政策決定理論が頻出なので，インクリメンタリズムを中心に各理論の提唱者とその主張内容をしっかりと理解しておきたい。近年では，インクリメンタリズムと多元的相互調節理論の関係もしばしば問われているので，この点にも注意しよう。

　第2の行政活動では，規制活動を中心に，具体的な行政活動のあり方を確認しておきたい。ただし，国家総合職を除けば，このテーマはあまり出題されていないので，それほど時間をかけて学習する必要はない。

　第3の行政責任・行政統制では，ファイナー・フリードリッヒ論争や具体的な行政統制の手段が出題されやすい。ファイナーとフリードリッヒの主張を明確に区別するとともに，パブリックコメント制度，情報公開制度，オンブズマン制度などの詳細を押さえておくようにしよう。

● 国家総合職（政治・国際・人文）

　おおむね3年間に2問のペースで出題されてきたが，3年度以降は出題数が減少した。ただし，これは誤差の範囲内とも考えられるので，今後も従来と同じ程度の出題があると考えたほうがよいだろう。政策過程が最頻出なので，インクリメンタリズムと多元的相互調節理論，ごみ缶モデル，アリソンの3類型はしっかりと押さえておきたい。なお，行政統制については，不服申立のように行政法に関連した知識が問われることもあるので，関連する法律系科目の学習も大切にしよう。

● 国家一般職

　近年では3年間に2〜3問の出題ペースが基本となっている。政策過程と行政

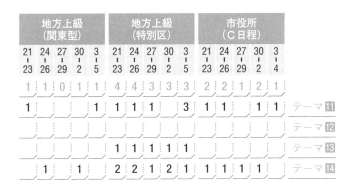

地方上級 （関東型）					地方上級 （特別区）					市役所 （C日程）					
21〜23	24〜26	27〜29	30〜2	3〜5	21〜23	24〜26	27〜29	30〜2	3〜5	21〜23	24〜26	27〜29	30〜2	3〜4	
1	1	0	1	1	4	4	3	3	3	2	2	1	2	1	
1				1	1	1	1		3	1	1		1	1	テーマ11
															テーマ12
					1	1	1	1	1						テーマ13
1				1	2	2	1	2	1	1	1	1	1		テーマ14

統制から同程度の出題があるので，この2テーマを中心に学習するとよいだろう。ただし，他試験ではあまり見かけない内容もしばしば出題されるため，難易度は高めとなりがちである。たとえば，政策過程については，唱通連携フレームワークや行政情報に関するサイモンの学説，行政統制については，国民の行政参加などがこれに当たる。したがって，必ず応用レベルの問題にまで学習の手を広げ，各問題の解説部分を教材として利用しながら，応用的知識も身につけるようにしたい。

● 地方上級

全国型や**関東型**では，近年，3年間に1問程度しか出題されていない。しかし，政策過程や行政統制はもともと頻出テーマとされており，今後も出題が続いていく可能性は高い。行政活動はこれからも出題されにくいと予想されるが，その他のテーマについては注意を怠らないようにしよう。頻出のポイントは，ファイナー・フリードリッヒ論争，ギルバートのマトリックス，オンブズマン制度である。

これに対して，**特別区**では，この分野からの出題が続いている。上述の頻出ポイントに加えて，政策決定理論も必ずチェックしておこう。特にインクリメンタリズムとごみ缶モデルには要注意である。問題の難易度はそれほど高くないので，出題された場合には確実に得点できるようにしたい。

● 市役所

近年，頻出テーマは政策過程と行政統制の2つに絞られている。この両テーマはいつ出題があってもおかしくないので，必ず両方を押さえておきたい。なお，行政統制の問題が出題された場合，選択肢の一部に行政責任の内容が混じっていることも多いので，行政責任と行政統制は一体のものと考え，続けて学習するようにしよう。

必修問題

意思決定や政策決定に関する次の記述のうち，妥当なものはどれか。

【地方上級（全国型）・令和3年度】

1 **サイモン**は，わずかな政策しか立案できず，一定の満足が得られる政策を妥協で選択しているのは，政策立案者や政策決定者の怠慢であると批判した。

2 **リンドブロムのインクリメンタリズム**は，現実の予算編成過程の考察から，**多元的相互調節理論**に対する反証として構築された。

3 人間は集団になると冷静さを失って危険度の高い意思決定をしがちになることがあるが，これを**リスキーシフト**という。

4 **ごみ箱モデル**では，政策の選択機会が1つのごみ箱にたとえられ，選択された政策は目標達成にとって最も合理的なものとされる。

5 **エチオーニの混合走査法モデル**では，政策の内容に応じて政策決定方法を変更するという考え方は否定される。

難易度　＊

必修問題の 解説

　本問は政策決定理論に関する基本問題である。やや難しいのはリスキーシフト（**3**）であるが，「risky（危険な）＋shift（移行）」と考えれば，危険を引き受けるようなやり方だと見当がつくはずである。

1✕ **サイモンは満足化モデルを提唱した。**

　サイモンは，人間の合理性には限界があると考え，政策決定者は少数の政策案のみを比較考量したうえで，一定の満足度をもたらす政策を選択するべきであると主張した。これを満足化モデルという。

2✕ **インクリメンタリズムは多元的相互調節理論と結びついている。**

　多元的相互調節理論とは，複数のアクターが自らの利益や価値観に従って政策を追求する結果，相互に調節が行われ，各アクターが一定の満足を得ることができるとする理論のことである。インクリメンタリズムは，この多元的相互調節理論と結びつくことで正当化された。

3◎ **危険度の高い意思決定に傾くことをリスキーシフトという。**

　正しい。人間は集団になると冷静さを失い，集団浅慮（グループ・シンク）に陥ってしまうことがある。その一例がリスキーシフトであり，**集団では危険度の高い意思決定をしがちになる**と指摘されている。

4✕ **ごみ箱モデルでは，意思決定はしばしば非合理的に行われるとされる。**

　ごみ箱モデルとは，政策の選択機会（＝ごみ箱）に多種多様な課題，解決策，参加者など（＝ごみ）が投げ込まれ，偶発的に特定の課題と解決策が結びついたとき，意思決定が行われるとするモデルである。したがって，ゴミ箱モデルは非合理的な意思決定モデルに分類されている。

5✕ **エチオーニは，政策の内容に応じて政策決定方法を変更するべきだとした。**

　エチオーニは，重要政策では少数の政策案から最善のものを選び出し，その他の政策では必要に応じて最小限度の政策変更を検討するべきだと主張した。こうした政策決定方式を混合走査法という。

正答 **3**

FOCUS

　政策過程については，政策決定理論を中心に出題がある。インクリメンタリズムのほか，アリソンの3類型やごみ缶モデル，サイモンの満足化モデルなどに注意しよう。国家公務員試験では「政策の窓」理論も押さえておきたい。

POINT

重要ポイント 1 政策の概念

政策とは，政府が環境に働きかけ，これに新たな変更を加えようとする際の活動案のことである。政策の具体的内容は，法律・条例・規則・長期構想・予算・国会決議・閣議決定・首相の施政方針演説などによって示される。

(1) 政策の諸要素

政策は，目的・主体・対象・手段の4つを主要な要素とする。また，財源や活動の基準なども，政策を構成する要素となることがある。

	目的	主体	対象	手段
例1	交通安全の確保	警察	暴走族	一斉検問での摘発
例2	在宅介護の充実	ヘルパー	一人暮らしの老人	訪問介護の実施

(2) 政策の循環構造

政策は，課題設定・政策立案・政策決定・政策実施・政策評価という5つの段階を経て展開される。

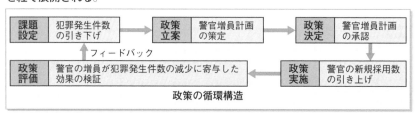

政策の循環構造

※Plan（計画）－Do（実施）－Check（評価）－Act（改善）という**PDCAサイクル**を設定する考え方もある。

重要ポイント 2 政策決定の理論

政策決定の方法については，これまでさまざまな理論が提唱されてきた。

(1) 合理的選択論

政策決定者が想定しうる限りの政策案を列挙し，それぞれの効用を正確に比較したうえで，最も効用の大きな政策案を選ぶとする理論を，合理的選択論という。合理的選択論は人間の完全な合理性を前提としており，最大化モデル（サイモン）ないし総覧的決定モデル（リンドブロム）とも呼ばれる。

なお，**サイモン**は人間の合理性には限界があるとして合理的選択論を修正し，**政策決定者は政策案を順次検討し，一定の満足度をもたらす政策を発見すれば，その政策案を選択すると主張した（満足化モデル）。**

政策案	A	B	…	X
効用	+80	+60	…	+10

↓

「効用を比較すれば，A＞B＞…＞Xとなる。よって，Aを採用すべきである。」

合理的選択論の例

(2) インクリメンタリズム

リンドブロムの提唱したインクリメンタリズム（漸増主義）とは，現状をとりあえず肯定したうえで，差し迫った必要があった場

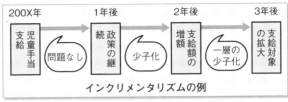

インクリメンタリズムの例

合にのみ，政策に微小の変更を加えていく政策決定方式のことである。政策変更に当たっては，少数のとるべき選択肢が想定され，その中から最善案が選ばれる。

また，インクリメンタリズムとペアをなすものとして提唱されたのが，**多元的相互調節の理論**である。この理論では，**複数のアクターが自らの利益や価値観に従って政策を追求する結果，多元的な相互調節が行われ，各アクターが一定の満足を得るような「公共利益」が達成される**と主張されている。

(3) 混合走査法

エチオーニは，重要な政策（ないし基本的決定）とその他の政策とで，政策の立案・決定の手法を使い分けるべきであると主張した。

重要な政策	実現可能性の高い政策案を少数立案し，**合理的選択**を行う。
その他の政策	**インクリメンタリズム**の手法で，政策の立案・決定を行う。

(4) ごみ缶モデル

コーエン，マーチ，オルセンらは，政策の選択機会をごみ缶にたとえ，その中には多種多様な課題，解決策，参加者など（＝ごみ）が投げ込まれているとした。そして，ごみの混合状態やごみの処理のしかたに応じて，**偶発的に特定の課題と解決策が結びつき，政策決定に至る**と主張した。

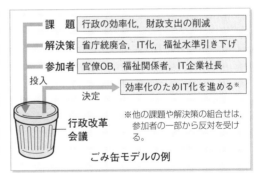

ごみ缶モデルの例

(5) アリソンの3類型

アリソンは，キューバ危機におけるアメリカの対外政策決定過程を考察するに当たって，3つのモデルを提示した（『決定の本質』）。

類型	説明
合理的行為者モデル	目標の達成に見合った最善と思われる政策が選択される。
組織過程モデル	組織の特徴や一定の標準作業手続きに基づいて政策は決定される。
官僚政治モデル	政府内の各部署間の駆け引きを通じて政策は決定される。

この3類型は，政策決定一般の分析についても用いられることがある。

重要ポイント ❸ 利益団体と政策形成

現代の政策形成過程において，利益団体（＝圧力団体）は大きな影響力を行使している。そのため，それをモデル化した理論も数多く提唱されている。

（1）政治的多元論

政治的多元論（グループ・アプローチ）とは，集団間の自由な競合を経て，政策が形成されていると見る理論のことである。ある集団の主張に反対する人々は，対抗集団を組織することも可能であることから，特定の利益のみが偏重される事態は起こりにくいとされている。政治的多元論はアメリカを中心として発達した。

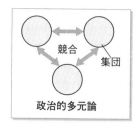

政治的多元論

（2）ネオ・コーポラティズム論

利益団体の全国組織（＝頂上団体）が政策形成過程へ制度的に組み込まれているような体制を，ネオ・コーポラティズムと呼ぶ。シュミッターやレームブルッフらによって提示された概念で，オーストリアやスウェーデンなどの北・中欧諸国に典型的である。

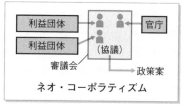

ネオ・コーポラティズム

重要ポイント ❹ 政策実施と政策評価

政策実施や政策評価の重要性が認識され始めたのは，1970年代のことである。

（1）政策実施

現実政治においては，ある政策が官僚制や利益団体の強固な抵抗にあって，その執行（＝実施）段階で骨抜きにされてしまうことも多い。また，執行過程で手段の自己目的化が起こり，所期の目的が忘れ去られてしまうことも，決して少なくはない。こうしたことから，1970年代以降，政策執行過程の研究が進められるようになり，政策がいかにゆがめられていくかについて，実証研究が積み重ねられてきた。その端緒となった研究が，プレス

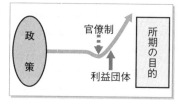

マンとウィルダフスキーの『執行』（1973年）であった。

（2）政策評価

政策をよりよいものにしていくためには，政策の実施によってもたらされた効果を定期的に評価し，その促進・修正・終結を図っていくことが必要である。こうした政策評価の試みは，現在，先進各国で積極的に進められている。わが国でも総務省行政評価局や各省の大臣官房が中心となって，これを行っている。

実戦問題 **1** 基本レベル

No.1 次の図は，一般的な政策過程モデルを表したものであるが，図中のA〜Eに該当する語の組合せとして，妥当なのはどれか。

【地方上級（特別区）・平成22年度】

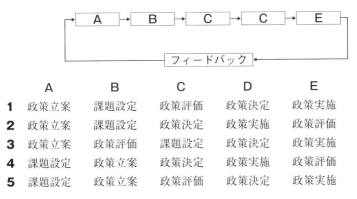

	A	B	C	D	E
1	政策立案	課題設定	政策評価	政策決定	政策実施
2	政策立案	課題設定	政策決定	政策実施	政策評価
3	政策立案	政策評価	課題設定	政策決定	政策実施
4	課題設定	政策立案	政策決定	政策実施	政策評価
5	課題設定	政策立案	政策評価	政策決定	政策実施

No.2 リンドブロムのインクリメンタリズムによる政策決定過程に関する記述として，妥当なのはどれか。

【地方上級（特別区）・平成24年度】

1 政策立案者は，採用しうるすべての政策案を列挙し，採用したときに生じる結果を予測，評価して，これらの中から最も目的に合致する政策案を選択する。

2 政策立案者は，自らの願望水準に照らして満足できる結果をもたらす政策案を発見すれば，それ以上政策案を探求しようとせず，その政策案を採用する。

3 政策立案者は，現行業務の実施方法に僅かな修正を加えただけの政策案を検討対象とし，実現可能と思われる2，3の選択肢の中から最善と思われるものを選択し，継続的に少しずつ当面の課題を解決しようとする。

4 政策課題とその解決策である政策の選択は，整理された論理的手順で結びついて進められるわけではなく，政策決定への参加者が政策立案の場に投げ込んだ政策課題と政策案との偶然の結びつきにより決定される。

5 政府は複数の組織からなる複合体であり，政府の政策決定は，指導者の意図的な選択というよりも，前もって定められた標準作業手続に従った各組織の活動の結果として生まれてくる。

No.3 次の文は，アリソンの３つのモデルに関する記述であるが，文中の空所Ａ～Ｄに該当する語または著書名の組合せとして，妥当なのはどれか。

【地方上級（特別区）・平成28年度】

アリソンは，『 [A] 』を著し，キューバ危機を分析対象にして，政策決定に関する３つのモデルを提示している。

第１のモデルは， [B] モデルであり，政府を単一の行為主体としてとらえ，政策決定者は，明確な政策目標を設定し，その目標を実現するために最適な手段を選択するというものである。

第２のモデルは， [C] モデルであり，決定者としての政府は複数の組織からなる複合体であると考え，政府の政策は，政府内の各組織の標準作業手続に基づいて決定されるというものである。

第３のモデルは， [D] モデルであり，政策決定は，政府内の複数組織の長い間での駆け引きによって行われるというものである。

	A	B	C	D
1	決定の本質	合理的行為者	組織過程	官僚政治
2	決定の本質	総覧的決定	官僚政治	組織過程
3	決定の本質	合理的行為者	官僚政治	組織過程
4	実施	総覧的決定	官僚政治	組織過程
5	実施	合理的行為者	組織過程	官僚政治

No.4 政治過程の理論に関する次の記述のうち，妥当なものはどれか。

【地方上級（全国型）・平成20年度】

1 C.リンドブロムは，政策決定者が自らの価値観に従って政策を選択する結果，政策は漸変的にしか変化しなくなるとして，インクリメンタリズムを提唱した。

2 A.ウィルダフスキーは，いわゆる多元的相互調節の理論の立場に立ち，アクター間でなされる妥協や取引きの結果として予算が編成されている現実を指摘した。

3 A.W.グールドナーは，政策の選択機会をごみ缶になぞらえ，政策課題がごみ缶に投げ込まれると，ごみ缶内の諸アクターはそれに対応して解決策を形成すると主張した。

4 H.A.サイモンは，合理的選択論の立場から最大化原理を提唱し，政策決定者は課題に対して最大の効用を持つ選択肢を選択するべきであると主張した。

5 A.エツィオーニは，合理主義的に政策を決定することは現実には不可能であると指摘し，あらゆる政策は漸増主義的に決定されるべきであると主張した。

No.5 政策過程に関する次の記述のうち，妥当なのはどれか。

1 H.サイモンは，人間の認識能力には際限がなく，効用を最大化することをめざすべきであるとして，十分に満足する水準の充足をめざす満足化モデル（satisfying model）を主張し，合理性の限界を考慮することは，「訓練された無能力」であるとして批判した。

2 C.リンドブロムは，政策過程は公共の目的を持っており，個々の立案者たちが共通の目的を持って参画すべきであり，それぞれの利益に基づく考え方は反映すべきではないとする唱道連携フレームワーク（Advocacy Coalition Framework）を提唱した。

3 J.キングダンは，ある政策案が推進される好機が訪れることを，「政策の窓（Policy Window）」が開くという比喩で表現し，「問題」「政策」「政治」という３つの流れとその合流によって，政策過程を説明した。

4 J.マーチらは，政策決定過程では，必要性の高い課題と政策は政策決定の場に残るが，必要性の低い課題と政策はそれらとは区別されたうえで，不要なものとしてごみ缶の中に捨てられ，解決すべき課題や政策として取り上げられなくなるとする「ごみ缶モデル」を提唱した。

5 稟議制は，官僚制組織の意思決定方式の一つであり，辻清明は，最終的に決裁を行う職員が起案文書を作成すること，文書が順次回覧され個別に審議されることなどを特徴として指摘するとともに，これが効率的であるとして，欧米の官僚制組織の意思決定にも広がっていったとした。

実戦問題 ■ の解説

→問題はP.171　**正答4**

No.1 の解説　政策過程モデル

A：政策過程は「課題の設定」から始まる。

政策過程は，解決すべき問題点を見つけ，これを政策課題として設定することから始まる。したがって，Aには「**課題設定**」が該当する。

B：課題解決のためには「政策立案」が必要とされる。

政策課題が設定された後，担当者によって，それを解決するための政策案が作成される。したがって，Bには「**政策立案**」が該当する。

C：立案された政策は「政策決定」によって正式承認される。

担当者によって作成された政策案は，決定権を持った機関（国会や大臣など）によって承認された後，正式な政策となる。したがって，Cには「**政策決定**」が該当する。

D：決定された政策は「政策実施」によって効果をもたらす。

正式決定された政策は，官僚制によって実施に移され，なんらかの成果がもたらされる。したがって，Dには「**政策実施**」が該当する。

E：政策過程の最終段階は「政策評価」である。

ひとたび実施された政策は，成果の検証を受け，継続，修正，廃止などの扱いを受けることになる。したがって，Eには「**政策評価**」が該当する。

以上より，**4**が正答となる。

No.2 の解説　インクリメンタリズムによる政策決定過程

→問題はP.171　**正答3**

1✕　すべての政策案の比較検討は「合理的選択論」の特徴である。

ダウンズらの「合理的選択論」に関する説明である。合理的選択論では，完全な合理性を持った人間（＝経済人）が仮定され，人間はすべての政策案を列挙・検討したうえで，最も目的に合致した政策案を採用し，満足の最大化を図るとされる。

2✕　満足できる政策案の追求は「満足化モデル」の特徴である。

サイモンの「満足化モデル」に関する説明である。満足化モデルでは，限定された合理性しか持たない人間（＝経営人）が仮定され，人間は少数の政策案を逐次的に検討し，自らの願望水準を満たす政策案を採用し，一定の満足度を得ようとするとされる。

3◎　漸進的な課題の解決は「インクリメンタリズム」の特徴である。

正しい。**インクリメンタリズムでは，当面の課題を解決するため，現行政策に微小な変更を加えていく形で政策決定がなされていると主張される。**インクリメンタリズムは，現実の政策決定過程を記述したモデルとして高い評価を受けている。

4✕　偶発的な政策決定は「ごみ缶モデル」の特徴である。

マーチ，コーエン，オルセンの「ごみ缶モデル」に関する説明である。ごみ缶モデルでは，政策決定の非合理性が強調され，政策決定の場において参加

者，政策課題，政策案が偶然に結びつくことで，はじめて政策決定に至るとされる。なお，こうした事情から，現実には問題の先送りがなされ，政策決定に至らない場面が多いとも指摘されている。

5 ✕ 標準作業手続きの重視は「組織過程モデル」の特徴である。

アリソンの「組織過程モデル」に関する説明である。アリソンは，単一の政策決定者が効用の最大化をめざして決定を行うとする「合理的行為者モデル」，政府内の各部署がそれぞれの利益を考慮して駆け引きを行うとする「官僚政治モデル」，政府内の各部署がそれぞれの標準作業手続に従って活動するとする「組織過程モデル」という3つのモデルを提唱し，政策決定過程の分析を試みている。

No.3 の解説　アリソンの3つのモデル　→問題はP.172　正答1

A：アリソンの著作名は『決定の本質』である。

「**決定の本質**」が該当する。アリソンは，キューバ危機におけるアメリカの対外政策決定過程を分析し，その成果を『決定の本質』にまとめた。

B：単一の合理的行為者を想定するのは「合理的行為者モデル」である。

「**合理的行為者**」が該当する。合理的行為者モデルでは，単一の行為主体が効用の最大化をめざしつつ，政策決定を行っているとされる。アリソンによれば，従来の研究で主に用いられてきたのが，この合理的行為者モデルである。

C：各組織の標準作業手続きを重視するのは「組織過程モデル」である。

「**組織過程**」が該当する。組織過程モデルでは，政府内の各組織の標準作業手続き（端的にいえばマニュアル）に従って，政策決定が行われているとされる。アリソンによれば，標準作業手続きはある程度固定化されていることから，これに従った決定は前例踏襲的になりやすい。

D：政府内の組織間の駆け引きを重視するのは「官僚政治」モデルである。

「**官僚政治**」が該当する。官僚政治モデルでは，政府内の複数組織による駆け引きを通じて，政策決定が行われているとされる。官僚政治モデルは，政府内政治モデルと呼ばれることもある。

以上より，正答は**1**である。

第3章 行政の活動と統制

1 ✕ 政策の漸変的変化は多元的相互調節によってもたらされる。

リンドブロムは，複数のアクターが自らの利益や価値観に従って政策を追求する結果，多元的な調節が行われ，政策は漸変的にしか変化しなくなるとした。インクリメンタリズムが生じるのは，一人の政策決定者が自らの価値観に従って，一元的に政策決定を行うためではない。

2 ◎ ウィルダフスキーは多元的相互調節の理論の立場に立った。

正しい。**ウィルダフスキーは，リンドブロムと同様，多元的相互調節論の立場に立ち，予算編成に際して多元的相互調節（＝妥協や取引）が行われる結果，大幅な予算の組み替えは行われにくくなると主張した。**

3 ✕ ごみ缶モデルを提唱したのはマーチらである。

ごみ缶モデルを提唱したのは，コーエン，マーチ，オルセンである。また，ごみ缶モデルでは，政策課題に対応して解決策が形成されるのではなく，政策の選択機会（＝ごみ缶）に政策課題，解決策，アクターが投げ込まれ，それらが偶発的に結びつくことで，政策が形成されると考えられている。

4 ✕ サイモンは合理的選択論を批判・修正した。

サイモンは，政策決定者に「完全な合理性」を要求する最大化原理を批判し，政策決定者は「限定された合理性」しか持たない以上，一定の満足度をもたらす選択肢を選択するにとどまっていると主張した（「満足化原理」）。

5 ✕ エチオーニは2つの政策決定方式の使い分けを主張した。

エチオーニは，政策決定者の合理性に限界を認める立場から，重要政策に限っては合理主義的な決定を行い，その他の政策については漸増主義的な決定を行うべきであると主張した。こうした手法は，混合走査法と呼ばれている。

No.5 の解説　政策過程

→問題はP.173　**正答3**

1 ✕ **サイモンは「限定された合理性」を主張した。**

サイモンは，人間の認識能力には限界がある（「限定された合理性」）と考え，効用の最大化をめざすべきだとする「最大化モデル」を批判した。そして，十分に満足する水準の充足をめざすことが現実には望ましいとして，「満足化モデル」を提唱した。なお，「訓練された無能力」とは，マートンが官僚制の逆機能として指摘したものである。

2 ✕ **リンドブロムは多元的相互調節の理論を提唱した。**

リンドブロムは，個々の政策立案者たちが自己の利益のみを考慮して政策過程に参画すれば，相互調節を通じて公共の利益が実現すると考えた。これを多元的相互調節の理論という。なお，唱道連携フレームワークとは，信念体系を共有するアクターが「唱道連合」を形成し，さまざまな唱道連合が議論を重ねることで長期的な政策変容がもたらされると見る分析枠組みのことである。サバティアとジェンキンスミスがこれを主張した。

3 ◎ **キングダンは「政策の窓」が開かれて政策決定に至ると主張した。**

正しい。**キングダンは，問題の認識にかかわる「問題の流れ」，政策案の有無にかかわる「政策の流れ」，政治状況にかかわる「政治の流れ」という3つの流れが合流したときに「政策の窓」が開かれて政策決定に至る**と主張した。

4 ✕ **「ごみ缶モデル」は，政策決定が偶発的に行われることを指摘した。**

マーチらの提唱した「ごみ缶モデル」では，政策の選択機会がごみ缶にたとえられ，その中に投げ込まれた多種多様な課題，解決策，参加者など（＝ごみ）が偶発的に結びつくことで，政策決定が行われるとされた。

5 ✕ **稟議制はわが国に特有であり，末端職員が起案文書を作成する。**

辻清明は，稟議制の特徴として，末端職員が起案文書を作成すること，文書が順次回覧され個別に審議されることなどを挙げ，その非効率性を指摘した。また，稟議制はわが国に特有の意思決定方式であり，欧米では見られないとした。

第3章　行政の活動と統制

** 政策過程の理論に関する次の記述のうち，最も妥当なのはどれか。

【国家一般職・令和５年度】

1 J.キングダンは，課題設定に関して政策の窓モデルを提唱した。このモデルでは，まず，特定の問題に注目が集まるという問題の流れが生じ，その流れに影響され，次に問題への対策を検討するという政策の流れが生じるとされた。そして，この２つの流れの合流によって世論の動向が変化し，政治の流れが生じるとした。

2 G.アリソンは，1962年のキューバ・ミサイル危機における政策決定過程を３つのモデルで分析した。そのうちの一つの組織過程モデルとは，従来の外交政策決定過程分析で用いられてきた伝統的なモデルであり，政府を単一の組織体としたうえで，政府は組織の標準作業手続に基づいて行動するとみなすものである。

3 J.マイヤーとB.ローワンは，非公式の制度が制度選択に及ぼす影響を分析し，制度的同型化の概念を提示した。彼らは，組織を取り巻く技術的環境に対応するために制度的同型化が生じるとし，制度的同型化の類型として，自発的同型化，模倣的同型化，規範的同型化という３つを示した。

4 P.ホールは，長期の政策過程を分析する枠組みとして唱道連携フレームワークを提唱した。このフレームワークでは，特定の政策領域において，政治家や官僚といった公的アクターが利益のみによって結び付いた唱道連携グループが形成され，政策が形成あるいは変更されるとしている。

5 P.バカラックとM.バラッツは，政策決定過程における課題設定に関して非決定権力という概念を提唱した。彼らによると，非決定権力は，争点化されると自らにとって不利な政策決定が行われるようなものについて，政府が取り組むべき課題として争点化させないようにする権力とされる。

** 政策立案に関する次の記述のうち，妥当なのはどれか。

【国家一般職・平成16年度】

1 政府が行う統計調査には，業務が適切に遂行されているかを点検し確認する成績評価情報として用いられる業務統計と，注意を振り向けるべき問題の所在を探知するための注意喚起情報として用いられる調査統計とがある。わが国の国勢調査は業務統計の代表例である。

2 わが国では，政府は政策立案を行う際に，民間シンクタンクや外郭団体の調査研究機関に調査研究を委託し，課題解決情報を十分に蓄積したうえで方針を成案し，これを関係府省幹部で構成される審議会で調整することを通じて，政府内の合意形成を図るのが一般的である。

3 人々が政府に充足を期待する行政需要は，階層・集団・個人ごとに多種多様

で，相互に矛盾対立したり，明確に定式化されず流動的であったりする。そのため，わが国では，政府は行政需要のうち計量的測定が可能なもののみを行政ニーズとして認定し，政策立案の対象とする。

4 予測の公表はしばしば人間の行動に影響を与える。特に，政府の経済計画で示される予測値は，政府保証を伴い，経済活動の指針として広く参照されるものなので，わが国では，計画策定に当たっては計画目標値と予測値を一致させることが義務づけられている。

5 行政需要の増大に対する政府の対応策としては，行政サービスの供給量を増大させるほか，行政需要そのものを制御することが考えられる。たとえば，廃棄物処理行政で，分別・リサイクルを徹底させることで回収・処理すべきごみを減量化するのは，後者の例である。

No.8 **わが国における政策立案・決定に関する次の記述のうち，妥当なのはどれか。**

【国家一般職・平成19年度】

1 わが国における政策の決定に当たり，官僚と政治家のどちらの役割が大きいかを巡って官僚優位論と政党優位論がある。自由民主党が長期にわたって安定的に政権を維持したことや，政府与党間折衝という政治慣行が存在したことは，政党優位論の論拠となる。

2 H.サイモンが提示した課題解決情報とは，業務が適切に遂行され，行政課題が解決されているかを点検し確認するための情報であるが，わが国におけるこれらの情報収集においては，通常の業務の記録から副次的に得られる業務統計を転用するケースが多く，独自の調査研究が新規に行われることはまれである。

3 わが国では，行政機関によってなんらかの対応を要する新しい課題の存在が認識された場合，学識経験者で構成された研究会が組織されることがあるが，中立性，客観性を担保するため，行政官は研究会での議論には公式にも非公式にも関与しないのが通例である。

4 行政需要は，顕在行政需要と潜在行政需要とに分けられる。顕在行政需要とは，陳情などによって行政機関がその存在を把握した需要であり，把握された時点で行政ニーズとして認知される。しかし，潜在行政需要は社会的にも存在が把握されていないものであるため，行政ニーズとして認知されることはない。

5 多くの国々の政府同様，わが国においても経済計画・国土計画といった総合計画を策定しており，これらの計画の策定段階にあっては，政策を実現するための資源が無限であるとの前提の下で，科学的合理性を最大限追求しながら策定されている。

【国家一般職・令和4年度】

1 政策実施に関する研究は1980年代後半に始まり，J.L.プレスマンとA.ウィルダフスキーの著書『実施』では，米国の州政府が独自に決定し実施した金融政策によって州の金融機関が倒産したことに注目し，州政府における政策の実施過程について分析を行った。

2 政策実施研究のボトムアップ・アプローチは中央政府の政策立案担当者に注目した研究であり，そこでは，政策決定と政策実施を区分したうえで，実施機関や利害関係者といった政策現場のアクターとの交渉による政策内容の変化を分析したものである。

3 教員や警察官といった政策の現場で一般市民と接する「第一線職員」は業務に関する専門知識に欠けるため，それらの第一線職員の業務の評価においては，事案の処理件数といった一定の評価基準を設定する方が望ましいことが第一線職員に関する研究では指摘されている。

4 C.フッドは，規制の違反者の類型化と違反者への対応戦略の類型化を行い，規制措置の実施を知らなかった，あるいは緊急事態等でルールを遵守できなかったという，故意のない違反者に対しては，政府が不利益処分などをする「制裁」という手段よりも，政府が当該規制に関する情報を与える「周知」という手段のほうが，違反の抑止に有効であることを指摘している。

5 行政指導は行政機関が強制力を伴わない形で事業者や住民を説得する手段であるが，行政手続法では行政指導が明確に定義されていないため，わが国の地方公共団体では行政指導は行われず，法に基づいた命令等によって不利益処分が行われてきたことが北村喜宣によって指摘されている。

実戦問題❷の解説

No.6 の解説　政策過程の理論
→問題はP.178 **正答5**

1 ✕ キングダンは問題・政策・政治の流れが合流して政策決定に至るとした。
　キングダンは，①特定の問題に注意が集まる「問題の流れ」，②問題への対策を検討するという「政策の流れ」，③世論，圧力団体や政党，政府などの動向としての「政治の流れ」，という3つの流れが合流することで，「政策の窓」が開かれ，政策決定に至るとした。

2 ✕ アリソンは伝統的な政策過程モデルを合理的行為者モデルとした。
　アリソンは，従来の外交政策決定過程分析で用いられてきた伝統的モデルを合理的行為者モデルと名づけた。合理的行為者モデルとは，政府を単一の組織体とみなし，国益を最大化するような合理的選択を行っていると想定するモデルである。これに対して，組織過程モデルとは，政府を複数の組織の集合体とみなし，各組織は独自の標準作業手続に基づいて行動すると想定するモデルである。

3 ✕ 制度的同型化の概念を提唱したのはディマジオとパウエルである。
　ディマジオとパウエルは，異なる技術的環境に置かれた組織が，しばしば同様の組織形態をとっているという現象に注目した。そして，**社会の制度からの圧力によって組織の同型化が進むと指摘し，制度的同型化の概念を主張した**。したがって，「技術的環境に対応するため」に制度的同型化が生じるとしたわけではない。また，制度的同型化には，①法律などによる「**強制的同型化**」，②他の組織の模倣による「**模倣的同型化**」，③専門家集団の提言などによる「**規範的同型化**」という3つの類型があるとされている。したがって，「自発的同型化」は「強制的同型化」の誤りである。なお，マイヤーとローワンは，ディマジオとパウエルに大きな影響を与えた新制度派組織論の論者である。

4 ✕ 唱導連携フレームワークを提唱したのはサバティアである。
　サバティアは，**複数の唱導連携グループ（唱導連合）の間で論争と調停が行われることで，政策は形成されていくと主張した。これを唱導連携フレームワークという**。ここにいう唱導連携グループとは，特定の政策信条を共有する政治家や官僚，利益団体指導者，研究などが結びついて結成した集団であり，単に利益を通じて結びついた集団ではない。

5 ◎ バカラックとバラッツは非決定権力概念を提唱した。
　正しい。**バカラック（バクラック）とバラッツは，ある争点が政治的課題として顕在化することを抑えるような権力が存在すると指摘し，これを非決定権力と呼んだ**。

No.7 の解説　政策立案
→問題はP.178　**正答5**

1 ✕　わが国の国勢調査は，国民生活の現状を調査し，政策立案に役立てることを目的としている。したがって，国勢調査は，注意喚起情報として用いられる調査統計に該当する。

2 ✕　**審議会は各府省に附属する諮問機関であり，利害関係者，学識経験者，国民代表などがその委員に任命される。**関係府省幹部がこれを構成するわけではない。なお，政府が政策立案を行う際には，各府省が第1次案を作成し，これをもとに関係府省や与党との間で意見を調整し，さらに審議会に対する諮問等を行うなどして，政府内の合意形成を図るのが一般的である。

3 ✕　行政需要の中でも特に重要で，政府の対応が必要であると認められたものが，行政ニーズである。**行政ニーズ自体は計量的測定が可能とは限らない**が，行政ニーズを充足するためになんらかの事業計画を立てた場合には，これが可能になることもある。たとえば，「子供の健全な育成」という行政ニーズは，非行対策という事業計画を立てた場合に，「非行率の減少」として計測可能になる。

4 ✕　計画目標値と予測値を近づける努力が必要なことはいうまでもないが，実際にこれを実現することは難しく，わが国で両者を一致させることが義務づけられているという事実はない。なお，予測の公表が人々の行動に影響を与え，予測値を実現させてしまうことがあるが，そうした現象を，社会学者のマートンは「予言の自己成就」と呼んでいる。

5 ◎　正しい。**政府はしばしば行政需要の抑制を図る。**廃棄物処理行政を例にとれば，廃棄物処理施設を建設することは「行政サービスの供給量の増大」に該当し，分別・リサイクルを徹底させたり，廃棄物処理の手数料を引き上げたりしてごみを減量化することは「行政需要そのものの制御」に該当する。

No.8 の解説　日本の政策立案・決定
→問題はP.179　**正答1**

1 ◎　正しい。自由民主党が長期にわたって安定的に政権を維持したことで，官僚は自民党内閣から統制を受けることとなった。また，政府立法を成立させるためには，国会で過半数の議席を占める自民党と事前折衝を行わなければならず，官僚は自民党への譲歩を余儀なくされた。こうしたことから，**55年体制の下では政党優位の傾向が見られるようになったとの指摘がある。**

2 ✕　サイモンは，統計情報の利用のしかたに注目し，これを成績評価情報，注意喚起情報，課題解決情報の3つに分類した。このうち**成績評価情報とは，業務の遂行によって行政課題が解決されているか否かを点検するために用いられる情報である。また，注意喚起情報とは，問題の所在を明らかにするために用いられる情報であり，課題解決情報とは，課題の解決法を得るために用いられる情報である。**したがって，本肢で説明されている内容は，課題解決情報ではなく成績評価情報に関するものである。

3✕ 各省庁が組織する研究会には，学識経験者のほか，当該省庁の行政官も出席
する。研究会での議論の方向性は，議論に参加した行政官を通じて省庁の意
思決定に反映されることも多く，その意味において，研究会はしばしば無視
できない影響力を持つ。

4✕ 「行政需要」とは行政活動に対する民衆の期待のことであり，これが政府に
よって対応を要する課題であると認定されたとき，「行政ニーズ」と呼ばれ
るようになる。したがって，政府が行政需要の存在を明確に把握したとして
も，それだけでは行政ニーズとして認められるわけではない。また，潜在行
政需要の中には，統計調査等を通じて把握され，行政ニーズとして認知され
るようになるものもある。

5✕ 幅広い視野を持って多くの政策を組み合わせた中長期的計画を，総合計画と
いう。**総合計画の策定段階にあっては，政策を実現するための資源（情報や
資金など）が有限であるとの前提の下で，実現可能性を考慮しながら策定さ
れている。**

No.9 の解説　政策実施　　　　　　　　　　→問題はP.180　正答**4**

1✕ **『実施』では米国の連邦政府における政策の実施過程が分析された。**
プレスマンとウィルダフスキーの著書『実施』では，米国の連邦政府が決定
し実施した経済開発政策（＝マイノリティ集団の雇用機会の増加）について
分析が加えられた。そして，同政策の実施過程においてさまざまな力が働い
たことにより，所期の効果が得られなかったという事実が指摘された。

2✕ **ボトムアップ・アプローチでは政策決定と政策実施が区別されない。**
政策実施研究のボトムアップ・アプローチは，現場の政策実施担当者に注目
した研究である。そこでは政策決定と政策実施を区別せず，**政策実施担当者
が裁量権をもって政策の形成と実施を連続的に行っているとされる。**

3✕ **第一線職員を一定の評価基準で評価することは，必ずしも好ましくない。**
第一線職員（ストリートレベルの行政職員）は，しばしば専門知識をもって
業務に当たっている。また，第一線職員を事案の処理件数で評価した場合，
国民にとって好ましくない結果が生じうる。たとえば，外勤警察官（お巡り
さん）を交通違反の摘発件数で評価した場合，評価対象とはならない交通違
反の防止にはあまり力を入れなくなると考えられる。

4◎ **フッドは規制の違反者と違反者への対応戦略を類型化した。**
正しい。**フッドは，規制の違反者と違反者への対応戦略を類型化し，どのよ
うな違反者にはどのような対応戦略が有効であるかを示した。**たとえば，故
意のない違反者には周知，利己的な違反者には制裁が有効であるとされる。

5✕ **行政指導は行政手続法に基づき実施されている。**
行政指導は，行政手続法（1993年成立）を根拠として実施されている。
また，**行政指導は地方公共団体でも行われており，**行政手続条例を制定して
行政指導に関する規定を設けている地方公共団体も多い。

必修問題

政策実施に関する次の記述のうち，妥当なのはどれか。

【国家一般職・平成14年度】

1 アメリカ合衆国の**政策実施論**は，連邦政府の補助事業において，地方政府レベルの実施段階で，当初の政策目的とは別の結果を生むことに注目した理論から出発した。しかし，中央集権の伝統が強かったわが国では，地方政府レベルの実施が中央政府の政策意図に変容を与えることはなかった。

2 規制を行う行政機関と規制を受ける業界団体とが，密接な連絡関係のうえに立って政策形成を行う場合，そうして形成された政策の実施は能率的になり，業界団体のメンバー間の公平が確保される。しかも，その業界へ新規参入を希望する者に対しても不公平にはならない。

3 かつてわが国では，規制を実施する際には，許認可と並んで，あるいはそれ以上に，**行政指導**が重要な手段として用いられてきた。しかし，平成5年に公布された行政手続法により，規制行政の手続きとしての行政指導が全面的に禁止されたため，許認可の件数は増加した。

4 **第一線職員**の行動様式と，これら職員を監督する第一線監督者の働きは，行政内容を決定づけるうえで極めて重要である。ある交通違反者を違反とするかどうかや，福祉の受給資格の解釈や適用については，第一線職員の判断によるものであるが，その判断には裁量の余地がない。

5 公共サービスの提供主体は，国や地方公共団体だけに限られない。たとえば，警察機能の一部は，警備会社によっても提供されるようになってきた。老人介護の領域では，国，地方公共団体，福祉団体，病院，地域ボランティア，家庭等による多様な協力が行われるようになってきた。

難易度　＊

必修問題の解説

　本問は政策実施に関する基本問題である。政策実施の出題は極めて珍しいが，行政指導が行政手続法に根拠を持つこと（**3**），第一線職員が大きな裁量を持つこと（**4**）は，他テーマでもたびたび出題されている重要知識である。また，地方から中央へのフィードバックがあること（**1**），なれ合いの規制により既得権益が守ら

れること（**2**），官民協働が進められていること（**5**）は，なかば常識でも判断できる内容である。落ち着いて問題文をよく読み返してみよう。

1 ✕ 地方政府の実施が中央政府の政策意図を変容させることもある。

わが国においても，地方政府レベルの実施が中央政府にフィードバックされ，政策意図を変容させるケースが見られる。たとえば，サービス受給者に応益負担を求める政策意図から，障害者自立支援法では1割の自己負担制が導入されていた。しかし，政策実施の段階で地方自治体が低所得者向けの負担軽減措置を導入し，実質的には応能負担の形となったことなどから，まもなく法改正が行われ，法律上も応能負担が原則化されるに至った。

2 ✕ 規制機関と被規制団体の接近は不公平を固定化し，新規参入を阻害する。

規制を行う行政機関と規制を受ける業界団体とが，密接な連絡関係のうえに立って政策形成を行う場合，規制を通じて業界団体の既得権益が守られやすくなる。その結果，業界団体のメンバー間で不平等が固定化されたり，新規参入が阻害されたりすることが懸念される。

3 ✕ 行政指導は行政手続法に根拠を持って行われている。

従来，行政指導は法的根拠を持たないまま，事実上の大きな影響力を行使してきた。しかし，2003年に制定された行政手続法により，行政指導は法的根拠を与えられ，その一般原則や方式なども定められた。

4 ✕ 第一線職員は大きな裁量を持って活動する。

第一線職員（ストリート・レベルの行政職員）は，複雑な現実に直面しながら，さまざまな職務をこなしていかなければならない。そのため，法適用の裁量とエネルギー振分けの裁量という2つの裁量を持ちつつ，柔軟に活動を展開することが認められている。

5 ◎ 近年では官民協働が進んでいる。

正しい。**近年では官民協働が進んでおり，国，地方公共団体，企業，NPO（民間非営利団体），外郭団体などのさまざまな主体が協力しつつ，公共サービスを提供している。**こうした水平的な協力関係は一般に「**ガバナンス**」と呼ばれており，国や地方公共団体が優越した立場から統治を行う「**ガバメント**」と対比される。

正答 **5**

FOCUS

行政活動に関する問題では，いかに抽象的な言葉で記述がなされているとしても，その背後には具体的な行政活動が見え隠れしている。そうした具体例を取り出せるかどうかによって，問題の出来具合は決まってくる。日頃から多くの行政分野に関心を持つようにしよう。

第3章 行政の活動と統制

重要ポイント 1 ▶ 社会環境の変化と行政活動

社会環境が変化すると，国民の間では変化への対応を求める声が強まり，**行政需要**が発生する。そして，その中でも特に重要なものは**行政ニーズ**と認定され，それを充足するために行政活動が展開される。また，社会環境の変化が統計調査等を通じて行政の知るところとなり，それが直接に行政活動を生む場合も多い。

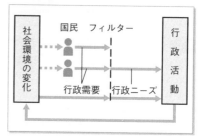

重要ポイント 2 ▶ 法治行政

行政活動は法律に基づいて行われ，法律に拘束される。こうした統治のあり方を法治行政という。法治行政の原理は，君主による統治権の濫用を防ぐものとして，近代初期のヨーロッパで誕生した。

（1）法治行政の原理

法治行政は，以下の3つの原理によって支えられている。

法治行政	**①法律の優位**	行政は議会の制定法を遵守しなければならない。
	②侵害留保の原則	**義務の付加や権利の制限には法律の根拠を必要とする。**
	③法律による裁判	行政活動の適法性は独立した裁判所が判断する。

（2）命令と行政規則

法律の執行に際して，行政府は命令や行政規則を制定するが，法治行政の原理からして，そのいずれについても法律の統制が及ぶ。

①命令

命令に該当するのは，内閣の政令，内閣総理大臣の内閣府令，各省大臣の省令などである。法律の委任に基づき制定される委任命令と，法律を執行するための細則を定める執行命令に分類される。いずれも国民の権利・義務を拘束しうる。

②行政規則

行政規則に該当するのは，通達・通知・要綱・要領などである。まとめて通達と称されることもある。中央省庁が管轄下の諸機関・諸団体に送達するもので，内部規範にとどまるため，**国民を拘束する外部効果を持たない。**

（3）法治行政の限界

近年では，**法治行政の限界**があらわとなっている。

重要ポイント❸ 規制行政

規制行政とは，国民に義務を課し国民の権利を制限する行政活動のことである。

（1）規制法令の公布

規制活動を行うに先立ち，行政機関はその根拠となる法令を国民に公示しておかなければならない。公示されるのは，「だれが（所管官庁），だれに（規制対象集団），何を（規制対象行為），どのように（適用手続き），命令・禁止・許可するのか」という諸点である。また，それと同時に，違反者に加えられる制裁措置の内容と手続きも公示される。ただし，法令の内容があまり明確に示されると，法の抜け穴を突く者も現れてくるため，**公示にはある程度の曖昧さも必要とされる。**

（2）規制法令の執行

規制法令は，さまざまな方法をもって執行されるが，その効果は千差万別である。西尾勝は，各種の執行方法が多様な違反者に対してどのような効果を持つかについて検討を加え，次のような表を提示している。

		行政機関・行政職員の執行方法			
		柔軟な対応	強硬な対応		柔軟な対応
		①周知戦略	②制止戦略	③制裁戦略	④適応戦略
違反者の類型	①不知・不能者	効果あり	効果あり	直接の効果なし	効果なし
	②利己的行動者	効果なし	効果あり	効果あり	逆効果の余地あり
	③－1 異議申立て者	効果なし	逆効果の余地あり	逆効果の余地あり	効果あり
	③－2 反抗者	効果なし	効果あり	逆効果の余地あり	行政側の屈服

[注1] 周知戦略＝規制法令のPR，制止戦略＝物理的装置（自動料金徴収装置など）の設置，制裁戦略＝制裁の発動，適応戦略＝制裁措置の適用除外や見直しなど
[注2] 不知・不能者＝制裁法令への無知・やむをえない理由による違反者，利己的行動者＝損得計算に基づく違反者，異議申立て者＝当該措置への異議提出者，反抗者＝権威そのものへの反感による違反者

規制法令を執行するに当たっては，**活動に必要な費用を考慮しつつ，一定の目標水準を達成していかなければならない。**たとえば，車のあまり通らない農道でまで駐車違反を厳しく取り締まる必要はなく，同じ費用をかけるならば，都心部における取締りを優先させることが求められる。ただし，能率と有効性のバランスの取り方は，部局によってその判断が異なりやすく，規制活動の担当部署は何よりも有効性を重視する傾向にあるのに対して，人事や予算の担当部署は能率を重視する傾向にある。

行政国家化の進んだ今日では，政府によるサービス提供活動が活発に展開されている。

（1）官民の役割分担

サービス提供活動を官民のいずれが行うべきかについては，絶対的な答えはない。たとえば，イギリスやわが国では，電力・ガス事業が国営化と民営化を繰り返してきたし，フランスでは徴税業務が民間に委託されていたことすらある。しかし，そのおおまかな基準を想定することは可能である。西尾勝は，業務の不確実性および民間専門業者の数を基準として，サービス提供活動を次のように分類した（一部省略）。

		本来的に少ない ← 民間専門業者の数 → 潜在的に多い	
高い ↑ 不確実性 ↓ 低い	外交・国防		
	警察・消防	刑務	計画構想の立案
	防災・救助	薬品安全検査	電算システム設計
		食品衛生検査	福祉施設の運営
			廃棄物の処理
	上水道事業		
	下水道事業	都市交通事業	
	電力事業	郵便事業	建設工事
	ガス事業	造幣事業	文書の印刷

不確実性＝いつ，どこで，どのような事態が起こるかを予測できない可能性。
民間専門業者数＝業務を遂行しうる業者の数。これが少なければ談合が生じ，自由競争のメリットが得られにくくなる。

政府が自ら行うにふさわしい業務は，不確実性が高く，民間専門業者の数も限られているものである。逆に，不確実性が低く，民間専門業者の数も多い業務については，民間に任せることが十分にふさわしい。ただし，政府内に専門家が存在しないような状況においては，当然，当該業務は民間に委託されざるをえない。

（2）選択の自由

政府がサービス提供活動を行った場合，民間専門業者の参入を阻み，独占状況を作り出してしまうことがある。フリードマンらはこうした状況を厳しく批判し，国民の選択の自由を保障するためのプランをいくつか提案した。

クーポン券方式	政府は顧客（生活保護者など）にクーポン券（引換券）を発行し，公私いずれの供給主体からサービスを購入してもよいこととする。
負の所得税	一定の所得水準に達しない者に対して，その不足額に応じた現金を給付し，好きなサービスを好きなところで購入できるようにする。

ただし，こうした提案には批判も寄せられており，必ずしも実現するには至っていない。

実戦問題

No.1 いわゆる規制行政活動に関する次の記述のうち，妥当なのはどれか。

【国家一般職・平成11年度】

1 規制行政活動では，違反者をすべて取り締まることは，予算額・職員数に限りがあるため，実際には困難である。むしろ重要になってくるのは，どの程度の予算額・職員数を割り当てるかである。これが，実際の取締活動体制の整備水準を大きく左右するからである。

2 規制行政活動を円滑に行うためには，適切な法制度を設計することが重要になる。したがって，規制行政活動にかかわる行政職員の労力は，法制度・基準の立案・設計に向けられる。実際の取締活動は，行政職員の役割ではない。

3 規制行政活動では，公平性の観点から，行政職員による裁量的な判断は厳格に戒められている。したがって，取締活動の局面において，法令の機械的適用が不適切であると判断されるときでも，違反行為を例外的に黙認することはない。これを，「悪法も法」の原則という。

4 規制行政活動は，「夜警国家」とも呼ばれる警察国家に特徴的な行政活動である。これに対して，国民の自由と権利を尊重する現代国家では，規制行政活動はほとんど見られない。さらに，近年では，規制緩和・自由化の世界的潮流が生じており，規制行政活動は皆無に近づきつつある。

5 規制行政活動においては，相手方の任意の同意を要する行政指導は利用されなかった。しかしながら，柔軟，透明な行政手法として，行政指導は近年では高く評価され，規制行政活動へ行政指導を活用しようとする方向が，行政改革会議で打ち出された。

第3章

行政の活動と統制

189

規制行政に関する次の記述のうち，妥当なのはどれか。

【地方上級（全国型）・平成 6 年度】

1 規制の網目をくぐり抜けることを得策と考えて，さまざまな利己的行動を行う違反者に対しては，規制および違反の内容の周知徹底を図ることや違反者に対する個別の説明によってその発生を防ぐことが適切である。

2 規制措置の違法・不当を確信し，その確信に基づいてあえて違反する者に対して，障害物を設置するなどの物理的な装置を設置して違反行為の発生を抑止しようとするような強硬な制止行動に出ることは，むしろ逆効果をもたらす可能性がある。

3 取締活動方法の選択に当たり，目的の達成・維持を最優先する考えと，執行活動に要する費用が取締効果を超えない範囲で執行を優先する考えがあるが，ある一定以上の遵法水準を確保することが最重要である場合，後者によるべきである。

4 取締活動から生まれる便益には，違反行為の摘発・処罰から生ずる直接的効果と，取締活動により違反行為の発生が抑止されるという間接的効果があるが，予算査定部局は正確な推定が容易である間接的効果のほうを重視する傾向がある。

5 政策の選択において，目標と費用のどちらをより重視するかに関し，行政活動の担当部局は費用を重視して政策を評価する傾向があるのに対して，資源の配分に責任を負っている人事部局などは，目標達成を重視して政策を評価する傾向がある。

アメリカ人研究者のチャーマーズ＝ジョンソンが，『通産省と日本の奇跡』において主張した見解として，妥当なのは次のうちどれか。

【市役所・平成11年度】

1 西ドイツの奇跡が主に法制官僚によって主導されたのとは対照的に，通商産業省など日本の経済官庁では，経済学部出身者が主流を形成し，いち早くケインジアン的手法の導入に成功した。

2 第二次世界大戦後，敗戦国の日本と西ドイツが奇跡的な経済発展を遂げたのは，両国とも戦後直ちに傾斜生産方式を導入し，日本では自動車産業に財政投融資を集中する通商産業省の行政運営が成果を挙げたからであった。

3 戦時および占領下の統制経済の中で育成・継承されてきた通商産業省等の経済官僚が，産業政策を樹立し，政府の先行的施策の積極的担い手となって，日本経済の奇跡的発展を導いた。

4 占領軍の指令によって創設された商工省が，サンフランシスコ講和会議後，通商産業省に脱皮する過程で，中小企業の生産性向上に成功したのが，日本経済の

奇跡的発展を導いた。

5 朝鮮戦争の勃発によってアメリカの対日援助が急減した状況に対応して，輸出に頼らない内需中心の経済発展を設計したのが，通商産業省主導の奇跡的な経済発展の主因である。

No.4 わが国の警察行政に関する次の記述のうち，妥当なのはどれか。

【国家総合職・平成15年度】

1 戦後改革の一環として，昭和22年（1947年）の警察法制定により，東京都を除いて，市町村単位ごとに警察を設置することが原則とされた。ただし，各地域の実情にきめ細かく配慮するため，実際に市町村警察を設置するかどうかは，市町村が独自に決定することとされた。昭和24年（1949年）までに，東京都以外の全市町村で市町村警察が設置された。

2 戦後改革で導入された市町村警察は，財政基盤のぜい弱な市町村には大きな負担であった。そのため，昭和29年（1954年）の警察法では，各道府県民の住民投票により，市町村警察を廃止して道府県警察本部を設置できることとされた。これを受けて，すべての道府県で住民投票が実施されて，市町村警察は廃止された。

3 警察組織は，その職務の性質から，階級社会になりうるといわれる。そのため，わが国では，かつて存在していた階級制度は現在では廃止されている。そこで，警察職員については，職務の責任と性格を明確にした職階制が，職階法に基づき適用されている。なお，一般の行政職員については，職階制は適用されていない。

4 平成12年（2000年）に実施された地方分権改革によって，警察行政の分野も改革された。改革以前には，都道府県警察の長の任命は国家公安委員会の承認が必要であったが，改革以後はそれは不要になった。そのため，都道府県警察の長は，都道府県議会の同意を得て選任された都道府県公安委員会の委員の中から，知事が任命することとなった。

5 交番・駐在所などに勤務している地域警察官（外勤警察官）は，種々雑多な業務の遂行を期待されているため，限られた時間とエネルギーをどの業務に重点的に配分するかを，自らの裁量によって決めなければならない立場に置かれている。これは，M.リプスキーのいう「ストリート・レベルの行政職員」が直面するジレンマの一つの典型である。

実 戦 問 題 の 解 説

→問題はP.189 **正答 1**

No.1 の解説 規制行政活動

1 ◎ 違反者すべての取締りは実際には困難である。
　正しい。**規制行政活動においては，違反者をすべて取り締まることは困難で
あるため，費用対効果を考えながら予算額・職員数を決定しなければならな
い。**そこで，取締りのコストがかかりすぎる場合には，軽微な違反者を見逃
すケースも生じてくる。

2 ✕ 行政職員は実際の取締り活動にも従事している。
　規制行政活動に関わる行政職員の中には，法制度・基準に立案・設計にかか
わる者もいれば，実際の取締活動に従事する者もいる。たとえば，税関職員
は輸出入に関する取締りを行っているし，市町村職員の中には放置自転車や
タバコのポイ捨てなどの取締活動に駆り出される者もいる。

3 ✕ 規制行政活動の現場では裁量的判断が行われている。
　国民の理解と支持を得ない規制行政活動は，所期の目的を有効に達成するこ
とができない。したがって，法令の機械的適用が不適切であると判断される
場合には，違反行為を例外的に黙認するケースも生じてくる。

4 ✕ 規制行政活動は現代国家に特徴的な行政活動である。
　規制行政活動は，国民生活を守るために国家の活動が積極化した「現代国
家」において，特徴的に見られる行政活動である。また，近年では，規制緩
和・自由化の世界的潮流が生じているが，それでもなお，最低限度の国民生
活を守るための規制や自由競争を維持するための規制は，加えられ続けてい
る。なお，本肢では夜警国家と警察国家を同一視しているが，前者は近代自
由主義国家，後者は絶対主義国家をさしており，異なるものである。

5 ✕ わが国では以前から行政指導が多用されてきた。
　行政官庁による指導は，本来，相手方の任意の同意に基づいてのみ効果を発
揮するはずであるが，わが国では，これが事実上の強制措置として，長年に
わたり利用されてきた。しかし，その不透明さが行政改革会議などで批判さ
れ，さらに行政手続法が施行されるようになったことから，**現在では行政指
導の手続きの明確化が図られている。**

No.2 の解説　規制行政　　　　　　　　　　→問題はP.190　**正答2**

1 ✕　利己的な違反者は，規制および違反の内容を詳しく知れば，それを逆手に取って規制を逃れようとする（例：駐車違反取締りの巡回路を事前に知ることができれば，それ以外の場所に違法駐車をしようとする）。また，個別の説明が加えられても，違反することで利益が得られるならば，違反行為がやむわけではない。

2 ◎　正しい。**確信に基づいてあえて違反する者については，強硬な制止戦略によってこれを阻止しようとしても，それがさらに違反行為を誘発してしまうおそれがある。** この場合，強硬な制止行動は逆効果を生むことになる。

3 ✕　ある一定以上の遵法（＝法を守ること）水準を確保しようとした場合には，たとえ費用がいくらかかろうとも，規制活動を厳格に実施しなければならない（例：スピード違反車両の台数を一定水準以下に抑えるために，費用は度外視してでも全国でくまなく取締活動を継続する）。したがって，これは「目的の達成・維持を最優先する考え」と結びつく。

4 ✕　予算査定部局は，正確な推定が比較的容易である直接的効果のほうを重視する傾向にある。間接的効果の推定は，実際には起こらなかったことを想定しようとするもので，困難である（例：取締り強化の事実を知って違法駐車を避けたドライバー数は，正確には把握できない）。

5 ✕　行政活動の担当部局は，実際に行政活動を担う立場からして，目標達成を重視する傾向がある。一方，資源の配分に責任を負っている人事部局などは，資源の適正配分を考慮して，費用を重視する傾向がある。

第3章

行政の活動と統制

1✕　ジョンソンによれば，わが国の戦後復興とそれに続く高度経済成長を導いたのは，経済官庁による国家主導型の産業政策であった。特に通商産業省は，許認可権の行使や行政指導などを通じて産業政策を戦略的に推進し，特定産業の育成に成功したとされる。

2✕　わが国の場合，終戦直後の傾斜生産方式では，主に石炭と鉄鋼の増産に力が注がれた。これは，日本経済の生産性を高めるうえで，原燃料や基礎的資材が必要とされたためであった。これに対して，自動車産業が戦略産業と位置づけられ，保護・育成の基本方針がとられるようになったのは，1950年代に入ってからのことであった。

3◎　正しい。ジョンソンは，**通商産業省等の経済官僚が戦略的に産業政策を実施することで，日本の経済発展を導いた**と主張した。そして，**わが国のように国家主導型の産業政策をとる国家を「発展指向型国家」と位置づけ，これをアメリカなどの「規制国家」（＝政府が市場経済を法的に規制する国家）と対比した。**

4✕　ジョンソンによれば，日本経済の奇跡的発展は，経済官僚が産業政策を通じて大企業を主導することによって成し遂げられたものである。なお，商工省に関する記述にも誤りがある。商工省は1925年（大正14年）に誕生しており，占領軍の指示で創設されたわけではない。また，サンフランシスコ講和会議でわが国が独立を回復する前に，商工省は通商産業省へと再編されている（現在は経済産業省）。

5✕　日本経済の奇跡的発展は，終戦直後から傾斜生産方式などを通じて準備がなされていた。また，その発展は輸出によって大きく支えられたものであり，内需のみに依存していたわけではない。なお，朝鮮戦争はわが国の戦後復興に大きく寄与したが，それはいわゆる国連軍として朝鮮半島に出兵したアメリカ軍が，わが国で大量の物資を調達したためであった。

1✕　終戦直後の社会的混乱が収束してきたことを受けて，昭和22年（1947年）には（旧）警察法が制定され，従来の警察制度が大幅に改革されることとなった。その主な内容は，①市町村警察の設置（警察の地方分権化），②市民代表が警察活動の監督に当たる公安委員会制度の創設（警察の民主化），③警察による権能の濫用の防止（警察の責務の限定），というものであった。このうち「地方分権化」について見ると，**東京都を除き，原則として各市町村に警察を設置するものとされたが，人口5,000人未満の町村（主として村落部）に限っては市町村警察を置かず，国家機関である国家地方警察が各都道府県の公安委員会の管理下で活動するものとされた。**なお，東京には首都警察としての警視庁が置かれた。

2 ✕ 戦後改革で導入された市町村警察は，①集団的・広域的な犯罪への対処の困難化，②小規模自治体の重い財政負担，③自治体警察と国家地方警察の競合・重複による非合理性，などの問題を抱えていた。特に財政負担の問題は深刻で，これに耐えられない多くの市町村は自治体警察を返上し，国家地方警察の管轄下に置かれることを選ばざるをえなかった。こうした状況を受けて，昭和29年（1954年）に制定された**（新）警察法では，警察組織の構成単位を都道府県とすることが定められ，大都市の警察事務も都道府県警察で一元的に処理されることとなった。**

3 ✕ 警察組織は，その職務の特殊性から現在でも階級制をとっており，警視総監，警視監，警視長，警視正，警視，警部，警部補，巡査部長，巡査という9つの階級が設けられている。また，警察職員については，一般の行政職員と同じく，職階制は適用されていない。なお，職階制とは，「官職を，職務の種類および複雑と責任の度に応じて分類整理する計画」のことであり，職階制が実施された場合，職員の昇進や給与もこれに依拠して決定される。わが国では，国家公務員法および職階法でその導入がうたわれていたが，一度も実施されないまま，平成21年（2009年）には公式に廃止された。

4 ✕ **警視正以上の階級の警察官は国家公務員，警視以下の階級の警察官は地方公務員とされているが，**都道府県警察の長（警視庁は警視総監，道府県警察は警察本部長）は警視総監ないし警視監・警視長の階級にあるため，国家公務員に該当する。したがって，知事がその任命権を持つことはなく，国家公安委員会が警察官の中からこれを任免するものとされている。なお，任免に際しては，都道府県公安委員会の同意が必要とされており，特に警視総監の場合には，内閣総理大臣の承認も必要とされている。

5 ◎ 正しい。**地域警察官（外勤警察官）は，上司の濃密な監督から離れ，幅広い裁量権を持って現場で活動する行政職員であり，「ストリート・レベルの行政職員」の代表例とされている。**一般にストリート・レベルの行政職員は，法適用の裁量とエネルギー振分けの裁量という2種類の裁量を働かせているが，特に後者はこのタイプの行政職員に特徴的である。

必修問題

行政責任に関する記述として，妥当なのはどれか。

【地方上級（特別区）・令和4年度】

1 **足立忠夫**は，本人と代理人の責任関係について4つの局面に分けて整理し，このうち**任務的責任**は，仕事を任された代理人が任務の遂行に関して本人の指示に従い，その指示どおりに任務を果たさなければならないというものである。

2 **フリードリッヒ**は，「責任ある行政官とは，技術的知識と民衆感情という2つの有力な要素に応答的な行政官である」とし，民衆感情に対応して**機能的責任**を設定した。

3 **ファイナー**は，責任を2種類に分け，一方を「**XはYの事項に関してZに対して説明・弁明しうる**」という公式が成り立つ責任とし，もう一方を「道徳的義務への内在的・個人的感覚」とした。

4 ファイナーは，民主政における行政責任は内在的責任でなければならず，フリードリッヒの提唱する行政責任は外在的責任であり，役人の独断の増大を招くとした。

5 行政職員への多様な内在的統制が相互に矛盾，対立し，いずれの統制に応えて行動すべきかという問題を**行政責任のジレンマ**といい，外在的統制と内在的統制の間において，行政責任のジレンマは生じない。

難易度 ＊

必修問題の解説

　本問は，行政責任に関する基本問題である。ファイナー・フリードリッヒ論争については，両者の主張内容の入れ替え（**4**）や政治的責任と機能的責任の説明の入れ替え（**2**）が典型的なひっかけパターンなので，絶対に注意しよう。

1✕　「代理人は本人の指示どおりに行動すべし」とするのは応答的責任である。
　　　任務遂行の具体的な場面において，代理人は本人の指示に従って任務を果たすことが求められる。これを応答的責任という。これに対して，任務的責任とは，代理人が任務を引き受けた段階で生じるものであり，代理人は引き受けた任務を遂行しなければならないとする一般的な責任である。

2✕　民衆感情に対応する責任は政治的責任である。
　　　フリードリッヒは，民衆感情に対応する責任を政治的責任，技術的知識に対応する責任を機能的責任と呼んだ。そして，現代の行政官はこの2つの責任が求められていると主張した。

3◎　ファイナーは説明責任と内在的責任を区別した。
　　　正しい。**ファイナーは，①「ＸはＹの事項に関してＺに説明・弁明しうる」という公式が成り立つ責任（＝外在的責任／説明責任）と，②「道徳義務への内在的・個人的感覚」としての責任（＝内在的責任）とを対した。**

4✕　ファイナーが重視したのは外在的責任である。
　　　ファイナーは，行政官は議会という外部の存在に対して説明責任を果たすべきであるとして，外在的責任を重視した。その一方で，ファイナーはフリードリッヒの責任観を内在的責任と呼び，フリードリッヒは民衆感情や技術的標準に対応しようとする行政官の心情に期待しているにすぎないとした。

5✕　行政責任のジレンマは外在的統制と内在的統制の間でも生じうる。
　　　行政責任のジレンマは，さまざまな行政責任の間で生じうる。たとえば，職場の上司が原発推進を指示し，現地住民が原発反対を陳情しているとき，担当の行政官は内在的統制と外在的統制の板挟みとなり，行政責任のジレンマに陥ってしまう。

正答 **3**

FOCUS

　行政責任については，ファイナー・フリードリッヒ論争が最も問われやすい。しかし，近年では説明責任（アカウンタビリティ）や行政責任のジレンマなどの用語が問われるケースも増えているので，これらの意味はよく確認しておこう。

重要ポイント 1 行政責任論

「責任ある行政」が重要なのはいうまでもない。しかし，行政の果たすべき責任とはいかなるもので，だれに対するものなのかについては，さまざまな見解がある。

(1) フリードリッヒ

フリードリッヒは，行政国家化が進んだ現状を強く認識したうえで，**議会による行政統制は十分に機能しえない**と考えた。そして，新たに**政治的責任および機能的責任という2つの責任概念を提示した。**

政治的責任	行政官は民衆の感情に応答して行動しなければならない。
機能的責任	行政官は科学的・技術的標準に応答して行動しなければならない。

(2) ファイナー

ファイナーは，責任の本質を説明可能性（アカウンタビリティ）に求め，**責任とは「XがYについてZに対して説明できること」にほかならない**と定義づけた。そ

のうえで，ファイナーは**伝統的な議会による行政統制を擁護し，**行政活動においては，X＝行政，Y＝任務，Z＝議会となるべきであると主張した。

ファイナーにとって，議会への責任を軽視したフリードリッヒの学説は，否定されるべきものであった。実際，ファイナーはフリードリッヒの学説を，**行政官の道徳心に期待する内在的（＝自律的）責任論**にすぎないとして批判し，これが独裁制につながりかねない点を指摘した。これに対してフリードリッヒは，**無責任な行政官には「科学の仲間」ともいうべき専門家仲間や外部の科学的集団から批判が加えられるため，行政責任は客観的に保障されうる**と主張し，ファイナーに反論した。両者の論争は1930年代から40年代にかけて続き，決着がつかないまま立ち消えとなった。

(3) 足立忠夫

足立忠夫は，任務遂行のさまざまな局面に応じて発生する責任を類型化し，次のようにまとめた。このうち足立が特に重視したのは，応答的責任であった。

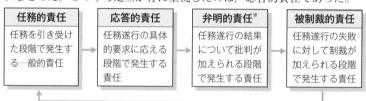

※一般にはアカウンタビリティないし説明責任（説明可能性）と呼ばれている。

実 戦 問 題 ❶　基本レベル

No.1　ファイナーの行政責任論に関する記述として，妥当なのはどれか。

【地方上級（特別区）・平成27年度】

1　ファイナーは，機能的責任とは，特定分野の技術的・科学的知識に関し，政策の適否を判断しうるような専門家仲間ないし科学的集団によるチェックをさすとした。

2　ファイナーは，政治的責任とは，転変する社会の新しい問題に的確に対応するために，民衆や議会に先んじて変化を予知し，政策をより有効なものに高めようとする公務員の責任であるとした。

3　ファイナーは，民主的政府における行政責任は，XはYの事項に関してZに対して説明・弁明しうるという公式が成り立ち，説明・弁明の相手方の内在性が不可欠の要件であるとした。

4　ファイナーは，民主的政府における行政責任は，議会に対する外在的な政治的責任でなければならず，道徳的義務への内在的・個人的感覚だけでは民主政は成り立たないとした。

5　ファイナーは，行政責任を確保する手段として，行政官の専門家としての責任感や職業倫理を信頼すべきか，一般国民や議員の良識を信頼すべきかというジレンマが存在するとする，フリードリッヒの理論に賛同した。

No.2　C.フリードリッヒの行政責任論に関する次の記述のうち，妥当なものはどれか。

【地方上級（全国型）・平成19年度】

1　フリードリッヒは，伝統的な議会による統制の重要性を指摘し，複雑化した現代行政においてはとりわけ立法を通じた行政統制が必要不可欠であると主張した。

2　フリードリッヒは，責任を「XがYについてZに説明できること」と定義し，行政官が国民に対して説明責任（アカウンタビリティ）を果たすべきであると主張した。

3　フリードリッヒは，シュタインの行政責任論を批判し，それは行政官の道徳心に期待する不確実なものであると主張した。

4　フリードリッヒは，現代の行政官には幅広い自由裁量が与えられているため，これに行政責任を問うことは意味がないと主張した。

5　フリードリッヒは，科学的・技術的標準に対応する機能的責任の重要性を指摘し，無責任な行政官には「科学の仲間」から批判が加えられると主張した。

◆◆ No.3 フリードリッヒの行政責任論に関する記述として，妥当なのはどれか。*

【地方上級（特別区）・平成30年度】

1 フリードリッヒは，行政責任を確保する統制の仕組みを，外在的か内在的かという軸と，制度的か非制度的かという軸との組合せに従って，4つに類型化した。

2 フリードリッヒは，外在的制度的責任を重視し，責任ある行政官とは，技術的知識と民衆感情という2つの有力な要素に応答的な行政官であるとして，ファイナーの行政責任論に反論した。

3 フリードリッヒは，「民主的政府における行政責任」という論文で，民主的政府における行政責任は，議会に対する外在的な政治的責任でなければならないとした。

4 フリードリッヒは，機能的責任とは，客観的に確立された技術的・科学的な標準に従って判断し行動する責任であり，政治的責任とは，市民感情に応答して判断し行動する責任であるとした。

5 フリードリッヒは，行政責任を2種類に分け，一方は「XはYの事項に関してZに対して説明・弁明しうる」という公式が成り立つ責任であり，もう一方は「道徳的義務への内在的・個人的感覚」であるとした。

No.4 行政学上の行政責任論に関する記述として，妥当なのはどれか。*

【地方上級（東京都）・平成17年度】

1 行政官の行政責任には，任務責任，服従責任および説明責任があり，任命権者から課される制裁に服する責任は含まれない。

2 行政官は法令・予算による規律，上司の指示・命令に忠実に応答すればよく，自発的，積極的な裁量行動までは行政責任に含まれない。

3 行政職員が組織する労働組合や職員団体は，行政活動に対して法制度上の統制権限を有していないため，これらの団体の要望や期待に応答することは行政責任に含まれない。

4 行政官の説明責任としては，国民の代表機関である議会に対して自己のとった行動について説明すれば足りるため，広く国民一般に理解を求めることまでは含まれない。

5 行政官が自己の良心に従って行動する責任を自律的責任といい，この責任は，私的利害と公共的責任とのジレンマ状況を克服する鍵となる。

No.5 **行政責任と行政統制に関する次の記述のうち，妥当なのはどれか。**

【国家一般職・平成13年度】

1 G.ギルバートは，統制主体が外在的か内在的か，統制が制度化されているかいないかによって，行政統制を4つに類型化した。このうち内在的・制度的統制には，いわゆるプロフェッショナリズムがあり，わが国では，専門家集団である官房系統組織による管理統制がこれに当たる。

2 H.ファイナーは，責任とは，X が Y について Z に対して説明できる（X is accountable for Y to Z）ということであると述べた。ここで，Xは「代理人」である行政，Y は任務，Z は「本人」である。Z である本人は，第一義的には行政サービスを受ける利益団体であり，特に議会を意味してはいなかった。

3 C.フリードリッヒは，議会の意見に曖昧さがあったとしても，行政は自由裁量権を行使することができ，結果に関する合理的な説明をなしえるならば責任を果たしたといえると論じた。ただし，その裁量は，民衆の感情に応答し，客観的に確立された科学的な基準に対応すべきであるとした。

4 行政責任のジレンマとは，制度的責任と非制度的責任とのどちらを優先すべきか迷う行政担当官の状況をさしている。しかし，官僚制の民主的統制は，非制度的責任では統制の効果が期待しえないため，行政担当官は，制度的責任を常に優先するよう義務づけられている。

5 ガバナンス論は，外部監査やモニタリングを重視して，組織の長のリーダーシップを強化しようとする考え方である。たとえば，内閣府と各省とに置かれている政務官に民間人を積極的に活用することにより，大臣や長官がリーダーシップを発揮することが期待されている。

第3章

行政の活動と統制

実戦問題 **１** の 解説

No.1 の解説　ファイナーの行政責任論 　　　　　　　　→問題はP.199　正答４

1 ✕　機能的責任の概念を定義づけて重視したのは，フリードリッヒである。

フリードリッヒによれば，機能的責任とは，行政官が特定分野の技術的・科学的知識に対して応答する責任のことである。フリードリッヒは，行政の専門化が進んだ今日，行政官には機能的責任が求められていると考え，これを確保するうえで，専門家仲間や科学的集団によるチェックが重要な役割を果たすと主張した。これに対して，ファイナーは機能的責任を批判している。

2 ✕　政治的責任の概念を定義づけて重視したのは，フリードリッヒである。

フリードリッヒは，機能的責任と並んで政治的責任も重視した。政治的責任とは，民衆の感情に応答する責任のことである。

3 ✕　ファイナーは説明・弁明の相手方の外在性を主張した。

ファイナーは，伝統的な「議会による行政統制」を重視した。これは，行政官の説明・弁明の相手方（＝議会）が外在性（＝行政機構の外部にいること）を持つということを意味している。そのため，ファイナーは外在的責任論の論者とされている。

4 ◎　ファイナーは議会による行政統制を重視した。

正しい。**ファイナーは，伝統的な「議会による統制」を重視した。**その一方で，ファイナーはフリードリッヒが唱えた政治的責任や機能的責任の概念を批判し，これらは行政官の道徳心（＝道徳的義務への内在的・個人的感覚）に期待する不確かなものにすぎないとした。

5 ✕　ファイナーは「行政責任のジレンマ」を想定してはいない。

ファイナーは，議会に対する行政責任を最重要視し，これよりも重要な行政責任は存在しないと考えていた。したがって，行政官は議会への責任を優先させて議会の統制に従えばよく，行政責任のジレンマ（板挟み）に陥ることはない。

No.2 の解説　フリードリッヒの行政責任論 　　　　　　→問題はP.199　正答５

1 ✕　議会による統制の重要性を指摘したのはファイナーである。

ファイナーに関する記述である。ファイナーは伝統的な議会による統制の重要性を主張したが，フリードリッヒは行政国家化によってそれが困難になっている現実を指摘した。

2 ✕　Ｘ・Ｙ・Ｚの説明責任論を主張したのはファイナーである。

ファイナーに関する記述である。ファイナーは「ＸがＹについてＺに説明できること」（説明責任）を責任の本質とみなし，Ｘ＝行政，Ｙ＝任務，Ｚ＝議会とした。

3 ✕　「行政官の道徳心」の不確実さを批判したのはファイナーである。

ファイナーはフリードリッヒの行政責任論を批判し，それは行政官の道徳心に期待する不確実なものであると主張した。そして自らは，議会による制度

的な統制の重要性を主張した。

4 ✕ フリードリッヒは現代の行政官に求められる行政責任を追求した。

フリードリッヒは，行政官に幅広い自由裁量が与えられた結果，議会による統制が有効性を減じていると考えた。そこで，現代の行政官には新たな責任が求められているとして，民衆の感情に応答する責任（＝政治的責任）と科学的・技術的標準に応答する責任（＝機能的責任）の２つを挙げた。本肢のように，行政責任そのものが無意味だとしたわけではない。

5 ◎ フリードリッヒは「科学の仲間」が行政責任を担保すると主張した。

正しい。フリードリッヒは，ファイナーから「行政官の道徳心に期待している」との批判を受け，これに対する反論を試みた。そして，**機能的責任を果たさない行政官には，科学的・技術的標準を共有する「科学の仲間」（＝専門家仲間や外部の科学的集団）から批判が加えられる**と主張した。

No.3 の解説 フリードリッヒの行政責任論 →問題はP.200 **正答4**

1 ✕ 行政責任を確保する統制の仕組みを４つに類型化したのはギルバートである。

ギルバートは，行政責任を確保する統制の仕組みを，「外在的－制度的」「外在的－非制度的」「内在的－制度的」「内在的－非制度的」に分類した。

2 ✕ フリードリッヒは内在的非制度的責任を重視した。

フリードリッヒは，技術の知識と民衆感情に応答することを行政責任ととらえ，前者を機能的責任，後者を政治的責任と呼んだ。これは，行政官の自律心に期待するものであり，内在的非制度的責任に該当する。

3 ✕ 行政責任を議会に対する外在的責任ととらえたのはファイナーである。

ファイナーは，「民主的政府における行政責任」という論文で，行政責任は議会に対する外在的責任でなければならないと主張した。なお，「政治的責任」はフリードリッヒが提唱した概念であり，民衆感情に応答する責任を意味している。

4 ◎ フリードリッヒは機能的責任と政治的責任の重要性を指摘した。

正しい。フリードリッヒは，行政国家化が進んだ現状を強く認識したうえで，議会による行政統制は十分に機能しえないと考えた。そして，新たに**機能的責任と政治的責任という２つの責任概念を提示した**。

5 ✕ 説明・弁明責任と内在的・個人的感覚を峻別したのはファイナーである。

ファイナーは，行政責任を２種類に分けたうえで，フリードリッヒの行政責任概念は「道徳的義務への内在的・個人的感覚」に該当し，実効的な制裁を欠く不確かなものであると批判した。ファイナー自身は，「ＸはＹの事項に関してＺに対して説明・弁明しうる」ことを行政責任の本質と考え，行政官が与えられた任務に関して議会に対して説明・弁明しうることを重視した。

1 ☒ 伝統的な行政責任論では，①政治機関から与えられた任務を遂行すべきとする「任務責任」，②法令や上級機関・上司の命令に従うべきとする「服従責任」，③問責に対して弁明する「説明責任」，④任命権者から課せられる制裁に服すべきとする「受裁責任」，のいずれもが，行政官の行政責任と考えられている。

2 ☒ 現在では行政国家化が進み，行政官が大幅な裁量権を持つに至っていることから，**行政官の自発的，積極的な裁量行動についても，これを行政責任（能動的責任）としてとらえるべきだ**とされている。

3 ☒ 行政職員が組織する労働組合や職員団体の意見は，内部関係者の意見として，しばしば傾聴に値するものである。したがって，これらの団体の要望や期待に応答することも，行政責任に含まれる。

4 ☒ デモクラシーの原理からいえば，行政官は究極的には国民からの委任を受けていると考えるべきである。したがって，**広く国民一般に理解を求めることも，行政官の説明責任に含まれる。**

5 ◎ 正しい。行政官も社会生活を営んでいる以上，家族，町内会，職員団体，宗教団体，親睦会など多様な集団に所属し，これらに責任を負っている。こうした**私的利害は，しばしば公共的責任と矛盾し，ジレンマ状況（板挟み状況）を生じさせるが，これを克服するうえで一つの鍵となるのが行政官の良心であり，自律的責任である。**

No.5 の解説　行政責任と行政統制

→問題はP.201　**正答3**

1 ✕　プロフェッショナリズムとは，端的にいえば「プロ意識」（プロ精神）のことであり，専門家としての意識，倫理観，知識などに基づいて，自らの行動を律しようとすることを意味している。したがって，ギルバートの分類に当てはめるならば，プロフェッショナリズムは内在的・非制度的統制に該当する。

2 ✕　ファイナーは，「XがYについてZに対して説明できること」を責任の本質と考え，議会からの委任に基づいて活動する行政（X）は，その任務（Y）について，議会（Z）に対して説明しなければならないと主張した。ここでプリンシパル・エージェント理論（本人・代理人理論）を援用して言い換えるならば，Xは代理人たる行政，Yは任務，Zは本人たる議会を意味しているということになる。

3 ◎　正しい。フリードリッヒは，行政国家化の進展を背景として，自由裁量権を与えられた行政が果たすべき責任とは何かを考察した。そして，議会に対する説明責任を前提としつつも，**民衆感情に応答する政治的責任，客観的に定立された科学的な基準に対応する機能的責任という2つの行政責任が，今日の行政には求められている**と主張した。

4 ✕　行政官が制度的責任と非制度的責任のジレンマに直面した場合，いずれの責任を優先すべきかについての絶対的なルールは存在していないため，行政官自身が真摯な態度でこれに向き合い，その解消に務めなければならないとされている。なお，行政責任のジレンマは，必ずしも制度的責任と非制度的責任の間でのみ生じるわけではなく，外在的責任と非制度的責任，政治的責任と機能的責任などの間で生じることもある。

5 ✕　ガバナンス論とは，**多様で包括的な主体の参加を通じて，組織の効果的・効率的な運営を実現していこうとするものである**。外部監査やモニタリングの強化も，ガバナンス論で提案されている手段の一つであるが，これが実施された場合，組織の長に大きな説明責任が生じ，そのリーダーシップはしばしば弱まることになる。したがって，**ガバナンス論は，組織の長のリーダーシップに一定の制限を加え，独善的な組織運営を防ごうとするものだということができる。**

No.6　**行政責任に関する次の記述のうち，妥当なのはどれか。**

【国家一般職・平成17年度】

1　アメリカ行政学において行政責任論が論じられるようになったのは，W.ウィルソンが「行政の研究」を著し，政治・行政の分離論が唱えられていたのとほぼ同時期の19世紀初頭である。当時の行政責任論は，行政固有の活動領域においては，政党政治の介入を排除することで，有能にして効率的な政府を建設すべきであるという主張であった。

2　H.ファイナーによれば，行政責任とは市民に対する責任であり，行政は制度上の責任を負う議会よりも，市民の期待や要望に直接対応すべきであるという。これを本人・代理人（プリンシパル・エージェント）モデルに当てはめると，「代理人」たる行政にとっての「本人」は個々の市民であり，そこでは市民による行政のモニタリングが強調されることになる。

3　行政の自由裁量について，C.フリードリッヒは，技術的に可能である限り詳細な点まで法律で規定することで行政の自由裁量を極小化すべきであると主張したのに対して，H.ファイナーは，専門家たる行政官の知識や技術を引き出すためには，むしろ自由裁量の拡大が必要であると主張した。

4　行政の説明責任（accountability）という概念は，かつては，議会や制度上の統制機関からの問責に対して弁明する責任という意味で用いられることが多かったが，今日では，広く国民一般に対して行政活動の背景や意図，方法，その成果などを明らかにし，理解を求める責任を意味するものとしても用いられるようになった。

5　行政責任のジレンマとは，行政官に対して複数の相互に矛盾し対立する統制や期待が寄せられたときに，行政官がいずれに応えるべきかを迷うような状況をいう。行政官がこうしたジレンマに直面した際の優先順位を定めることを目的として，平成11年（1999年）に国家公務員倫理法が制定された。

No.7 行政責任に関する次の記述のうち，妥当なのはどれか。

1 行政責任は受動的責任と能動的責任に分けて考えることができる。このうち後者は，行政官が，所掌領域において対処すべき新しい課題が生じた場合に，これをいち早く察知し，対策を立案して上司や政治機関に働きかけることまで期待されていることをさし，たとえば英国においては，名誉革命後に近代市民国家が成立し，いわゆる近代官僚制が確立された時から見られるものである。

2 現代民主制は，間接民主制と権力分立制の原則に立脚しているため，行政に対する統制機関としては，議会，執政機関，裁判所などが分立している。C.フリードリッヒが提起した行政責任のディレンマとは，これらの統制が相互に矛盾している場合をさすが，それを克服する手段として，彼は市民の積極的参加による政策決定を主張した。

3 行政責任論は，行政国家化が進展しつつあった1930年代のアメリカ合衆国で始まり，特にH.ファイナーとC.フリードリッヒの論争が有名である。前者が，議会に対する行政府の答責性を重視し，行政官の裁量をできるだけ小さくすべきであると論じたのに対し，後者は，裁量が民衆の感情を反映し，客観的・科学的規準に合致し，事後に合理的説明が可能であるならば，積極的に認められるべきであると主張した。

4 H.サマーズによれば，現代の民主主義社会における行政責任とは，行政が議会に対して負う責任を意味し，具体的には，議会からの命令に従う義務および結果について議会に説明し納得を得る責任という2つの要素からなる。他方，行政の自由裁量については，行政はその責任を負うことはできないので，行政責任を構成する要素ではない。

5 C.ギルバートの分類に従って，行政責任を制度的責任と非制度的責任に分けて考えることができる。前者は，議会や執政機関，裁判所など，憲法などによって制度的に確立された機関が行使する統制に対する責任であり，後者は，会計検査院，人事院その他の官房系統組織が行使する管理統制や各省大臣による執行管理，上司による職務命令などに対する責任である。

【国家総合職・平成９年度】

1 H.ファイナーは，現代の行政機構や行政官に対しては議会への制度上の答責性を要求するだけでは足りず，その時々の行動について，コミュニティの民衆感情に直接に対応する責任と客観的に確立された科学的な基準に対応する責任を，併せて要求しなければならないと説いた。

2 C.E.ギルバートは，行政統制を制度的，非制度的，外在的，内在的の４類型に分類したうえで，それぞれに対応する行政責任を他者の期待に応答する責任である他律的責任と，自己の内面の良心に従って行動する責任である自律的責任に分けることにより，いわゆるギルバートのマトリックスを完成させた。

3 H.A.サイモンは，行政官は国民を主人とする奉仕者であるとしたうえで，主人の責任が道徳的責任であるのに対して，奉仕者の責任は，契約上の責任であって，この責任の中には履行義務，報告義務，弁明義務の３つの要素が必ず含まれていなければならないと論じた。

4 長浜正寿は，責任の観念を，主人が奉仕者に任務をゆだね奉仕者がそれを受ける第一の局面，奉仕者が要求に応答する第二の局面，応答が不十分であると主人が問責し，奉仕者が弁明する第三の局面，主人が奉仕者を非難し制裁する第四の局面に分け，統制の本質は，第四の局面における制裁であるとした。

5 辻清明は，わが国の官僚制には，民主的責任についての感覚が欠如していたとし，戦後の官僚制の民主化に当たって，外在的責任とともに公務員の内在的責任の確立が緊急課題となっているとして，「民衆に対する奉仕の精神の体得」こそが，新旧官僚制のいずれを克服する場合にも不可欠な基本条件であると指摘した。

実戦問題 ❷ の解説

No.6 の解説 行政責任 →問題はP.206 **正答4**

1 ✕ アメリカでは,「行政の研究」が1887年に発表された後,政治・行政分離論を中心的教義とする技術的行政学が発達した。アメリカの行政学はここに始まったものであり,本肢で示されている「19世紀初頭」には,行政学は形成されていなかった。なお,技術的行政学では,選挙協力の見返りとして官職を配分する猟官制が批判されたが,これは政党政治の介入を排除することで,有能にして効率的な政府を建設すべきであるという主張にほかならなかった。

2 ✕ ファイナーはフリードリッヒの誤り。ファイナーは,行政責任の本質を議会に対する説明責任に求め,行政官は議会の問責に対して十分に弁明しなければならないと主張した。したがって,これを本人・代理人モデルに当てはめると「代理人」たる行政にとっての「本人」は議会ということになる。

3 ✕ フリードリッヒとファイナーに関する記述が逆である。フリードリッヒは,行政国家化の進んだ現状を考慮し,行政官の自由裁量を認めたうえで,民衆に対する政治的責任や科学的・技術的標準に対する機能的責任の重要性を指摘した。これに対して,ファイナーは,議会に対する行政官の説明責任を重視し,行政の自由裁量を極小化すべきであると主張した。

4 ◎ 正しい。**今日では,広報誌やインターネット等を通じた情報公開によって,行政機関が国民に理解を求めるケースが増えている。**特に,1980年代以降は新公共管理(NPM)の考え方が浸透してきたこともあって,行政活動の成果を数量化して発表し,客観的に評価してもらおうとする傾向も見られる。

5 ✕ 行政官は,外在的責任と内在的責任,あるいは制度的責任と非制度的責任などの間で,板挟みになることがある。こうした行政責任のジレンマを克服するためには,行政官の道徳心ないし自律性の高さが必要とされる。これに対して,国家公務員倫理法は,職務に利害関係を有する者からの贈与等の禁止など,国家公務員が守るべき行動倫理を定めたものであり,行政責任間の優先順位を定めているわけではない。

1 × 受動的責任とは，法令・予算・上級機関からの指示等に対して，受動的に応答する責任のことである。また，能動的責任とは，新たな課題を察知し，これへの対処を積極的に進める責任のことである。英国の場合，**20世紀に入って国家活動が積極化すると，行政官の積極的な活動が求められるようになり，能動的責任論が台頭した**。逆にいえば，近代市民社会の時代に必要とされていたのは，受動的責任であった。

2 × 行政国家化の進展とともに，行政官は議会から幅広い裁量権を与えられるようになり，同時に，専門家として客観的・科学的基準に見合った行動をとるように要請されるようになった。しかし，**行政の専門技術化が進行すると，行政官が適切に行動したか否かは，当事者である行政官を含む専門家にしか判断できなくなる。これが，フリードリッヒの指摘した「行政責任のジレンマ」である**。本肢では，外在的統制の諸手段の間で矛盾が生じることを「行政責任のジレンマ」ととらえているが，これはフリードリッヒが指摘した内容とは異なっている。なお，フリードリッヒのいう「行政のジレンマ」が発生している状況で，市民が政策決定へ積極的に参加したとしても，市民は行政の素人であるため，行政を有効に統制することはできないと考えられる。

3 ◎ 正しい。**ファイナーとフリードリッヒは，議会に対する外在的責任が重要であるのか，民衆感情および客観的・科学的規準へ応答しようとする内在的責任が重要であるのかを巡って，論争を展開した**。なお，両者の論争は，決着がつかないままに終わっている。

4 × **サマーズは，行政官の責任を奉仕者の責任（＝契約上の責任）ととらえ，これを構成する3つの要素として，①履行義務（＝契約内容を履行する義務），②自由裁量（＝与えられた裁量度に応じて責任を取ること），③説明可能性（＝作為・不作為を事後に説明できること）の3点を挙げた**。サマーズは，特に議会への責任を重視したわけではなく，また，本肢では自由裁量が行政責任の構成要素から除外されており，その点が誤りである。

5 × 制度的責任とは，法令等に基づいて制度的に確保される責任を意味し，非制度的責任とは，事実上の影響力を通じて確保される責任のことである。したがって，議会，執政機関，裁判所，会計検査院，人事院による統制や，各省大臣による執行管理，上司による職務執行命令などは，すべて制度的責任に該当する。非制度的責任に該当する例としては，マスメディアによる批判，外部専門家による批判，同僚職員による評価・批判などを挙げることができる。

No.8 の解説　行政責任　　　　　　　　　　→問題はP.208　正答5

1 ☒ ファイナーではなくフリードリッヒに関する説明である。ファイナーは本肢のようなフリードリッヒの学説に対して，それが結局は行政官の良心に期待する内在的責任論にすぎないと批判し，行政責任はむしろ議会に対する責任でなければならないと主張した。

2 ☒ ギルバートのマトリックスとは，「外在的－内在的」「制度的－非制度的」という2つの軸を組み合わせて描かれる図表のことである。したがって，ここから導かれる行政統制の4類型は，①外在的・制度的統制，②外在的・非制度的統制，③内在的・制度的統制，④内在的・非制度的統制となる。なお，ギルバートのマトリックスは，基本的に他律的責任のあり方を類型化したものであるが，**内在的・非制度的統制に位置づけられる「自己の良心による統制」に限っては，自律的責任に該当する。**

3 ☒ 行政官の責任を奉仕者の責任としてとらえたのは，サイモンではなくサマーズである。サマーズは，奉仕者の責任を契約上の責任ととらえたうえで，その中には履行義務，自由裁量，説明可能性（弁明義務）という3つの要素が含まれていなければならないと論じた。すなわち，奉仕者は契約内容を履行しなければならず，与えられた裁量度に応じて責任を取らなければならず，また，作為・不作為を事後に弁明しなければならないとされる。なお，サイモンによれば，行政責任の本質は「他人の価値に対する応答」に求められる。

4 ☒ 長浜正寿ではなく足立忠夫に関する説明である。足立は，責任の発生する局面を4段階に区分したうえで，①任務の引き受けに伴って発生する任務的責任，②任務遂行の具体的要求に応える段階で発生する応答的責任（responsibility），③任務遂行の結果について批判が加えられる段階で発生する弁明的責任（accountability），④任務遂行の失敗に対して制裁が加えられる段階で発生する被制裁的責任（liability），という4種類の責任類型を提示した。このうち，責任の最も核心的な部分とされているのは，応答的責任である。なお，長浜は戦前から戦後にかけて京都大学で活躍した行政学者である。

5 ◎ 正しい。辻は戦後の官僚制の民主化に当たって，**外在的責任と内在的責任の確立をともに重視し**，特に後者については「民衆に対する奉仕の精神の体得こそは，新旧官僚制のいずれを克服する場合にも不可欠な基本条件といわねばならぬ」と述べた。

必修問題

　オンブズマン制度と情報公開制度に関する次の記述のうち，妥当なものは
どれか。

【市役所・平成27年度】

1　**オンブズマン制度**とは，行政機関の保有する個人情報へのアクセスを制
限することにより個人情報を保護する制度であり，**情報公開制度**とは，情
報公開により民主的で自由な政治を確保することを目的とする制度であ
る。

2　オンブズマン制度と情報公開制度は，19世紀にイギリスで初めて導入さ
れたが，その背景には，当時の立法府や行政府に対する政治不信があっ
た。

3　オンブズマン制度と情報公開制度は，日本では行政改革の進展の中で検
討が進められ，両者ともに2000年代に立法化された。

4　オンブズマン制度は，日本の地方自治体では多様なレベルで設けられて
いる。情報公開制度については，条例によって定められているところも多
い。

5　世界的に見れば，オンブズマン制度は北欧諸国やアメリカなどで設けら
れている。情報公開制度はアメリカやカナダでは設けられているものの，
ドイツやフランスでは依然として未整備のままである。

難易度　＊

必修問題の解説

　本問は行政統制の手段に関する基本問題である。両制度がスウェーデンで始まったこと（**2**），日本では国レベルのオンブズマン制度が設けられていないこと（**3**）は頻出のポイントなので，確実に覚えておこう。ドイツやフランスの情報公開制度（**5**）は，あまり出題例がないので，それほど気にしなくてもよいだろう。

1 ✕　オンブズマン制度とは行政監察官制度のことである。

　　　オンブズマン制度とは，中立的な行政監察官（オンブズマン）を置いて，行政活動の監視に当たらせる制度のことである。個人情報の保護を目的として，オンブズマン制度が設けられるわけではない。

2 ✕　オンブズマン制度と情報公開制度は，スウェーデンで初めて導入された。

　　　オンブズマン制度は，19世紀初頭にスウェーデンで初めて導入された。また，情報公開制度は18世紀中頃にスウェーデンで初めて導入された。いずれの制度も，行政府に対する不信を背景として設けられたものである。

3 ✕　日本ではオンブズマン制度が立法化されていない。

　　　オンブズマン制度は，日本では一度も立法化されておらず，国レベルでこれが導入されたことはない。また，日本では，20世紀末（1999年）に情報公開制度が立法化され，2000年代（2001年）になってから制度が発足した。

4 ◎　オンブズマン制度と情報公開制度は，自治体レベルで普及している。

　　　正しい。**オンブズマン制度は，神奈川県川崎市や北海道などで設けられている。情報公開制度は，全都道府県および多くの市町村で，主に条例に基づいて設けられている。**

5 ✕　情報公開制度はドイツやフランスでも設けられている。

　　　情報公開制度は，アメリカ，カナダ，イギリス，フランス，ドイツ，イタリア，北欧諸国，日本など，主要国を含む数多くの国で設けられている。なお，オンブズマン制度は，北欧諸国やアメリカ，イギリス，フランスなどで設けられているが，このうちアメリカのオンブズマン制度は，連邦レベルで導入されているものではなく，州レベルで設けられているにすぎない。

正答 4

FOCUS

　近年の試験では，行政手続法，情報公開法，パブリックコメント制度など，わが国で1990年代以降に登場した行政統制の諸手段が出題されやすくなっている。法律の制定や改正があったり，それらが施行されたりした際には，その内容を必ずチェックしておこう。

第3章　行政の活動と統制

重要ポイント 1 ギルバートのマトリックス

ギルバートは，「外在的─内在的」「制度的─非制度的」という2つの軸を用い
て，行政統制の各手段を4つに類型化した。

外在的	行政機構の外部からの統制
内在的	行政機構の内部における統制

制度的	法令等で保障された統制
非制度的	法令等の保障を欠く統制

ギルバートのマトリックスを日本に適用し，主要な行政統制の手段を分類・整理
すると，下のような表を描くことができる。

	外在的	内在的
制度的	国会による統制 裁判所による統制 会計検査院による検査※	各省大臣による統制 上司からの職務執行命令 大臣官房や人事院等による管理・統制 総務省行政評価局による行政評価
非制度的	利益集団による圧力 マスメディアによる批判 市民（住民）運動と直接参加 外部専門家による批判	同僚職員による評価・批判 職員組合による評価・批判

※会計検査院を行政機関ととらえ，これを内在的・制度的統制とする学説もある。

重要ポイント 2 わが国の外在的・制度的統制

外在的・制度的統制は，伝統的に行政統制の中心に位置づけられてきた。

(1) 国会による統制

国会は国民を代表して行政を統制する。その手段は，立法権による統制，財政権
による統制，行政監督権による統制の3つに類型化される。ただし，現在では行政
事務が著しく拡大・複雑化していることから，**国会による統制は形骸化する傾向に
ある**。

国会による 統制	①立法権による統制＝法律の議決など ②財政権による統制＝予算・決算の議決など ③行政監督権による統制＝国政調査権の行使，内閣不信任決議など

(2) 裁判所による統制

裁判所は，行政訴訟への判決を通じて行政を統制する。しかし，統制が事後的に
しか加えられないこと，裁判を維持するには膨大な経費と時間がかかること，官庁
の行政知識が裁判所を圧倒していることなどから，**裁判所による統制が十分に機能
しているとはいい難い**。

重要ポイント ❸ 　民衆による行政統制

　近年のわが国では，民衆による行政統制を促進するため，さまざまな制度づくりが進められている。

（1）審議会制度

　審議会とは，首相や大臣が設置する諮問（＝相談）機関のことである。利益集団の代表者，学識経験者，民間人などが委員として招かれることから，審議会は，民衆が行政に影響力を行使する重要な場となっている。

（2）パブリックコメント制度

　政府が重要政策等を決定する際に，民衆の意見を聞き，それを考慮したうえで最終決定を行おうとする動きが広がっている。これを制度化したのが，パブリックコメント制度である。**パブリックコメント制度は，そもそも規制の設定・改廃に関して導入されたものであったが，現在では改正行政手続法に基づき，命令等（命令，審査基準，処分基準，行政指導指針）を対象とする「意見公募手続き」として制度化されている。**

| 「規制の設定又は改廃に係る意見提出手続き」（1999年，閣議決定）による導入 | → | 規制以外の領域への拡大 | → | 改正行政手続法（2005年）における「意見公募手続き」の導入 |

　近年におけるインターネットの普及は，行政機関のサイトにおける政策原案の公表とメールによる意見の聴取を可能にしている。

（3）情報公開制度

　情報公開制度は**スウェーデン**を起源とするものであり，アメリカで連邦情報公開法が制定されたのをきっかけとして，各国へと広まっていった。**わが国では，1999年に情報公開法（「行政機関の保有する情報の公開に関する法律」）が制定され，国の行政機関の保有する情報は原則として公開されることとなった。**

項目	説明
対象機関	**内閣を除く，国のすべての行政機関（会計検査院も含む）**。特殊法人や独立行政法人については，独立行政法人等情報公開法が適用される。
対象情報	行政機関の職員が職務上作成し，または取得した文書，図画，電磁的記録，組織的に用いるものとして，当該行政機関が保有しているもの。決裁・供覧の手続きを経ていない文書も含まれる。
請求権者	**「何人」も情報開示を請求できる。外国人や法人も含む。**
開示義務	行政文書は原則として開示される。ただし，**個人情報，法人等情報，国の安全等に関する情報，公共の安全等に関する情報などは不開示情報とされる。**
実施方法	閲覧または写しの交付を選択できる。

　わが国では，情報公開法の制定以前から，地方自治体の多くが情報公開制度を整備してきた。その先駆けとなったのが，1982年に山形県金山町で制定された情報公開条例であった。

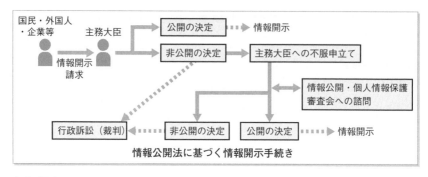

情報公開法に基づく情報開示手続き

(4) 行政PR

　行政PR（Public Relations）とは，国や自治体が築き上げる「民衆との関係」のことである。PR活動というと一方的な宣伝活動のように理解されがちであるが，それは誤りであって，**行政PRの活動は，国や自治体が民衆の意見に耳を傾ける「広聴」と，民衆に行政プログラムの内容を伝えていく「広報」という2つの過程から構成される。**

　民衆による行政統制という観点から特に重視されるのは，広聴である。国や自治体は，政策を形成するにあたって対話集会や説明会などを開催し，民衆の意見を政策に反映させようとする。また，パブリックコメント制度なども，広聴活動の一環として設けられたものである。

重要ポイント 4　オンブズマン制度

　オンブズマン制度とは，スウェーデンに起源を持つ行政監察官制度のことである。オンブズマンは，国民の苦情申立てを受けて行政機関を調査し，必要な措置を講ずる権限を持つ。議会によって独立機関として設置されるのが本来の形態であるものの，なかには行政府内にこれを設ける国もある。

年　代	主な採用国
1809年	スウェーデン
1967年	イギリス
1973年	フランス

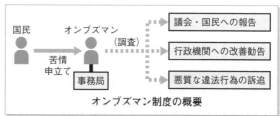

オンブズマン制度の概要

　わが国では，国レベルでオンブズマン制度が実施されたことはなく，川崎市など一部の自治体で，市長任命型の制度が採用されているにすぎない。

実戦問題❶ 基本レベル

❖ **No.1** 下図はいわゆるギルバートのマトリックスを示したものであり、空欄ア〜エにはそれぞれ具体的な行政統制の手段が該当する。次のうち、行政統制の手段とその位置づけを正しく組み合わせているものはどれか。

【市役所・平成21年度】

	制度的統制	非制度的統制
外在的統制	ア	イ
内在的統制	ウ	エ

1 裁判所による統制＝ア
   マス・メディアによる報道＝イ
2 議会による統制＝ア
   職員組合の要望・期待・批判＝ウ
3 官房系組織による管理統制＝イ
   上司による職務執行命令＝ウ
4 情報開示請求による統制＝イ
   各省大臣による執行管理＝エ
5 専門家集団の評価・批判＝ウ
   諮問機関における要望・期待・批判＝エ

No.2 次のA〜Eのわが国の行政統制を、ギルバートの行政統制の類型に当てはめた場合、内在的・制度的統制に該当するものを選んだ組合せとして、妥当なのはどれか。

【地方上級（特別区）・令和5年度】

A：上司による職務命令
B：同僚職員の評価
C：官房系統組織による管理統制
D：議会による統制
E：大臣の私的諮問機関による批判

1 A，C
2 A，D
3 B，D
4 B，E
5 C，E

No.3 * わが国の情報公開制度に関する記述として，妥当なのは，どれか。

【地方上級（特別区）・令和2年度】

1 情報公開制度は，山形県金山町や神奈川県等，地方自治体の条例制定が国による法制化に先行していたが，国においても「行政機関の保有する情報の公開に関する法律（行政機関情報公開法）」が1999年に制定された。

2 行政機関情報公開法では，日本国民だけでなく外国人を含む何人も行政文書の開示請求をすることができると定められ，「知る権利」の文言が明記された。

3 行政機関情報公開法の対象となる行政文書とは，行政機関の職員が職務上作成し，または取得した文書であって，職員が組織的に用いるものとして当該行政機関が保有しているものをいい，官報や白書もこれに含まれる。

4 行政機関の長は，行政機関情報公開法に基づく開示請求があったときは，原則として請求のあった行政文書を開示する義務を負うが，個人に関する情報が記録されている場合に限り，当該行政文書を不開示にすることができる。

5 行政機関情報公開法は，審査請求前置主義を採用しており，不開示決定を受けた開示請求者は。審査請求を経なければ訴訟を提起することができない。

✧ **No.4** * わが国の行政統制に関する記述として，妥当なのはどれか。

【地方上級（特別区）・平成25年度】

1 スウェーデンで始まったオンブズマン制度は，わが国では，国において制度が導入された後に地方自治体に広まったものであり，地方自治体では神奈川県川崎市が初めて導入した。

2 国の行政機関における政策評価は，「行政機関が行う政策の評価に関する法律」に基づいて，政策評価の客観性を担保するために総務省行政評価局により全省庁を対象に行われ，各省庁で個別には行われていない。

3 諮問型の住民投票は，すべての自治体を対象として定められた法律がないため，地方自治法の定めに基づいて，個別案件ごとに住民投票条例を制定したうえで実施されており，この住民投票の結果には法的拘束力が認められている。

4 情報公開制度は，「行政機関の保有する情報の公開に関する法律」に規定されており，情報公開の対象となる機関に会計検査院は含まれるが，国会と裁判所は含まれない。

5 パブリックコメントとは，行政機関が広く公に意見や改善案等を求める意見公募手続のことをいい，わが国では，各省庁が任意で行っているものに限られ，意見公募手続の法制化には至っていない。

No.5 行政統制に関する次の記述のうち，妥当なものはどれか。

【地方上級（全国型）・平成25年度】

1 スウェーデンのオンブズマンは内在的な行政統制の一手段として置かれているが，フランスのメディアトゥールは外在的な行政統制の一手段として置かれている。

2 C.フリードリッヒは，議会を本人，行政官をその代理人としてとらえ，代理人たる行政官は本人たる議会に対して説明責任（アカウンタビリティ）を果たす必要があるとした。

3 H.ファイナーは，フリードリッヒの行政責任論を批判し，行政官の道徳心に期待する内在的責任論にすぎず，独裁制にこそふさわしい責任論であると主張した。

4 C.ギルバートは，行政が任務を遂行する局面ごとに異なる責任が発生すると考え，任務遂行の結果について批判が加えられる段階では応答的責任が生じると主張した。

5 わが国の地方行政においては，地方自治法に基づき，国に先駆けてパブリックコメント制度が導入されており，重要施策の内容に住民の意思を反映させるものとされている。

No.6 行政責任，統制に関する次の記述のうち，妥当なのはどれか。

【国家一般職・平成27年度】

1 議院内閣制での執政機関は，内閣，内閣総理大臣，各省大臣であり，内閣は法案提出権等，内閣総理大臣は国務大臣等の任免権等，各省大臣は主任の大臣としての人事権および指揮監督権等により，統制を行う。

2 パブリックコメント（意見公募手続）制度は，平成17（2005）年の行政手続法改正によって法定され，府省は適用除外に該当しない限り，政令，府省令等を制定，改正する場合には，政令，府省令等の最終決定後ただちにホームページ上で意見を募集しなければならない。

3 C.バーナードは，制度的（formal），非制度的（informal）統制の軸と，問責の主体が行政機関の外部に位置する外在的（external），行政機関の内部に位置する内在的（internal）統制の軸という2つの軸の交差から生じる4分類によって行政統制の性質を示した。

4 C.フリードリッヒは，「XはYの事項に関してZに対して説明・弁明しうる（X is accountable for Y to Z）」ことを行政責任としてとらえ，説明する相手方の外在性を重視したため，議会による統制を民主制における行政責任と考えた。

5 H.ファイナーは，行政官の責任として技術的知識と民衆感情への応答性を重視

し，前者は，内外の政策専門家によって責任が問われ，後者は，民衆のニーズや要求を把握するよう努力し，それに政策的に対応するよう，民衆に対して直接責任を有するとした。

No.7 行政統制と行政責任に関する次の記述のうち，妥当なのはどれか。

【国家一般職・平成21年度】

1　C.E.ギルバートの制度的統制と非制度的統制の区分によると，裁判所や会計検査院による統制や職員組合との交渉は制度的統制に分類され，上司による職務命令やマス・メディアによる報道は非制度的統制に分類される。

2　C.フリードリッヒは，行政官の自由裁量の拡大がその専門知識や技術を引き出すためには必要であり，同時に，その裁量権行使に伴う価値選択が民衆の感情を十分に反映したものでなければならないと主張した。

3　行政責任のディレンマ状況とは，行政官に対して相互に矛盾し，対立する統制や期待が寄せられたときに，行政官がいずれに応えるべきかを迷うような状況をいう。このようなディレンマ状況は，内在的統制と外在的統制の間でのみ生じるものであり，同一価値観の下に職務を遂行するライン系統組織や官房系統組織の内部では生じない。

4　行政機関情報公開法は，開示請求の対象を，行政機関の職員が職務上作成し，または取得した文書，図画および電磁的記録としており，また，開示方法としては，文書等の閲覧のみを認め，写しの交付を認めていない。

5　わが国におけるオンブズマン制度は，平成2年に川崎市が導入して以来，地方公共団体が率先して進めた。その結果，平成18年に改正された行政機関情報公開法においても，国民の行政機関に対する苦情処理や行政活動の監視などを行う権利を擁護するために，オンブズマンを設置することが規定された。

実戦問題 1 の解説

→問題はP.217
No.1 の解説　ギルバートのマトリックス　　　正答 1

1 ◎ 正しい。「裁判所による統制」は，行政機構の外部から加えられる外在的統制であり，かつ，法的拘束力を持つ制度的統制である。また，「マスメディアによる統制」は，行政機構の外部から加えられる外在的統制であり，かつ，法的拘束力を持たない非制度的統制である。

2 ✕ 「職員組合の要望・期待・批判」は，行政機構の内部で加えられる内在的統制であり，かつ，法的拘束力を持たない非制度的統制である。

3 ✕ 「官房系統組織（＝内閣官房，大臣官房，総務課など）による管理統制」は，行政機構の内部で加えられる内在的統制であり，かつ，法的拘束力を持つ制度的統制である。

4 ✕ 「各省大臣による執行管理」は，行政機構の内部で加えられる内在的統制であり，かつ，法的拘束力のある制度的統制である。

5 ✕ 「専門家集団（＝研究者グループなど）の評価・批判」および「諮問機関（＝審議会など）における要望・期待・批判」は，行政機構の外部から加えられる外在的統制であり，かつ法的拘束力を持たない非制度的統制である。

→問題はP.217
No.2 の解説　ギルバートの類型　　　正答 1

A ◎ 「上司による職務命令」は内在的・制度的統制に該当する。
正しい。「上司による職務命令」は，行政機構の内部で加えられる内在的統制であり，かつ，法定拘束力を持つ制度的統制である。

B ✕ 「同僚職員の評価」は内在的・非制度的統制に該当する。
「同僚職員による評価」は，行政機構の内部で加えられる内在的統制であり，かつ，法的拘束力を持たない非制度的統制である。

C ◎ 「官房系統組織による管理統制」は内在的・制度的統制に該当する。
正しい。「官房系統組織による管理統制」は，行政機構の内部で加えられる内在的統制であり，かつ，法的拘束力を持つ制度的統制である。

D ✕ 「議会による統制」は外在的・制度的統制に該当する。
「議会による統制」は，行政機構の外部から加えられる外在的統制であり，かつ，法的拘束力を持つ制度的統制である。

E ✕ 「大臣の私的諮問機関による批判」は外在的・非制度的統制に該当する。
大臣の私的諮問機関は法律の根拠なしに設けられ，学識経験者などが委員として集められる。したがって，「大臣の私的諮問機関による批判」は，御製機構の外部から加えられる外在的統制であり，かつ，法的拘束力を持たない非制度的統制である。
以上より，AとCが正しく，正答は**1**である。

→問題はP.218
No.3 の解説　日本の情報公開制度　　　正答 1

1 ◎ わが国の場合，国による情報公開制度の導入は地方よりも遅かった。
正しい。情報公開制度は，一部の地方自治体によって先行的に導入された。

国においては，行政改革委員会の意見具申を受けて，1999年に行政機関情報公開法が制定され，2001年から施行された。

2× 行政機関情報公開法に「知る権利」の文言はない。

一般に情報公開法は「知る権利」の実現に資するものであるが，わが国の行政機関情報法公開法に「知る権利」という文言は明記されていない。なお，同法3条では「何人」にも開示請求権が認められているため，外国人や法人も行政文書の開示を請求することができる。

3× 官報や白書は開示請求の対象から除外されている。

行政機関情報公開法の対象となる行政文書には，いわゆる文書のみならず，図画や電磁的記録も含まれる。また，「官報，白書，新聞，雑誌，書籍その他不特定多数の者に販売することを目的として発行されるもの」などは，開示請求の対象から除外されている（2条2項）。

4× 個人情報・法人情報・国家安全情報・公共安全情報などは不開示にできる。

行政機関の長は，不開示情報が含まれている場合には，行政文書を不開示にできる。ここにいう不開示情報とは，①特定の個人を識別できる情報（個人情報），②法人の正当な利益を害する情報（法人情報），③国の安全・諸外国との信頼関係等を害する情報（国家安全情報），④公共の安全・秩序維持に支障を及ぼす情報（公共安全情報），などである（5条）

5× 不開示決定を受けてそのまま訴訟を提起することもできる。

情報公開法は審査請求前置主義を採用していない。そのため，不開示決定を受けた開示請求者は，審査請求を行わずに訴訟を提起することもできる。

No.4 の解説 日本の行政統制 → 問題はP.218 **正答4**

1× わが国のオンブズマン制度は地方レベルでのみ導入されている。

わが国では，国においてオンブズマン制度が導入されたことはなく，一部自治体で導入されているにとどまる。

2× 各省庁は個別に行政評価を行っている。

行政機関が行う政策の評価に関する法律（政策評価法）に基づく国の政策評価は，各省庁および総務省によって実施されている。各省庁による政策評価は，自らの所掌する政策について，個別に行われるものである。総務省の政策評価は，①各省庁の政策について，政府全体として統一性を確保し，または，総合的な推進を図る見地からの評価（＝統一性・総合性確保評価），②各省庁の政策評価の客観的かつ厳格な実施を担保するための評価（客観性担保評価），に大別される。

3× 諮問型の住民投票の結果には法的拘束力が認められていない。

諮問型の住民投票とは，地方自治体が意思決定を行う際に，参考とするために実施される住民投票のことである。諮問型の住民投票は，地方自治法をはじめとする諸法律に根拠を持つものではなく，あくまでも各自治体の条例や要綱などに基づいて自主的に実施されるものであることから，投票の結果は

法的拘束力を持たないとされている。

4◎ 国会と裁判所は情報公開の対象に含まれない。

正しい。国の情報公開制度は，「行政機関の保有する情報の公開に関する法律」（行政機関情報公開法）によって導入されたもので，情報公開の対象となる機関は国の行政機関とされている。したがって，国会，裁判所，地方自治体などの保有する情報は情報公開の対象とはならない。**会計検査院は国の行政機関として扱われているため，その保有する情報は公開の対象となる。**

5✕ 改正行政手続法によって意見公募手続きは法制化されている。

わが国のパブリックコメント（意見公募手続）は，2005年の改正行政手続法によって法制化された。ただし，同法に基づくパブリックコメントは，行政機関が「命令等」を制定する際に実施が義務づけられているものであり，その他，各行政機関が任意に実施しているパブリックコメントもある。

No.5 の解説　行政統制
→問題はP.219　**正答3**

1✕ スウェーデンのオンブズマンは，議会によって設置された独立性の強い行政監察官であり，外在的な行政統制の一手段として置かれている。これに対して，フランスのメディアトゥールは，行政機関の一種として設置された行政監察官であり，内在的な行政統制の一手段とされていた（メディアトゥールは2011年廃止。その役割は新設の権利擁護官に引き継がれている）。

2✕ フリードリッヒではなく，ファイナーに関する説明である。ファイナーは，行政責任の本質を議会に対する説明責任としてとらえた。これに対して，フリードリッヒは，行政国家化が進んだ現状を考慮し，今日において議会に対する行政責任を確保することは困難であると主張した。

3◎ 正しい。**ファイナーは，フリードリッヒのいう政治的責任や機能的責任が，結局は行政官の道徳心に期待する内在的責任（＝自律的責任）にすぎず，単に行政官にハラキリを求めるものであるとして，これを批判した。**

4✕ 行政が任務を遂行する局面ごとに異なる責任が発生するとしたのは，足立忠夫である。また，「応答的責任」は「弁明的責任」の誤りである。足立は，①任務を引き受けた段階で発生する「任務的責任」，②任務遂行の具体的要求に応える段階で発生する「応答的責任」，③任務遂行の結果について批判が加えられる段階で発生する「弁明的責任」，④任務遂行の失敗に対して制裁が加えられる段階で発生する「被制裁的責任」，という4つの責任を区別している。

5✕ 地方自治法には，パブリックコメント制度に関する規定は設けられていない。パブリックコメント制度を実施している自治体は，あくまでも自主的にこれを導入したものである。

No.6 の解説　行政責任，統制
→問題はP.219　**正答1**

1◎ 正しい。行政府の中でも，その頂点にあって行政機関を統制している機関を

執政機関と呼ぶ。議院内閣制では，内閣，内閣総理大臣，各省大臣などがこ
れに当たり，大統領制では，大統領や各省長官などがこれに当たる。

2✕ 行政手続法では，命令等制定機関が命令等を定めようとする場合，当該命令
等の案およびこれに関連する資料をあらかじめ公示し，広く一般の意見を求
めなければならないと定められている（39条1項）。したがって，問題文の
ように「政令，府省令等の最終決定後」に意見を募集することは，同法の趣
旨に反している。また，意見公募の手段も「ホームページ」に限定されてい
るわけではない。

3✕ 行政統制の4類型を示したのはギルバートである。ギルバートは，「制度的
－非制度的」「外在的－内在的」という2つの軸を組み合わせることで，行
政統制の手段を4つに類型化した。バーナードは，古典的組織論と人間関係
論の知見を統合して，現代組織理論を確立したことで有名である。

4✕ 行政責任を議会に対する説明責任ととらえたのはファイナーである。ファイ
ナーは，伝統的な議会による統制を重視し，行政官は議会に対して説明責任
を果たさなければならないと主張した。

5✕ 技術的知識と民衆感情への応答性を重視したのはフリードリッヒである。フ
リードリッヒは，技術的知識への応答性を機能的責任，民衆感情への応答性
を政治的責任ととらえ，現代の行政官はこの2つの責任を持たなければなら
ないと主張した。

No.7 の解説 行政統制と行政責任　　　→問題はP.220 **正答2**

1✕ 職員組合との交渉を通じた統制は，法的な強制力を持つものではないため，
非制度的統制に分類される。また，上司による職務命令は，部下が法的な服
従義務を追うため，制度的統制に分類される。

2◎ 正しい。フリードリッヒは，行政官が果たすべき行政責任の一つとして民衆
感情への対応を挙げ，これを政治的責任と呼んだ。**行政国家化の進んだ今日
では，行政官は裁量権を行使しつつ，政治的責任を十分に果たしていかなけ
ればならないとされている。**

3✕ 行政責任のジレンマ状況は，さまざまな場面で生じうる。たとえば，ライン
系統組織や官房系統組織の内部においても，具体的な政策のあり方について
しばしば意見対立が生じており，行政官がいずれに従うべきか迷うことは多
い。

4✕ 行政機関情報公開法は，行政機関が保持している情報の開示方法として，文
書等の閲覧およびその写し（コピー）の交付を挙げている。なお，写しの交
付に当たっては，実費（コピー代）を徴収することも認められている。

5✕ わが国のオンブズマン制度は，一部の地方公共団体が条例等に基づいて設け
ているにすぎない。行政機関情報公開法には，オンブズマンに関する規定は
置かれていない。

実戦問題❷ 応用レベル

No.8 行政責任と行政統制に関する次の記述のうち，妥当なのはどれか。

【国家一般職・令和3年度】

1 アカウンタビリティの概念は，元来，足立忠夫が示した本人と代理人の関係における4つの責任類型の「応答的責任」に相当するものであるが，同概念が薬害エイズ事件をきっかけに「説明責任」として広まったことから，「代理人が本人に対して，自己の取った行動について弁明する責任」へと拡張された。

2 「行政責任のジレンマ状況」とは，C.ギルバートの分類した四類型の行政統制の一つである「制度的・外在的統制」の内部においてのみ起きる現象であり，そこでは，行政官は自己の判断に従って対処することは禁じられ，上級機関による指示に従うことが求められている。

3 行政機関を監視するオンブズマン制度は，米国で誕生した後にヨーロッパに普及し，わが国においても1980年代後半に総理府にオンブズマン委員会が設置されたのをきっかけに地方公共団体でオンブズマン制度の導入が進められ，さらに市民による自発的な監視活動も行われるようになった。

4 パブリック・コメント制度（意見公募手続）は，平成11（1999）年の情報公開法制定によって法制化されたものであり，国の行政機関が政令や省令等を制定する際に，直接的に影響を受ける業界の企業や団体といった組織に限定して，意見や情報，改善案等のコメントを求める制度となっている。

5 政治家による官僚の監視方法について，M.マカビンズとT.シュワルツは「パトロール（警察巡回）型」と「火災報知器（警報器）型」を示したが，「火災報知器型」とは，住民や利益団体から官僚が逸脱行動をとっているという情報を得た時に政治家が統制を行うという監視方法であり，「パトロール型」よりも監視コストがかからないことが指摘される。

国民の行政活動への参加に関するア～エの記述のうち，妥当なもののみ
をすべて挙げているのはどれか。

【国家一般職・平成25年度】

ア：「パブリックコメント」（意見公募手続制度）とは，国の行政機関が政令や省
　　令等を制定する際に，事前にその案を公表して広く一般国民から意見・情報
　　を募集し，その意見を考慮することにより，行政の公正性・透明性の確保や
　　国民の権利の保護に役立てることを目的とする制度であり，平成17年の行政
　　手続法の改正によって，すべての政令や省令等の制定の際に実施が義務づけ
　　られている。

イ：地域の住民や保護者のニーズを学校運営により一層的確に反映させるため，
　　平成16年度より，公立小・中学校などに「学校運営協議会」を設置すること
　　が可能となった。学校運営協議会を通じて，保護者や地域住民は，学校の運
　　営に関する基本的な方針の承認や教職員の人事について意見を述べることが
　　できるようになっており，教育委員会や校長は，同協議会の意見に従う義務
　　を負っている。

ウ：平成13年に施行された「行政機関の保有する情報の公開に関する法律」にお
　　いては，何人も，行政機関の長に対し，当該行政機関の保有する行政文書の
　　開示を請求できる旨を定めている。ここでいう「行政文書」とは，行政機関
　　の職員が職務上作成，取得した文書・図画・電磁的記録であって，組織的に
　　用いるものとして当該行政機関が保有しているものとされているが，官報や
　　白書は除かれている。

エ：平成17年に施行された「行政機関の保有する個人情報の保護に関する法律」
　　においては，行政機関が保有する個人情報の不適正な取扱いによる個人の権
　　利利益の侵害を未然に防止するため，何人も，行政機関の保有する自らの個
　　人情報についての開示や訂正，利用停止の請求を行うことが可能であるとさ
　　れている。

1 ア，イ，ウ

2 ア，ウ，エ

3 イ，エ

4 ウ，エ

5 エ

No.10 行政の統制に関する次の記述のうち，妥当なのはどれか。

【国家総合職・令和3年度】

1 不服申立てと行政相談は，行政不服審査法に基づく行政過程の中の救済制度である。このうち，不服申立ては，司法による救済制度である裁判とは異なり，違法かどうかのみが判断の対象であるため，国民にとっては裁判に比べて簡略迅速に行われるという利点がある。また，行政にとっても，適切な行政運営のための自己統制として有効であるとされている。

2 司法による救済制度として，行政事件訴訟法に基づく行政訴訟があり，特別裁判所で審理される。しかし，一部の個別法令については，不服申立てを経ないと訴えを起こすことはできない。このような制度を不服申立前置主義という。不服申立前置主義については，国民の裁判を受ける権利を侵害するのではないかとして，しばしば問題視されてきたものの，これまで廃止等の見直しは行われていない。

3 オンブズマン制度は，スウェーデンで始まり，第二次世界大戦後に北欧からヨーロッパに広がった制度である。オンブズマンは，国民・市民の代理人として，その訴えに応じて行政や公権力の活動が適切に行われているかを調査し，勧告や意見表明等を行う。わが国においては，国政における制度化を皮切りに地方公共団体で導入が進み，議会が任命し，行政に対して幅広い調査権を持つ「議会オンブズマン」が主流となっている。

4 総務省が行う行政評価・監視は，毎年テーマを定めて，対象となる行政活動全般を詳細に調査・点検し，改善点を勧告するとともに，それを公表するものであり，行政機関が法令に基づいて業務を実施しているかどうかだけでなく，適正性や効率性等の観点からも調査が行われる。また，勧告等を受けた関係府省は，当該勧告等に基づく改善措置状況に関する回答が求められる。

5 主権者が個別の課題について直接にその意思を示す方法の一つとして，住民投票がある。住民投票は，憲法第95条に定められている特定の地方公共団体に適用される法律の可否について住民の意思を問うためのものに限られており，その実施のためには，当該地方公共団体において選挙権を有する者の50分の1以上の署名を集めた直接請求によって条例が制定される必要がある。

実戦問題②の解説

No.8 の解説　行政責任と行政統制
→問題はP.226　**正答5**

1 ✕ **アカウンタビリティの概念は，足立忠夫の「弁明的責任」に相当する。**

足立忠夫は行政官の責任を4つに類型化し，①任務を引き受けた段階で発生する「任務的責任」，②任務遂行の具体的要求に応える段階で発生する「応答的責任」，③任務遂行の結果に批判が加えられる段階で発生する「弁明的責任」，④任務遂行の失敗に対して制裁が加えられる段階で発生する「被制裁的責任」とした。責任を意味する英語との対応関係でいうと，応答的責任はresponsibility，弁明的責任はaccountability（アカウンタビリティ），被制裁的責任はliabilityに相当する。なお，わが国でアカウンタビリティ概念が説明責任として広まるきっかけを作ったのは，ウォルフレンの『人間を幸福にしない日本というシステム』（1994年）であった。

2 ✕ **行政責任のジレンマ状況は，さまざまな行政統制の間で発生しうる。**

行政責任のジレンマ状況とは，行政官が複数の行政統制の間で板挟みになることを意味している。したがって，ギルバートの4類型でいえば，各類型内でも各類型間でも，複数の行政統制が矛盾した指示を与えてくる場合には，行政責任のジレンマ状況が発生する。また，行政責任のジレンマ状況を克服するためのルールは存在しておらず，ときどきの状況を考慮しつつ，行政官が自己の判断に従って対応するしかないと考えられている。

3 ✕ **オンブズマン制度はスウェーデンで誕生した。**

オンブズマン制度はスウェーデンで誕生した後に，ヨーロッパに普及した。また，わが国では，川崎市など一部の自治体がオンブズマン制度を導入しているが，国レベルでオンブズマン制度が導入されたことはない。なお，市民による自発的な監視活動が一部で行われているのは事実であり，それを担っている人々は市民オンブズマンと呼ばれている。

4 ✕ **意見公募手続は改正行政手続法によって導入された。**

パブリック・コメント制度（意見公募手続）は，平成17（2005）年の行政手続法改正によって導入された。行政機関が命令等（政令や省令など）を制定する場合，事前にその案を示し，広く国民から意見や情報を募集しなければならないとされている。

5 ◎ **政治家による官僚の監視方法には，パトロール型と火災報知器型がある。**

正しい。政治家（本人）は官僚（代理人）に対して，行政事務の適切かつ効率的な処理を委任しているが，官僚はしばしば政治家の期待に背いた行動をとる（「エージェンシー・スラック」）。そこで，政治家は官僚を監視しなければならなくなるが，**監視の方法には，①自ら監視を行う「パトロール型」と，②市民や利益団体からの通報を待つ「火災報知器型」の2種類がある。**一般には，**火災報知器型のほうが政治家にとって監視コストが低い**とされている。

No.9 の解説　国民の行政活動への参加　　　　　　　　→問題はP.226　正答4

ア✕ 平成17年（2005年）の行政手続法の改正によって，行政機関は「命令等」を制定する際に意見公募手続を実施することが義務づけられた。しかし，例外も設けられており，たとえば，**公益上，緊急に命令等を定める必要があり，意見公募手続を実施することが困難であるときには，これを実施しなくてもよい**とされている（行政手続法39条4項1号）。

イ✕ 学校運営協議会はさまざまな意見を述べることができるが，それらに法的拘束力はなく，教育委員会や校長はこれに従う必要はない。

ウ◯ 正しい。平成13年（2001年）に施行された行政機関の保有する情報の公開に関する法律（行政機関情報公開法）では，「行政文書」の定義が2条2項において述べられている。その中で，**「官報，白書，新聞，雑誌，書籍その他不特定多数の者に販売することを目的として発行されるもの」は「行政文書」から除外する**旨が明記されている。

エ◯ 正しい。平成17年に施行された「行政機関の保有する個人情報の保護に関する法律」（行政機関個人情報保護法）では，**自分に関する個人情報を保有している行政機関に対して，何人も個人情報の開示請求，訂正請求，利用停止請求ができる**とされている。また，行政機関は，必要な場合に限って，利用目的をできる限り特定して個人情報を保有しなければならないこと，行政機関の長は，保有個人情報の漏えい等の防止やその他の適切な管理のために必要な措置を講じなければならないこと，なども定められている。なお，2021年には個人情報保護法が改正され，行政機関個人情報保護法，個人情報保護法，独立行政法人等個人情報保護法の3本の法律が改正法に一元化されることとなった。改正法には，地方公共団体の個人情報保護制度について，全国的な共通ルールを設けるなどの新しい内容も盛り込まれた。

以上より，**ウ**と**エ**が妥当であり，**4**が正答となる。

第3章
行政の活動と統制

1 ✗ 不服申立ては，違法または不当であるかどうかを判断の対象とする。

不服申立ては行政不服審査法に基づく救済制度であるが，行政相談は行政相談委員法に基づく制度である。また，不服申立ては，違法かどうかのみならず，不当であるかどうかについても判断の対象とするため，国民を幅広く救済することができるという利点を持っている。

2 ✗ 特別裁判所の設置は憲法で禁止されている。

第二次世界大戦前のわが国では，行政訴訟は特別裁判所（行政裁判所）で審理されていた。しかし，**日本国憲法76条2項で特別裁判所の設置が禁止された**ため，現在では行政訴訟は通常の司法裁判所で審理されている。また，不服申立前置主義については，現在も一部の個別法令でこれが規定されているが，2016年に改正行政不服審査法が施行された際には，約7割の法律で廃止・縮小の措置がとられた。

3 ✗ わが国では，国レベルのオンブズマン制度は導入されていない。

わが国では，国レベルのオンブズマン制度は導入されておらず，川崎市など一部の地方公共団体で導入されているにすぎない。また，**わが国の地方公共団体で設置されているオンブズマンは，議会が任命する「議会型オンブズマン」ではなく，首長が任命する「行政型オンブズマン」となっている**。なお，オンブズマンは，行政全般を調査対象とする一般（総合）オンブズマンと，特定分野を調査対象とする特殊（個別）オンブズマンに分けられるが，わが国ではいずれの類型も見られる。

4 ◎ 総務省は，行政機関の業務の実施状況を評価・監視している。

正しい。総務省は，**行政運営の改善・適正化を図るために，主に合規性や適正性，効率性等の観点から，行政機関の業務の実施状況を評価・監視している**。たとえば，本省行政評価局は地方支分部局（出先機関）を活用して全国計画調査を実施しており，調査結果をもとに関係府省に勧告等を行ったり，その後講じられた措置について報告を求めたりしている。

5 ✗ 条例に基づく住民投票では，さまざまな事項を対象とすることができる。

住民投票には，①特定の地方公共団体に適用される法律の可否を問うために実施されるもの（憲法95条），②直接請求制度に関連して実施されるもの（地方自治法76〜85条），③市町村合併に関連して実施されるもの（市町村合併特例法4・5条），④地方公共団体の条例に基づいて実施されるもの，という4種類がある。①〜③については，条例の制定は不要である。④については，どのような事項も住民投票の対象とすることができるが，法律に基づいて実施される投票ではないため，投票結果は法的拘束力を持たないとされている。

第4章
地方の行政

第4章 地方の行政

試 験 別 出 題 傾 向 と 対 策

試　験　名	国家総合職					国家一般職					地方上級 (全国型)				
頻出度 年　度 テーマ　　　　　出題数	21 ‐ 23	24 ‐ 26	27 ‐ 29	30 ‐ 2	3 ‐ 5	21 ‐ 23	24 ‐ 26	27 ‐ 29	30 ‐ 2	3 ‐ 5	21 ‐ 23	24 ‐ 26	27 ‐ 29	30 ‐ 2	3 ‐ 5
	3	2	2	2	2	4	2	3	2	1	3	1	3	1	2
A 15 わが国の地方自治の現状	1	2		2	2	1	2	3		1	1	1	2	1	1
A 16 わが国の地方自治の歴史	2		2			2			1		2		1		1
B 17 諸外国の地方自治						1		1							

　「地方の行政」では，①わが国の地方自治（テーマ15・16），②諸外国の地方自治（テーマ17）という2つの内容を学習する。このうちわが国の地方自治については，便宜上，現状と歴史という形でテーマを2つに分けているが，両者の内容は密接に関連している。そこで，できれば両テーマを一体のものと考え，続けて学習するようにしたい。もちろん，テーマ15を学習し終えてからテーマ16の学習に進んで構わないのだが，「テーマ15・16のPOINTを続けて読む→両テーマの必修問題と実戦問題1を続けて解く→両テーマの実戦問題2を続けて解く」という学習方法も有効である。

　この分野ではしばしば流行問題が生まれており，かつては地方自治の類型（ヨーロッパ大陸型とアングロ・サクソン型）が頻出であった。現在，それは下火となり，代わりに地方分権改革の問題が盛んに出題されている。また，近年，国と地方公共団体や民間企業との間の人事交流が出題されている点にも注目される。

● 国家総合職（政治・国際・人文）

　3年間に2〜3問のペースで出題が続いている。近年，特に目立つのは，地方自治法改正に絡んだ内容の出題である。法定受託事務制度の導入，財政自主権の強化，外部監査制度の導入などがそれに当たる。1999年の地方分権一括法の内容など，やや古い話題も含まれているが，いずれにせよ1990年代以降の地方分権化の動きを受けた出題であることは明らかである。近年に実現した特例市制度の廃止や必置規制の緩和などを含めて，地方分権化の話題には今後とも要注意である。そのほか，国家総合職に特徴的な出題として，連邦制の問題を挙げることができる。やや古い問題ではあるが，連邦制の概要やベルギーの状況などが出題されているので，念のため，連邦制の基礎知識程度は確認しておきたい。

地方上級 (関東型)					地方上級 (特別区)					市役所 (C日程)					
21 | 23	24 | 26	27 | 29	30 | 2	3 | 5	21 | 23	24 | 26	27 | 29	30 | 2	3 | 5	21 | 23	24 | 26	27 | 29	30 | 2	3 | 4	
3	1	3	1	3	2	0	3	2	3	0	1	2	0	1	
1	1	2	1	2			2		2		1	2		1	テーマ 15
2		1		1			1	1							テーマ 16
							2		1	1					テーマ 17

地方の行政

● 国家一般職

　出題数に若干の変動は見られるが，３年間に２～３問出題されることが多いので，平均すれば毎年１問弱はこの分野から出題があると考えてよい。国家公務員試験だから地方自治は出題されにくい，というわけではないので，勘違いしないようにしよう。出題の中心はわが国の地方自治であり，諸外国の地方自治が出題されるケースは少ない。過去の出題内容を選択肢ごとにチェックしてみると，地方財政と機関委任事務の出題数が多いので，この２点については確実に押さえておくべきである。また，近年では自治体の構造（二元代表制や執行機関多元主義など）が問われやすくなっているので，新傾向として注意してほしい。

● 地方上級

　出題数は一定していないが，３年間で３問出題されることもあり，総出題数の少なさを考慮すれば，かなりの頻出分野といえよう。全般に難易度はさほど高くないが，**関東型**はやや例外的である。関東型では特殊な内容が出題されることもあり，中央–地方の依存関係の類型化，三新法，地方行政調査委員会議，地方制度調査会，外国人参政権問題などがこれまでに出題されている。近年では全国型などの共通問題が増えており，難易度は平準化しつつあるが，いちおう気にとめておこう。

　なお，**特別区**では，地方自治があまり出題されてこなかったが，平成27年度以降は出題数が増加している。念のため注意したほうがよいだろう。

● 市役所

　地方公務員試験でありながら，これまで地方自治の出題数はあまり多くなかった。しかし，特に**C日程**では，平成26年度あたりから出題数が増加する傾向にある。今後は，わが国の地方自治の現状を中心に学習を進めるとよいだろう。

わが国の地方自治の現状

必修問題

国と地方公共団体の関係に関する次の記述のうち，妥当なものはどれか。

【地方上級（全国型）・令和3年度】

1 **中核市**は人口が50万人以上の市のうち政令によって指定を受けた市であり，その処理できる事務の範囲は通常の市よりも広い。

2 **自治事務**は，地方公共団体が独自に制定した条例に基づいて処理される事務であり，自治事務に対する国の関与は認められていない。

3 **地方交付税**は，国税の一定割合を財源として国が地方公共団体に交付する税であり，地方公共団体にとっては**特定財源**となる。

4 **国地方係争処理委員会**は，総務省の審議会であり，国による地方公共団体への関与の適正を確保するために，必要な措置を国に勧告することができる。

5 公職選挙法は，地方公共団体の首長や議会議員の選挙にも適用される法律であり，地方公共団体の議会の定数なども，この法律によって定められている。

難易度　＊

必 修 問 題 の 解説

　本問は国と地方公共団体の関係に関する基本問題である。やや難しめなのは地方公共団体の議会の定数（**5**）であるが，現在では地方分権改革が進んでいるという事実を思い起こせば，国が法律で縛りをかけているという記述は「怪しい」と気づくはずである。

1 ✕ 人口50万人以上を指定要件とするのは政令指定都市の場合である。

　　政令指定都市は人口50万人以上，中核市は人口20万人以上で指定を受けることができる。その処理できる事務の範囲は，政令指定都市，中核市，一般市の順に広い。

2 ✕ 自治事務は「法定受託事務以外のもの」とされている。

　　地方公共団体が処理する事務は，法定受託事務と自治事務に分類される。このうち法定受託事務は法律で限定列挙されており，それ以外はすべて自治事務に該当する。また，国の関与は，いずれの事務に対しても認められている。ただし，自治事務についてはより弱い関与しか認められていない。

3 ✕ 地方交付税は地方公共団体にとっては一般財源となる。

　　地方交付税は，使途を特定せずに国から地方公共団体に交付される。このように使途が特定されていない財源を**一般財源**という。これに対して，使途が特定されている財源を特定財源という。

4 ◎ 国地方係争処理委員会は，国の関与の是非について勧告することができる。

　　正しい。国の関与に不服のある場合，地方公共団体は総務省の**国地方係争処理委員会**に不服を申し立てることができる。同委員会は不服を受けて審査を行い，国に対して勧告を行うが，その**勧告に法的拘束力はない**。

5 ✕ 地方公共団体の議会の定数は条例によって定められている。

　　地方公共団体の議会の定数は，地方自治法の規定に基づき「条例で定める」ものとされている。かつては地方自治法に議員定数の規定が設けられていたが，1999年の地方自治法改正によって現在の形となった。なお，公職選挙法が地方公共団体の首長や議会議員の選挙にも適用されるという点は正しい。

正答 4

FOCUS

　わが国の地方自治制度は，相次ぐ改革によって大きく変化している。高校などで学んだ知識は，すでに時代遅れになっている可能性もあるので，POINTや問題解説を読み込んでアップデートしておこう。

第4章
地方の行政

重要ポイント 1 　地方自治の本旨

　地方自治を支えているのは，「地方の問題は地方で解決する」という基本理念である。ここから，地方自治の本旨（＝本来の趣旨）とされる**団体自治および住民自治という2つの自治観**が生まれてきた。

自治観	説明	発達地域
団体自治	国は地方の問題にできるだけ介入しない。	ヨーロッパ大陸諸国
住民自治	地方の問題は住民自身が自主的に解決する。	イギリスやアメリカ

重要ポイント 2 　わが国の地方公共団体

　わが国の地方自治制度は，日本国憲法および地方自治法に規定されている。

（1）地方公共団体の種類

　地方自治法は，地方自治の担い手となる団体を地方公共団体と呼び，これを**普通地方公共団体と特別地方公共団体に大別**している。

普通地方公共団体	市町村	基礎的な地方公共団体	特別地方公共団体	特別区	東京23区のこと
	都道府県	市町村を包括する広域の地方公共団体		組合	自治体間の共同事務処理機関として設けられるもの
				財産区	財産ないし公の施設の管理・処分・廃止のために設けられるもの

①大都市制度

　国の指定を受けた大都市には，都道府県から一定の事務が移譲される。規模の大きな都市ほど移譲される権限が多く，たとえば政令指定都市には，道府県から児童相談所の設置や小中学校の教職員の任命の権限が移譲されるが，中核市にはそれらの権限は移譲されない。

類型	要件
政令指定都市	**人口50万人以上**（運用上は100万人以上が目安）
中核市	人口30万人以上 → 2015年4月以降は「中核市」（人口20万人以上）に一本化。「特例市」は廃止。
特例市	人口20万人以上

②組合の類型

　特別地方公共団体の一つである組合には，次の2種類がある。

類型	説明
一部事務組合	事務の一部（し尿・ごみ処理など）を共同で処理する機関
広域連合	広域処理が適当な事務を共同で処理する機関

近年，特に注目されているのが広域連合である。**広域連合は，国から権限や事務の移譲を受けることができる**ほか，広域計画を作成して構成団体（都道府県や市町村）の事務に勧告を与えることもできる。そこで，広域連合を設立し，これらの権限を活用することで，広域行政を効果的に推進しようとする動きが見られる。

（2）自治体の構造

わが国の自治体（都道府県および市区町村）は，執行機関である長と議決機関である議会を2つの頂点とする二元代表制をとりつつ，議院内閣制の要素もとり入れている。

①二元代表制

長および議員は，ともに住民の直接選挙で選出される。このうち長は自治体を統括し代表する地位にあるため，その影響力は議会よりも大きい。

②議院内閣制の要素

議会が長の不信任決議権を持つとともに，これへの対抗措置として，長は議会の解散権を持つ。このほか，長が議会への議案提出権を持つこと，長が議会に出席して答弁する義務を持つことなども，議院内閣制的な仕組みである。

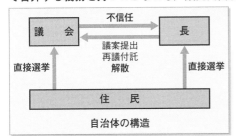

自治体の構造

役職名	被選挙権	任期
知　事	30歳以上	
市町村長	25歳以上	4年
地方議員	25歳以上※	

※当該自治体に3か月以上住所を有するという条件（いわゆる住所要件）も必要

③執行機関多元主義

わが国の自治体では，執行機関として長と行政委員会が並置されている。これは権力の集中を避け，行政の中立的な運営を確保するためである。

重要ポイント **❸** わが国の中央－地方関係

わが国の中央－地方関係は，伝統的に中央優位の状況にあった。しかし，近年では地方分権改革が進められ，事務面と財政面のいずれにおいても地方の権限が強められつつある。

（1）事務面における中央－地方関係

戦後のわが国では，地方公共団体の執行機関（長や行政委員会）を国の下部機関として扱い，国の事務の執行をこれにゆだねるというやり方がとられてきた。これを**機関委任事務制度**という。

機関委任事務制度は地方自治の精神と相容れない面を持っていたため，1999年（平成11年）の**地方分権一括法によって廃止され，その大半は自治事務ないし法定受託事務に再分類された。自治事務と法定受託事務は，いずれも自治体の事務とされ，**地方公共団体が国の下部機関として国の事務を行うことはなくなった。

第4章

地方の行政

両事務に対する国の関与も認められているが，それは明確な法令の根拠に基づくものでなければならない。また，関与は必要最小限度のものでなければならず，関与の方法も法律で類型化されている。両事務を比べた場合，法定受託事務には代執行などのより強い関与が認められている。万一，**国の関与に不服がある場合には，自治体の長等が国地方係争処理委員会（総務省）に審査を申し出ることができる。**

種類	説明	例
自治事務	自治体が処理する事務のうち，法定受託事務を除いたもの	飲食店営業の許可，都市計画区域の指定，建築確認
法定受託事務	本来は国の事務であるが，自治体にその処理を委託するもの※	戸籍事務，旅券の交付，生活保護の決定・実施，国政選挙

※いわゆる第一号法定受託事務。その他，本来は都道府県の事務であるが，市町村にその処理を委託するもの（第二号法定受託事務）もある。

(2) 三割自治

自治体は，住民の福祉向上のために，巨額の財政支出を必要とする。しかし，自主財源の中心となるべき地方税による収入は，自治体の歳入総額の4割（かつては3割）程度を占めるにすぎず，**不足額の大部分は国からの財政移転に依存している。**こうした状況を三割自治という。

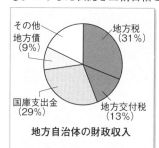

地方自治体の財政収入

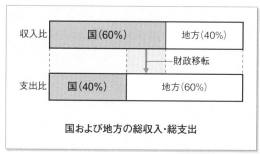

国および地方の総収入・総支出

①地方交付税

自治体間の財政力の格差を縮小するために，国が赤字自治体に交付する交付金のこと。国税3税（所得税・法人税・酒税）と消費税の一定割合および地方法人税の全額が，その財源とされている。使途は制限されず，**自治体の一般財源となる。**

②国庫支出金

個別事業に対して国が与える補助金・負担金・委託金のこと。使途が定められており，**自治体の特定財源となる。**近年，整理合理化が進められてきた。

③地方債

自治体が発行する債券のこと。**都道府県および政令指定都市の地方債は国との協議，一般の市町村の地方債は都道府県との協議に基づいて発行される。**かつてはそれぞれ許可制とされていたが，2006年度以降は現行制度となっている。なお，一定の健全な財政状況にある地方公共団体については，2012年度以降，民間向けの地方債発行を事前届出制とすることが認められ，事前の協議が不要となった。

重要ポイント 4 住民自治の関連制度

わが国では，住民の意向を自治体の運営に反映させるため，さまざまな制度が設けられている。

(1) 直接請求制度

直接請求制度とは，有権者から一定数の署名を集め，自治体に一定の請求を行う制度のことである。地方自治法に詳細な規定がある。

請求内容	必要署名数	請求先	成立後の手続き
条例の制定・改廃	有権者の$\frac{1}{50}$以上	長	長が自らの意見を付した条例案を議会に付議した後，請求代表者の意見陳述を経て議会で採決を行い，過半数の賛成で可否を決定する。
事務の監査		監査委員	監査委員による監査を実施する。
長・議員の解職	有権者の$\frac{1}{3}$※以上	選挙管理委員会	有権者による住民投票を実施し，過半数の賛成で解職・解散を決定する。
議会の解散			
主要公務員の解職		長	議会で採決を行い，出席議員の$\frac{3}{4}$以上の賛成で解職を決定する。

※有権者数が40万超80万以下の自治体では，「40万×$\frac{1}{3}$＋（有権者数－40万）×$\frac{1}{6}$」，

有権者数が80万超の自治体では，「40万×$\frac{1}{3}$＋40万×$\frac{1}{6}$＋（有権者数－80万）×$\frac{1}{8}$」とされる。

なお，条例の制定・改廃の請求はイニシアチブ，長・議員・主要公務員の解職請求はリコールとも呼ばれている。

(2) 住民監査請求と住民訴訟

長や職員が違法・不当な公金支出，財産取得，契約締結等を行った場合，住民は監査委員に監査を求め，その防止・是正，損害回復措置等を請求できる。**住民監査請求は住民が1人でも行うことができるが，その対象はあくまでも財務会計上の行為に限定されている。**

住民監査請求が認められない場合，住民は住民訴訟を提起することができる。損害賠償や不当利得の返還を求める訴訟（4号訴訟）を例にとれば，裁判は2段階の過程を経て行われる。すなわち，①原告の住民が，自治体の長等を被告として，賠償や返還の請求を行うように求める裁判，②自治体の長等が原告となり，職員等を被告として賠償や返還を請求する裁判，という2段階である。

(3) 住民投票

近年では，産業廃棄物処理施設の建設の是非といった重要案件について住民投票を実施し，住民の意向を問おうとする自治体が現れている。しかし，そうした**諮問型の住民投票は，各自治体の条例や要綱に基づいて自発的に実施されているにすぎず，住民投票の結果が法的拘束力を持つことはない。**

なお，憲法95条の規定によれば，国会が特定自治体にのみ適用される法律を制定する際には，住民投票を実施してその過半数の賛成を得なければならないとされる。

✦ **No.1** わが国の地方自治に関するA～Dの記述のうち，妥当なものを選んだ組合せはどれか。

【地方上級（特別区）・令和3年度】

A：中核市は，政令指定都市が処理することができる事務のうち，都道府県がその区域にわたり一体的に処理することが効率的な事務等を除いた事務を処理することができ，その指定要件は人口120万人以上である。

B：広域連合は，地方公共団体の組合の一つであり，普通地方公共団体および特別区の事務で広域的な処理が適当と認めるものについて，広域計画を作成し，広域計画の実施のために必要な連絡調整を図り，その事務の一部を広域にわたり総合的に処理するために設けることができる。

C：条例に基づく住民投票は，公職選挙法の適用を受けるため外国人や未成年者に投票権を与えることはできず，また，投票の結果には法的拘束力がないとされている。

D：地方公共団体の議会に対する請願および陳情は，国籍を問わずに行うことができ，請願は議員の紹介を要しないが，陳情は議員の紹介により文書を提出しなければなない。

1 A，B

2 A，C

3 A，D

4 B，C

5 B，D

✦ **No.2** 地方公共団体に関する次の記述のうち，妥当なものはどれか。

【地方上級・平成19年度】

1 明治時代には東京市，大阪市，京都市からなる三大都市制度が発足し，その首長は官選とされた。

2 地方公共団体には普通地方公共団体と特別地方公共団体があるが，特別区は普通地方公共団体に該当し，その首長を公選以外の方法で選出することは違憲である。

3 平成11年に機関委任事務が廃止され，その多くは法定受託事務と自治事務に再分類されたが，このうち法定受託事務は国の責任で実施されるものとされている。

4 わが国では二元的代表制が徹底されているため，地方公共団体の議決機関である地方議会は，執行機関が実施している自治事務について調査権を持たない。

5 都道府県から市町村へ委託される第2号法定受託事務について争いが生じた場合，総務省に設けられた国地方紛争処理委員会がこれに裁定を下す。

No.3 日本の地方議会に関する次の記述のうち，妥当なものはどれか。

【地方上級（全国型）・平成26年度】

1 地方公共団体には都道府県と市町村があり，それぞれに議会が設置されている。これを「二元代表制」という。ただし，市町村については議会に代えて，有権者による総会を置くことができる。

2 地方議会は1つの選挙区から多数の議員を選出する選挙制度をとっている。したがって，55年体制の成立以降，有権者は候補者個人よりも政党を重視して投票している。

3 地方議会については，有権者の3分の1以上の署名を集めることにより解職を請求することができる。ただし，有権者の人口が40万超の場合と80万超の場合とで，請求の要件が緩和されることがある。

4 地方議会は，有権者が傍聴を求めるときは，傍聴を許すことができる。これを「議会傍聴の原則」という。

5 専決処分とは，本来議会の議決が必要な事項について議会が招集できない場合等に，議決をせず，首長自らが処分をすることである。近年，専決処分を濫用する首長が存在し問題となったが，専決処分が規定されている法律は改正されていない。

No.4 国と地方公共団体との関係に関する次の記述のうち，妥当なものはどれか。

【地方上級（全国型）・平成29年度】

1 機関委任事務とは，地方公共団体が本来果たすべき役割に係るものであるが，その性質上，国が代行するとされている事務のことである。

2 1990年代以降に実施された地方分権改革により，国と地方公共団体との関係は「上下・主従」から「対等・協力」へと改められた。

3 1990年代以降に実施された地方分権改革により，国が本来果たすべき役割に係る事務を地方公共団体が受託して行うことは禁止された。

4 国と地方公共団体の間で生じた事務処理を巡る係争を解決するため，国地方係争処理委員会が全国の地方裁判所および高等裁判所に設置されている。

5 地方公共団体の自主性を守るため，国家公務員法や地方公務員法では国と地方公共団体の人事交流が禁止されており，地方公共団体間の職員派遣も認められていない。

第4章
地方の行政

＊ わが国の中央地方関係に関するＡ～Ｄの記述のうち，妥当なものを選ん
だ組合せはどれか。

【地方上級（特別区）・平成29年度】

Ａ：2000年に施行された地方分権の推進を図るための関係法律の整備等に関する
法律（地方分権一括法）では，国と地方の関係を上下・主従の関係から対
等・協力の関係に転換させる観点から，機関委任事務は廃止され，地方自治
体の事務として存続する事務としては自治事務と法定受託事務に再構成され
た。

Ｂ：国と地方自治体の関係を公正で透明なものにするため，地方分権一括法によ
る地方自治法の改正により，国の関与の標準類型および関与の手続ルールが
定められたが，地方自治体に対する国の関与に関する係争処理の制度は設け
られなかった。

Ｃ：第一号法定受託事務とは，法律またはこれに基づく政令により都道府県，市
町村または特別区が処理することとされる事務のうち，国が本来果たすべき
役割にかかわるものであり，国においてその適正な処理を特に確保する必要
があるものとして法律またはこれに基づく政令に特に定めるものをいう。

Ｄ：国から地方自治体への財政移転には地方交付税があり，国は地方交付税の交
付に当たっては，地方自治の本旨を尊重しなければならないが，地方交付税
は特定財源であるため，その使途について，条件をつけまたは制限をするこ
とができる。

1 Ａ，Ｂ

2 Ａ，Ｃ

3 Ａ，Ｄ

4 Ｂ，Ｃ

5 Ｂ，Ｄ

No.6　地方税制に関する次の記述のうち，妥当なものはどれか。

【地方上級（全国型）・平成23年度】

1　地方自治体は，国との協議に基づいて法定外普通税や法定外目的税を設けることができる。前者には熱海市の別荘等所有税，後者には東京都の宿泊税などが該当する。

2　住民税は，各地方自治体に住所を置く個人や本支店を置く法人等に課せられる税金である。所得税が応益的な性格を強く持つのに対して，住民税は応能的な性格を強く持つとされている。

3　国から地方自治体へ財政移転を行うものとして，地方交付税（＝補助金）制度が設けられている。こうした財政移転の制度は他に設けられておらず，多くの自治体はその増額を要求している。

4　第二次世界大戦後，固定資産税は市町村税の一種として徴収されていた。しかし，第2次臨時行政調査会の答申を受け，1980年代中頃に国税の一種に改められた。

5　法人税は国税であると同時に地方税ともされており，収入は国と地方自治体で折半されている。法人税の課税額は各法人の所得等に応じて決定されるため，景気変動の影響を受けやすい。

No.7　わが国の広域行政に関する記述として妥当なのはどれか。

【地方上級（特別区）・令和5年度】

1　広域行政とは，複数の地方公共団体が区域を越えて，事務を広域的に処理することをいい，事務の委託や事務組合などの方式があり，このうち，役場事務組合が，最も多く利用されている。

2　地方自治法に規定される普通地方公共団体の協議会は，普通地方公共団体が，その事務の一部を共同して管理し，および執行するために設けることができ，法人格を有する。

3　地方自治法の規定される事務の委託は，普通地方公共団体が，その事務の一部を他の普通地方公共団体に管理し，および執行させるものであるが，委託した事務の権限は，委託した普通地方公共団体が有する。

4　地方自治法に規定される一部事務組合は，市区町村間でその事務の一部を共同処理するために設けるものであり，都道府県と市区町村の間で設けることはできない。

5　地方自治法に規定される広域連合は，普通地方公共団体および特別区が，その事務で，広域にわたり処理することが適当なものを処理するために設けることができ，また，国や都道府県から権限や事務の移譲を可能にするものである。

実戦問題 **1** の解説

No.1 の解説　わが国の地方自治
→問題はP.240　**正答 1**

A ◯ 中核市の指定要件は人口20万人以上とされている。

正しい。**人口20万人以上の市のうち政令によって指定を受けた市は，中核市となることができる**。中核市は，都道府県から事務権限の一部を移譲され，自ら処理することができる。

B ◯ 広域連合は広域的な処理が適当な事務を処理している。

正しい。複数の地方公共団体が集まり，共同で事務を処理するために設置した特別地方公共団体を「組合」という。**広域連合はこの組合の一種であり，広域観光振興や広域産業振興など，広域的な処理が適当な事務を処理している**。

C ✕ 条例に基づく住民投票は公職選挙法の適用を受けない。

条例に基づく住民投票は，地方公共団体の判断に基づいて実施されるものであり，公職選挙法の適用は受けない。そのため，外国人や未成年者に投票権を与えることも可能である。なお，条例に基づく住民投票は法律の根拠をもたないため，投票の結果には法的拘束力がないとされている。

D ✕ 地方議会に対する請願は議員の紹介を必要とする。

地方自治法では，「**普通地方公共団体の議会に請願しようとする者は，議員の紹介により請願書を提出しなければならない**」（124条）とされている。陳情についてはこのような法律上の規定はなく，議員の紹介は不要とされている。なお，請願や陳情は，いずれも国籍を問わず行うことができるとされている。

以上より，AとBが正しく，正答は**1**である。

No.2 の解説　地方公共団体
→問題はP.240　**正答 1**

1 ◯ 三大都市の首長は官選の府知事が兼任した。

正しい。1889年（明治22年）に**市制町村制が施行された際，東京市，大阪市，京都市の三大都市は一般市とは区別され，官選の府知事が市長を兼任することとなった**。ただし，この「市制特例」は住民に不評であったことから，1898年には廃止され，三大都市も一般市と同様に扱われることとなった。

2 ✕ 特別区は特別地方公共団体に該当する。

特別区は普通地方公共団体ではなく，特別地方公共団体に該当する。また，**特別区の首長を公選以外の方法で選出しても違憲ではない**。日本国憲法は，地方公共団体の首長の公選制を定めているが，これは普通地方公共団体に適用される規定であり，特別区には当てはまらない。実際，1952年から1974年にかけて，特別区の首長の選任は，区議会が都知事の同意を得てこれを行っていた。

3 ✕ 法定受託事務は自治体の責任で実施される。

1999年（平成11年）に地方分権一括法が制定され，機関委任事務の多くが法定受託事務と自治事務に再分類された。両事務はいずれも「自治体の事務」と位置づけられており，国が自らの責任でこれを実施することはない。ただし，国の関与が一切禁止されたわけではなく，資料の提出の要求や是正の勧告などの形で，国が両事務に関与することは認められている。

4 × 地方議会は自治事務について調査権を持つ。

地方公共団体の議決機関である**地方議会は，執行機関が実施している事務（自治事務および法定受託事務）について，調査権や議決権を行使することができる。**

5 × 国地方紛争処理委員会は第2号法定受託事務には関与しない。

国が本来果たすべき役割に係る法定受託事務を第1号法定受託事務，都道府県が本来果たすべき役割に係る法定受託事務を第2号法定受託事務という。**第2号法定受託事務について，都道府県と市町村の間で争いが生じた場合は，総務大臣によって事件ごとに任命される自治紛争処理委員が，調停または審査・勧告を行う。**本肢で言及されている国地方紛争処理委員会（総務省）は，国と地方公共団体の間の紛争を扱うものとされている。

No.3 の解説 日本の地方議会　　　　　　→問題はP.241　**正答3**

1 × わが国の地方自治における二元代表制とは，地方公共団体に執行機関（首長）と議決機関（議会）が並置され，ともに公選制とされていることを意味している。また，**議会に代えて有権者による総会を置くことができるのは，町村のみである**（地方自治法94条）。

2 × 地方議会の選挙では，地域に密着した問題が争点とされやすい。そのため，有権者は政党よりも候補者個人を重視する傾向にあり，どの候補者が最も地元に貢献してきたか，あるいは貢献してくれそうかという観点から投票しやすい。また，特に農村部では，昔ながらの血縁・地縁による投票も見られる。

3 ◎ 正しい。**地方議員の解職請求の場合，有権者の人口が40万超かつ80万以下の部分については，必要署名数が6分の1に緩和される。また，80万超の部分については，必要署名数が8分の1に緩和される。**

4 × 地方議会の会議は，原則として公開が義務づけられている（同115条）。有権者の求めに応じて傍聴を許すといった性質のものではない。

5 × 鹿児島県阿久根市の市長が議会を開かずに専決処分を乱発し，問題となったことから，2012年に地方自治法が改正された。これにより，**議長等の臨時会の招集請求に対して首長がこれを招集しないときは，議長が臨時会を招集することができる**ものとされた（同101条5・6項）。

No.4 の解説　国と地方公共団体との関係

1 ✕ 機関委任事務とは，「国」が本来果たすべき役割に係るものであるが，その性質上，「地方公共団体」が代行するとされている事務のことである。

2 ◎ 正しい。従来，わが国では，国と地方公共団体の関係を「上下・主従」の関係ととらえる向きが強く，地方自治の理念が十分に実現されてこなかった。そこで，**1990年代の地方分権改革を通じて，機関委任事務制度の廃止などが行われ，国と地方の関係が「対等・協力」の関係へと改められた。**

3 ✕ 1990年代に実施された地方分権改革により，新たに法定受託事務制度が設けられた。これは，国が本来果たすべき役割に係る事務を地方公共団体が受託して行うという制度である。法定受託事務制度では，地方公共団体の首長が国の下部機関として扱われるということがなく，その点で従来の機関委任事務制度とは大きく異なっている。

4 ✕ 国地方係争処理委員会は総務省に設置されている。同委員会は，係争の解決に向けて勧告を行うために設けられた行政機関であり，地方裁判所や高等裁判所などの司法機関とは明確に区別される。

5 ✕ **国と地方公共団体の人事交流は盛んに行われており，**国家公務員が副知事や幹部職員などとして地方に出向したり，地方公務員が中央官庁に出向したりするケースが数多く見られる。また，地方公共団体間の職員派遣も盛んに行われており，都道府県の職員が副市町村長や幹部職員などとして市町村に出向したり，市町村職員が都道府県庁に出向したりするケースが見られる。

No.5 の解説　日本の中央地方関係

A ◎ 地方分権一括法で機関委任事務は自治事務と法定受託事務に再構成された。
正しい。**地方分権一括法により，明治期から続いていた機関委任事務制度が廃止され，自治事務と法定受託事務に再構成された。**このうち法定受託事務は，法律に明記された事務に限定され，それ以外に地方自治体が行う事務は，すべて自治事務と位置づけられた。

B ✕ 地方分権一括法により，国と地方の係争処理制度が設けられた。
地方分権一括法により，国地方係争処理委員会が設けられ，国の関与について不服がある場合，地方自治体の長等は審査の申出を行うことができるようになった。同委員会は，申出を受けて審査を行い，国の関与が違法等であると認めた場合には，国の行政庁に対して必要な措置を行う旨の勧告等を行う。

C ◎ 第1号法定受託事務は，国が本来果たすべき役割に係るものである。
正しい。法定受託事務には第1号法定受託事務と第2号法定受託事務がある。**第1号法定受託事務とは，都道府県や市区町村が処理する事務のうち，国が本来果たすべき役割に係るものをいう。**第2号法定受託事務とは，市区町村が処理する事務のうち，都道府県が本来果たすべき役割に係るものをい

う。

D × 地方交付税は一般財源である。

地方交付税は使途を定めずに交付されるため，一般財源に分類される。これに対して，使途が限定された特定財源として交付されるのは，国庫支出金（＝負担金，委託金，補助金）である。

以上より，**A**と**C**が正しく，正答は**2**である。

No.6 の解説 地方税制   →問題はP.242 **正答1**

1 ◎ **正しい。地方自治体は，地方税法に列挙された税目以外の税目を起こして，普通税や特別税を課すことができる。前者を法定外普通税，後者を法定外目的税という。**

2 × 所得税には累進課税の仕組みが取り入れられており，所得が高いほど高率の税金を収めなければならないため，応能的（＝支払能力に応じて負担すること）な性格が強いとされている。これに対して，住民税は均等割（＝応益割）部分と応能割（＝所得割）部分から成り，均等割部分は所得の多寡と無関係に均等に課せられるため，応能的性格は相対的に弱いとされている。

3 × 地方交付税と補助金（国庫補助金）は，それぞれ異なる目的を持って設けられた2つの制度である。すなわち，地方交付税は自治体間の財源の不均衡を調整するための制度であり，補助金は特定の事業（地方道の整備など）を促進するための制度であるとされる。また，国から自治体への財政移転制度としては，これらのほかに，国庫負担金（＝自治体との共同事務事業における国側負担分として交付されるもの），国庫委託金（＝自治体への事務委託の経費として交付されるもの）なども挙げられる。

4 × 固定資産税とは，土地，家屋，有価償却資産（工場の機械など）に課せられる税金のことである。**固定資産税は，シャウプ勧告に基づき第二次世界大戦後に創設されてから今日に至るまで，市町村税とされている。**なお，固定資産税のルーツは，明治時代に国税として導入された地租に求められる。

5 × 法人税はあくまでも国税であり，地方税とはされていない，これに対して，法人が負担すべき地方税とされているのは，法人住民税や法人事業税などである。

第4章

地方の行政

247

1✕ 広域行政の方式で最も活用されているのは事務の委託である。

広域行政の方式には，事務の委託や協議会の設置，連携協約の締結，組合の設置などさまざまなものがある。この中で**最も活用されているのは，地方公共団体の事務の一部の管理・執行を他の地方公共団体にゆだねる「事務の委託」である。**なお，役場事務組合とは，町村が役場の事務を共同で処理するために設置する特別地方公共団体のことであるが，地方自治法の改正により現在ではこの方式は廃止されている。

2✕ 普通地方公共団体の協議会は法人格を持たない。

普通地方公共団体の協議会（地方自治法252条の2の2）は，普通地方公共団体の協議により定められる規約で設置される組織であるが，法人格を持たず，協議会固有の財産や職員を持たない。

3✕ 他の普通地方公共団体に委託した事務の権限は委託先が持つ。

事務の委託（地方自治法252条の14）の場合，**委託された事務の権限は，委託を受けた普通地方公共団体が持つことになる。**したがって，当該事務は委託を受けた普通地方公共団体が自己の事務として処理し，法令上の責任も受託した普通地方公共団体に帰属することになる。

4✕ 一部事務組合は都道府県と市区町村の間で設けることもできる。

一部事務組合は，普通地方公共団体がその事務の一部を共同処理するために設ける特別地方公共団体である。その構成団体は，普通地方公共団体（都道府県と市町村）および特別区とされており，都道府県と市区町村の間で一部組合を設けることも認められている。

5◎ 広域連合は広域事務を処理し，国などから権限の移譲も受けられる。

正しい。**広域連合は，普通地方公共団体および特別区が，広域にわたり処理することが適当であると認められる事務を処理するために設ける特別地方公共団体である。国または都道府県から直接に権限や事務の委任を受けることができるとされている。**

実戦問題❷　応用レベル

わが国の地方自治に関する次の記述のうち，妥当なのはどれか。

【国家一般職・令和4年度】

1　都道府県知事または市町村長（首長）が，議会における条例の制定もしくは改廃または予算に関する議決について異議がある場合，原則としてその議決の送付を受けた日から30日以内に理由を示して議会に通知することができる。当該通知を受けた議決に関する原案は直ちに廃案となるため，首長は条例の制定や予算に関し強い拒否権を有しているといえる。

2　都道府県または市町村の議会において，議員数の3分の2以上が出席し，出席議員の過半数の同意があれば，首長の不信任の議決をすることができる。この場合，首長はその通知を受けた日から10日以内に議会を解散することができるが，その解散と同時に首長は法律上，その職を失うこととなる。

3　都道府県または市町村の議会が議決すべき事件を議決しないなどの場合や，議会の権限に属する軽易な事項でその議決により特に指定した場合には，首長は一定の範囲内で議決すべき事件を処分（専決処分）することができる。ただし，前者の場合に専決処分をしたものについては，首長は次の会議において議会に報告し，その承認を求めなければならないことが地方自治法に規定されている。

4　地方自治法においては直接請求制度が定められており，都道府県または市町村に勤務するすべての公務員について，当該都道府県または市町村の有権者の総数の10分の1以上の者の連署をもって解職の請求を行うことができるが，住民の投票によって選ばれる首長や議会の議員の解職については，直接請求制度の対象となっていない。

5　都道府県または市町村においては，首長と並んで複数の委員で構成される合議制の組織である行政委員会が執行機関として存在し，二元代表制と呼ばれる。行政委員会は，政治的中立性の確保が必要とされる分野などにおいて設置され，首長とは相互に独立して職務を遂行しており，各行政委員会は関連する条例案や予算案を議会に直接提出することも認められている。

No.9 地方分権に関する次の記述のうち，妥当なのはどれか。

【国家一般職・平成27年度】

1 地方分権を推進する観点から，平成11（1999）年に地方分権一括法が制定された。この法律により，従来，自治体が国と対等な立場で法令によって国から事務を請け負っていた機関委任事務が，自治体が責任を持って主体的に処理すべき自治事務と，国の事務の一部を知事や市町村長などに委任し，その執行を国が監督する法定受託事務とに振り分けられた。

2 人口50万人以上の市のうち，政令で指定されたものについては，政令指定都市として，大都市行政にかかる一定の事務と権限を府県・知事等から市・市長等へ法令に基づいて移行させることができるほか，地方譲与税が上積みされる等，税源移譲により財源面において一定の増額がある。

3 地方公共団体には自らの事務を遂行するために条例制定権が認められており，現在も多くの条例が定められているが，地方分権を推進する観点から，地方自治法上，自治体の事務について国から承認を得た場合には，法律に抵触する条例を制定することも可能とされている。

4 地方公共団体の標準的なサービスを保障するとともに，自治体間の財源のアンバランスを是正するため，国は，国税収入の一定額を地方交付税として交付しており，社会保障分野に限っては，全国どこでも最低限の社会保障サービスが提供されるよう，交付金額の3割を社会保障分野に使用することを義務づけている。

5 地方分権一括法の制定により，国で行っていたさまざまな事務が自治体の権限で行えるようになったが，農業施策に関しては，食糧自給率等の国としての方針を実現するため，土地面積にかかわらず，農地転用には国の許可が必要となっている。

No.10 **わが国の地方自治制度に関する次の記述のうち，妥当なのはどれか。**

【国家一般職・平成29年度】

1 　地方公共団体の長とその議会は，共に住民の代表機関として位置づけられる。このような代表機関どうしにおける権力の抑制・均衡を図るため，議会による長の不信任の議決に対し，長は30日以内に議会を解散することができ，解散後初めて招集された議会において再び不信任の議決があったときは，長は直ちに議会を解散しなければ失職することとされている。

2 　地方公共団体には，執行機関として長のほかに審議会を置くことができる。長と並ぶ執行機関として審議会を設置することによって，長の権力を牽制し，政治的中立性の確保が求められる領域への長による過度な介入や干渉を防ぐことを目的としており，各審議会には，規則制定権に加えて，条例案や予算を議会に直接提出する権限が認められている。

3 　地方公共団体の長とその議会の議員は，それぞれ住民の選挙によって選ばれるため，長と議会の多数派の立場や主張が常に一致するとは限らない。しかし，長がリーダーシップを発揮するためには議会の多数派の支持が不可欠であり，住民の投票傾向が一致しやすくなるよう，都道府県知事の選挙はすべて，統一地方選挙として議会の議員の選挙と同じ4月に実施されている。

4 　地方公共団体の議会は，地方自治法第100条の規定に基づき，当該地方公共団体の事務に関する調査を行うことができる。調査を行うため特に必要があると認めるときは，選挙人等の関係人の出頭・証言や記録の提出を請求することができ，請求を受けた関係人が正当な理由がないのに議会に出頭しなかったり，証言を拒んだりしたときなどは，罰則の対象とされている。

5 　地方公共団体における特定の機関等の設置の義務づけは，第一次地方分権改革によって緩和・廃止され，教育委員会等の委員会の設置も義務ではなくなった。一方，都道府県の知事部局については，行政サービスの多様化に伴い増加傾向にある部局数を抑制するため，行政改革の観点から，具体的な部局名と数を法定する仕組みが第一次地方分権改革後も一貫して維持されている。

実戦問題 2 の解説

No.8 の解説 日本の地方自治
→問題はP.249 正答3

1 × 首長による再議付託は議会の再可決によって乗り越えられる。
条例の制定改廃や予算に関する議決について異議がある場合，首長は原則としてその送付を受けた日から「10日以内」に理由を示して議会に通知することができる（「再議付託」）。また，議会で再議が行われ，出席議員の3分の2以上の同意で再可決された場合，議決は原案どおりに確定する。

2 × 首長の不信任には出席議員の4分の3以上の同意が必要である。
地方議会において，議員数の3分の2以上が出席し，その「4分の3以上」の同意があれば，首長の不信任の議決をすることができる。また，首長は不信任の通知を受けた日から10日以内に議会を解散すれば，その職を継続することができる。ただし，解散後初めて招集された議会において，出席議員の過半数の同意で再度不信任されれば，首長はその職を失う。

3 ◎ 議会の委任に基づかない専決処分は議会の事後承認を求める必要がある。
正しい。議会が議決すべき事件を議決しないなどの場合，首長は専決処分を行うことができる。この場合，**首長は次の会議において議会に報告し，その承認を求めなければならない**。ただし，**議会で承認されなくても，専決処分の効力は失われない**。

4 × 解職請求の対象は首長や議会の議員，主要公務員とされている。
直接請求の一種として解職請求の制度が設けられているが，その対象は首長や議会の議員，主要公務員（副知事や副市長村長など）とされており，その他の一般公務員は解職請求の対象とはならない。また，解職請求には，有権者の総数の原則3分の1以上の者の署名が必要とされている。

5 × 首長と行政委員会が並置されているあり方を執行機関多元主義という。
首長と行政委員会がともに執行機関として並置されているあり方は，執行機関多元主義と呼ばれている。これに対して，二元代表制とは，議決機関である議会と執行機関である首長が並置されているあり方をさす。また，行政委員会は首長とは相互に独立して職務を遂行しているが，地方行政の一体性を保つため，条例案や予算案を議会に提出できるのは首長に限られている。

No.9 の解説 地方分権
→問題はP.249 正答2

1 × 地方分権一括法により，機関委任事務は自治事務と法定受託事務に振り分けられたが，いずれの事務に対しても国の包括的指揮監督権は認められていない。「国の事務の一部を知事や市町村長などに委任し，その執行を国が監督する」という記述に該当するのは，かつての機関委任事務である。

2 ◎ 正しい。**政令指定都市に指定された市は，一定の事務と権限を府県等から移譲され，自らこれを実施することができるようになる**。また，それに対応して，**財源についても一定の増額措置がとられる**。

3 × 地方公共団体は条例制定権を持つ。しかし，あくまでも「法律の範囲内で条

例を制定することができる」（憲法94条）とされているにすぎず，法律に抵触する条例を制定することはできない。

4 ✕ 地方交付税は，地方公共団体の一般財源として交付されており，その使途は交付を受けた地方公共団体が自由に決定できる。「交付金額の３割を社会保障分野に使用する」といった使途の制限は設けられていない。

5 ✕ 第５次地方分権一括法の施行により，2016年４月以降，農地転用の許可権限は都道府県（知事）に一元化されている。それ以前は，一定面積を超える農地転用については国（農林水産大臣）の許可，それ以下の農地転用については都道府県（知事）の許可が必要とされていた。

No.10 の解説 日本の地方自治制度 →問題はP.250 **正答4**

1 ✕ 議会による長の不信任の議決に対し，長は「10日以内」に議会を解散することができる（地方自治法178条１項）。また，**解散後初めて招集された議会において再び不信任の議決があったときは，長は再び議会を解散することはできず，そのまま職を失う**（同２項）。

2 ✕ 長と並ぶ執行機関として置かれるのは，行政委員会である。このように複数の執行機関が並び立つあり方を，執行機関多元主義という。なお，審議会は単なる諮問機関にすぎず，規則制定権や条例案・予算案を議会に直接提出する権限などは与えられていない。

3 ✕ 都道府県知事の選挙と地方議会議員の選挙は，同時に実施されるとは限らない。長と地方議会議員の任期はともに４年とされているが，長の退職・失職や死亡，議会の解散などがあると，いずれか一方または両方の選挙が，統一地方選挙のサイクルから外れてしまうためである。

4 ◎ 正しい。地方自治法100条の規定に基づいて設置される委員会を，100条委員会という。**100条委員会は，国会の両院が持つ国政調査権と同様の権限を持って，関係人の出頭・証言や記録の提出を求めることができる。**

5 ✕ 地方公共団体における特定の機関等の設置の義務づけ（＝**必置規制**）は，いわゆる第２次地方分権改革を通じて緩和・廃止が進んでいる。これに対して，第１次分権改革とは，機関委任事務制度の廃止などを実現した改革をさし，地方分権一括法がその最大の成果とされている。また，教育委員会については，設置義務が廃止されたという事実はなく，現在でも普通地方公共団体にはこれを設置する義務が課せられている（地方自治法180条の５）。逆に，都道府県の知事部局について，具体的な部局名と数を法定するという仕組みは，現在に至るまで実現していない。

わが国の地方自治の歴史

必修問題

わが国の地方自治の歴史に関する次の記述のうち，妥当なものはどれか。

【地方上級・令和4年度】

1 大日本帝国憲法の制定から第二次世界大戦の終結までの時期の府県知事は，すべて天皇が勅任する国の官吏であり，内務大臣によって指揮管理されていた。

2 連合国軍総司令部（GHQ）による占領改革の一環で**市町村合併**が進められ，サンフランシスコ平和条約が発効した時点で，市町村の数は3千台にまで減っていた。

3 **機関委任事務**は，地方公共団体の事務の一部を国が代替して執行する制度であったが，第2次臨時行政調査会の答申により，廃止された。

4 **地方分権一括法**の制定により，都道府県が持つ一部の権限を大規模な市に移譲するために，**政令指定都市**と**中核市**の制度が導入された。

5 2000年代には地方財政の強化が課題となり，地方への財源移譲，地方交付税の見直し，国庫補助負担金の増設からなる**三位一体改革**が実施された。

難易度 ＊

A
頻出度

国家総合職 ★★
国家一般職 ★★
地上全国型 ★★
地上関東型 ★★

地上特別区 ★
市役所Ｃ ─

16 わが国の地方自治の歴史

必修問題の解説

本問はわが国の地方自治の歴史に関する基本問題である。戦前の府県知事の派遣制（**1**），機関委任事務の仕組み（**3**），三位一体改革の概要（**5**）は頻出の基礎事項なので，しっかりと押さえておきたい。

1 ◎ 旧憲法下の府県知事は国の官吏であった。

正しい。**旧憲法（大日本帝国憲法）下の府県知事は，天皇が勅令によって任命する勅任官とされていた**。具体的には，内務省の官吏が府県に派遣され，内務大臣の指揮管理の下で国の一般行政を担任していた。

2 ✕ 昭和の大合併は独立回復後の1953年から始まった。

昭和時代の市町村合併（「昭和の大合併」）は，町村合併推進法が施行された1953年から約８年間にわたって続いた。わが国が独立を回復したのは1952年のことであるから，昭和の大合併は独立回復後に行われたものである。また，独立回復時の市町村数は約１万であったが，これが昭和の大合併によって３分の１近くまで削減され，約3,500となった。

3 ✕ 機関委任事務は国の事務の一部を地方公共団体が代替執行する制度であった。

機関委任事務は，知事や市町村長などを国の下部機関として扱い，国の事務の一部を代替執行させる制度であった。また，機関委任事務は1999年の地方分権一括法で廃止されたが，これは第２次臨時行政調査会ではなく，地方分権推進委員会の答申によるものであった。

4 ✕ 政令指定都市と中核市は地方分権一括法の成立以前から設けられていた。

地方分権一括法が成立したのは1999年のことであるが，政令指定都市制度は1956年，中核市制度は1994年に創設されている。なお，地方分権一括法では新たに特例市制度が創設されたが，現在では特例市制度は中核市制度に統合されている。

5 ✕ 三位一体改革で国庫補助負担金は削減された。

三位一体改革は，「地方にできることは地方に」という理念の下，小泉内閣によって進められた地方財政改革である。三位一体改革では，地方への税源移譲，地方交付税の見直し，国庫補助負担金の削減が同時に進められた。

正答 **1**

FOCUS

地方自治の歴史については，地方分権一括法と三位一体の改革をしっかりとチェックしておきたい。市町村合併はあまり出題されなくなっているが，代わりに大都市制度（政令指定都市など）の出題可能性がやや高まっている。

POINT

重要ポイント 1 わが国における戦前の地方制度

戦前のわが国では，地方自治の理念が根づくことはなく，むしろ**国が地方を治めるための諸制度が高度に整備された**。

（1）明治初期の地方制度

明治初期には，版籍奉還（1869年）や廃藩置県（1871年）を通じて旧来の藩が廃止され，府県への置き換えが行われた。また，1878年（明治11年）には郡区町村編制法，府県会規則，地方税規則（いわゆる三新法）が制定され，「府県－郡区－町村」という3層構造の地方制度が整えられた。なお，ここにいう郡はあくまでも地理上の地域とされ，団体格は与えられなかった。

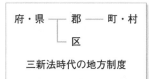

（2）明治憲法下の地方制度

明治20年代に入ると，**1888年（明治21年）には市制町村制，1890年（明治23年）には府県制・郡制が制定され，戦前の地方制度は一応の完成をみた**。この時期に地方制度の整備が急がれたのは，帝国議会の開設（1890年）に先立って，地方にも強固な立憲政治を根づかせる必要があったためであった。

これらの改革によって，三新法時代の区は市に置き換えられ，郡には新たに団体格が与えられた。また，地方議会や市町村長の選任方法も明確に定められた。

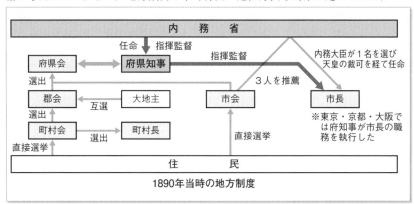

なお，その後も制度の手直しは続き，1895年には府知事が三大都市の市長を兼任するという制度（市制特例）が廃止された。また，1899年には府県会議員の選出が直接選挙制に改められ，1921年には郡制が廃止された。さらに1926年には，市町村会議員と府県会議員の普通選挙制，市長の市会による選任制が導入された。

（3）戦時体制下の地方制度

1940年代になると，国の統制が強化され，地方制度も国策遂行の手段に組み込まれるようになった。**1943年（昭和18年）に東京都制が創設され，東京市が東京府に吸収合併された**のも，首都の防衛を含む戦争遂行体制の強化のためであった。

重要ポイント 2　わが国における戦後の地方制度改革

　戦後のわが国では，憲法に地方自治の規定が設けられるとともに，地方自治法が制定されるなど，地方自治の強化が図られている。

（1）占領期の改革

　戦後の占領期には，連合国軍総司令部（GHQ）の指導の下で民主化のための諸改革が進められた。

| 憲法（第8章・地方自治）および地方自治法の制定 | → | 国の一般的な監督制度の廃止，都道府県の完全自治体化，**長の直接公選化**，地方議会の権限強化，**警察・教育事務の自治体への移譲**，直接請求制度の創設など |

　また，これに続いて，シャウプ勧告（1949年）に基づく改革も実施された。

シャウプ勧告		地方財政平衡交付金制度
税制	府県税と市町村税の分離，**市町村税優先の税配分**	1950年創設。全自治体について財政需要額と財政収入額の差額を算定し，その範囲内で各自治体へ交付金が交付された。ただし，旧大蔵省の査定で総額が減らされることも多く，不十分なものとなりがちであった。
	一般平衡交付金による自治体ごとの財源不足の穴埋め	
事務	市町村優先の事務配分	

（2）講和後の改革

　サンフランシスコ講和条約（1951年）によって独立を回復した後，わが国では従来の改革に逆行するような動きが見られるようになった。

新しい動き	例
都道府県の事務の強化	市町村の自治体警察が廃止され，**都道府県警察**が創設された。また，小中学校教職員の任免権が，市町村教育委員会から都道府県教育委員会へ移管された。
国の関与の強化	**国の一般的な関与方式**（助言・勧告や是正・改善の要求など）が整備された。また，都道府県警察の幹部が国家公務員とされた。
特別市制条項の廃止	特別市制度*が実施されないまま廃止され，**政令指定都市制度**が創設された。

※特別市制度とは，人口の多い市を特別扱いし，これに道府県と並ぶ地位や権限を与える制度のことである。特別市の指定を受けると，その市は道府県の区域から外される。

　また，**1954年（昭和29年）には地方財政平衡交付金制度が廃止され，地方交付税制度が創設された**。新制度では，国税3税（所得税，法人税，酒税）の一定割合が財源として確保され，その範囲内で，**基準財政需要額が基準財政収入額を上回る自治体に対して交付金が交付されることとなった**。

　なお，地方交付税制度はその後も手直しを受け，現在では国税3税のほか，消費税の一定割合や地方法人税の全額なども財源に組み込まれている。

重要ポイント 3 **1990年代以降の地方分権改革**

1990年代以降のわが国では，事務面での分権を中心とする地方分権一括法による改革，財政面での分権を中心とする三位一体の改革が，相次いで進められている。

（1）地方分権一括法による改革（第1次分権改革）

1990年代に入ると地方分権を求める声が一段と強くなり，これに応えて地方分権推進法（1995年）が制定された。同法に基づいて設置された地方分権推進委員会は5次にわたる勧告を行い，これをもとにして**1999年（平成11年）には地方分権一括法が制定された。**

同法によって，**明治以来の機関委任事務制度が廃止され，地方公共団体の処理する事務は自治事務と法定受託事務に再構成された。**また，国の包括的な指揮監督権が廃止され，**国の関与の法定主義，必要最小限の原則**が定められるとともに，**事務区分に応じた関与の基本類型**が示された。国の関与の是非について勧告を行う国地方係争処理委員会も設けられることとなった。

（2）三位一体の改革

第1次分権改革の後，地方分権の中心的課題は，財政面での地方分権へと移った。その典型例が「三位一体の改革」であり，**地方交付税の見直し，国庫補助負担金（補助金と負担金）の改革，税源移譲を同時に進める**ことが目標に掲げられた。

（3）市町村合併

地方分権を推進するに当たっては，権限移譲や税源移譲の受け皿となる基礎的自治体の強化が必要不可欠である。そこで，**政府は市町村合併を積極的に促すことで，市町村数を約1,700にまで減少させた**（平成の大合併）。

現在，市町村合併の基本を定めているのは，合併新法（新合併特例法）である。同法は2005年（平成17年）4月から施行されている。

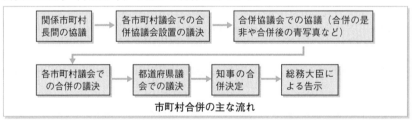

市町村合併の主な流れ

各市町村の有権者は，その50分の1以上の連署をもって，合併協議会の設置を市町村長に請求することができる（住民発議制度）。また，住民発議の成立後に市町村議会が合併協議会の設置を否決した場合，有権者はその6分の1以上の連署をもって住民投票を請求することができる。住民投票で過半数の賛成が得られれば，当該議案は可決されたものとみなされる。

なお，合併新法は2010年に改正され，その期限が10年間延長された。また，これに伴い，法の目的が「合併の推進」から「合併の円滑化」に改められた。同法は2020年に再延長されている（10年間）。

実 戦 問 題 ❶　基本レベル

No.1 第二次世界大戦で敗戦した日本が，その後数年間に導入した一連の地方制度改革の説明として妥当なのはどれか。

【市役所・平成8年度】

1　市町村所管の自治体警察と，公選制の委員で構成された市町村教育委員会とが試みられた。

2　明治憲法に成文化されていた地方自治の本旨に関する規定が廃止された。

3　地方交付税制度が廃止され，自主財源を強化する補助金制度が創設された。

4　東京府に代わって，東京都と東京市の並立制が導入された。

5　内務省が解体され，建設省と商工省が内務省から独立するとともに内務府が成立した。

No.2 日本の地方自治に関する次の記述のうち，妥当なのはどれか。

【市役所・平成26年度】

1　明治時代から第二次世界大戦直後まで，日本の市町村数は1万7,000前後で推移していた。しかし，第二次世界大戦後，戦後改革によって地方自治が認められたことから，その数は昭和30年頃までに7万まで増大した。

2　内務卿の大久保利通は，市制町村制，郡制，府県制などの地方自治制度を整備した。しかし，東京，京都，大阪の三大市以外には市会の設置を認めず，条例制定権も与えられなかった。

3　大正14年の普通選挙制の施行により，それまでの内務省による官選の知事は住民による直接公選に改められた。また，市町村長も市町村会による間接公選から住民による直接公選に改められた。

4　第二次世界大戦後，戦前の日本の官僚制において大きな影響力を有していた内務省は，建設省，警察庁，地方自治庁などに解体された。これによって，明治期以来続いてきた縦割り行政が助長されることとなった。

5　国から地方公共団体へ委託された事務については，従来，「自治事務」と「機関委任事務」とに分けられていたが，平成時代になって地方分権一括法が施行されたことにより「法定受託事務」に一本化された。

No.3 地方制度に関する次の記述のうち，妥当なものはどれか。

【地方上級（全国型）・平成22年度】

1　一連の地方分権改革を通じて，現在では基礎的自治体である市町村の基盤が強化されつつあり，国や都道府県から市町村への権限移譲が進められるとともに，市町村数の増加が図られている。

2　1999年の地方分権一括法に基づいて，明治期から続いていた機関委任事務制度が廃止されるとともに，地方事務官制度も廃止され，社会保険業務に携わっていた厚生事務官などは国の地方支分部局の職員とされた。

3　三位一体の改革によって，地方交付税の見直し，国庫支出金の削減，税源の移譲が同時に進められ，その結果，地方公共団体の歳入は改革前に比べて大幅に増加することとなった。

4　1925年に男子普通選挙制が導入された際，市町村長の選出方法も改められ，町村会を通じた間接選挙ないし市会が推薦した候補者から国が選任する方式をとっていたものが，公民による直接公選制に改められた。

5　都道府県および市町村という地方自治の二層構造は日本国憲法によって規定されているため，道州制を導入して都道府県よりも広域の地方公共団体を設けるためには，憲法改正を行わなければならない。

No.4 わが国の中央地方関係に関する次の記述のうち，妥当なのはどれか。

【国家一般職・平成17年度】

1　知事や市町村長などの地方自治体の執行機関を国の大臣の指揮監督下に置いて国の事務の執行を委任する仕組みであった機関委任事務の制度は，いわゆる地方分権一括法により原則として廃止されたが，国政選挙の執行事務など一部の事務は例外的に機関委任事務として存続している。

2　いわゆる地方分権一括法により，地方自治体に対する国の関与について，その標準類型や手続ルールが定められた。また，新たに設けられた国地方係争処理委員会は，地方自治体からの国の関与に関する審査の申出があった場合，審査を行い，国の関与が違法等であると認めたときは，国の行政庁に対して必要な措置を講ずべき旨の勧告等を行うこととなっている。

3　いわゆる地方分権一括法により，介護保険事務をはじめとする多数の国の事務事業が地方自治体へ移譲された。これによって，多くの地方自治体では事務量と歳出額が急増したが，同時に国から地方への税源の移譲が行われたため，ほとんどの地方自治体では地方税収が大幅に増え，歳入額も拡大した。

4　従来，地方自治体の課税自主権は著しく制約されており，地方自治体は地方税法が定める税目以外の税を独自に課すことが一切認められていなかったが，いわ

ゆる地方分権一括法により，独自に法定外の普通税および目的税を創設すること
が可能になった。これにより，現在ではすべての都道府県およびほとんどの市町
村が法定外の税を設けている。

5　地方分権の推進により知事の権限が大幅に強化されることになるため，その任
期に一定の制約を設ける必要があるとの観点から，いわゆる地方分権一括法の制
定に併せて，知事の任期を3期12年までとする旨の多選禁止法案が議員立法によ
って国会へ提出され，可決成立した。

No.5　次の文は，わが国の大都市制度の変遷に関する記述であるが，文中の空
所A～Dに該当する語または語句の組合せとして，妥当なのはどれか。

　昭和31年に創設された　A　制度は，大阪市や名古屋市等の大都市は府県か
ら独立して，特別市として府県の権限と市の権限を併せ持つことをめざしていた
が，府県は特別市構想に強く反対したため，その妥協の産物として創設された制
度である。

　また，都区制度に関しては，昭和49年の地方自治法改正により，特別区におい
て　B　が復活し，平成10年の地方自治法の改正により，都が一体的に処理す
るものを除き，一般的に　C　が処理するものとされている事務を特別区が処
理することとされ，特別区は，　D　地方公共団体とされた。

	A	B	C	D
1	政令指定都市	区長の公選制	市町村	基礎的な
2	中核市	区長の公選制	都道府県	広域的な
3	政令指定都市	都職員配属制度	市町村	基礎的な
4	特例市	都職員配属制度	都道府県	広域的な
5	中核市	都職員配属制度	市町村	普通

No.6 いわゆる平成の市町村合併に関する次の記述のうち，妥当なのはどれか。

【地方上級・平成21年度】

1 平成の市町村合併は，官僚主導による用意周到な実施計画の下でほぼ全国的に推進された結果，1999年時点において3,200以上存在した市町村数は，現在では800以下にまで減少している。

2 2005年に施行されたいわゆる新合併特例法によれば，都道府県知事の報告に基づき，合併構想の対象となった市町村に対して総務大臣が合併協議会の設置を勧告することができることとされた。

3 2005年に総務大臣が定めた市町村合併の基本指針によれば，おおむね人口1万人未満を目安とした小規模な市町村には，その地理的条件や経済事情などを考慮しつつ今後も合併を推進していくこととされた。

4 新合併特例法によれば，市町村合併に伴う新自治体への移行を円滑に進めるために，10年を限度として旧市町村単位で合併特例区を設けることができるが，あくまで暫定的に設置されるこの特例区には法人格は付与されないこととされた。

5 新合併特例法の制定に合わせて改正された地方自治法によれば，住民自治の強化を図るため，合併対象である市町村とそれを包括する都道府県との協議を前提として地域自治区を設置することができることとされた。

実 戦 問 題 ❶ の 解 説

No.1 の解説　終戦直後の地方制度改革

→問題はP.259　**正答 1**

❶ ◎ 占領期には市町村所管の自治体警察と公選制の教育委員会が創設された。
正しい。**第二次世界大戦後の占領期には，市町村を基盤とした地方自治制度
を確立するための諸改革が実施された。市町村所管の自治体警察や公選制の
市町村教育委員会が設置されたのも，そうした措置の一環であった。**なお，
1952年（昭和27年）にわが国が独立を回復した後には，これらの制度が再改
正され，市町村の権限が弱められた（逆コース）。市町村警察の廃止と都道
府県警察の創設，市町村教育委員会委員の直接公選制の廃止と義務教育学校
教員任用事務の都道府県への移管などが，それに該当する。

❷ ✕ 地方自治の本旨に関する規定は日本国憲法で初めて成文化された。
明治政府の指導者たちは，国が地方を後見して，これを治めていくべきだと
考えていたため，地方自治をむしろ抑えようとした。知事の派遣制度はその
表れであり，もちろん明治憲法（大日本帝国憲法）にも地方自治を保障する
ような規定は設けられなかった。地方自治の本旨をわが国で初めて規定した
のは，第二次世界大戦後に制定された日本国憲法である。

❸ ✕ 地方交付税制度は独立回復後に創設された。
**第二次世界大戦後の占領期には，地方財政の強化を目的として，地方財政平
衡交付金制度が創設された。**この制度は1949年（昭和24年）のシャウプ勧告
に基づいて創設されたもので，自治体の財政赤字を国が補填するとしてい
た。しかし，データ不足や旧大蔵省の厳しい査定によってうまく機能せず，
**独立回復後の1954年（昭和29年）には現在の地方交付税制度に変更され
た。**なお，補助金制度は第二次世界大戦前から整備されているが，補助金は
国から自治体に交付されるものなので，自治体からすると依存財源に分類さ
れる。

❹ ✕ 東京府と東京市の並立制は戦前の制度である。
第二次世界大戦前には東京府と東京市の並立制がとられ，東京府の中心区域
に東京市が置かれていた。しかし，第二次世界大戦中の1943年（昭和18年）
には，首都機能を強化するために両者が廃止され，新たに東京都が誕生し
た。それ以来，東京では都制が敷かれ続けている。

❺ ✕ わが国では「内務府」という名称の省庁が設けられたことはない。
内務省の解体は占領下の1947年に行われたが，その際に「内務府」が設けら
れたという事実はない。また，内務省の解体後，その機能は新設の建設院
（＝国土交通省の前身の一つ）などに受け継がれたが，商工省（＝経済産業
省の前身）はその系譜には属していない。商工省は，1925年に農商務省が分
割されて誕生した省庁であり，戦時中には一時，軍需省に改組されていた
が，戦後には再び商工省とされている。

第4章 地方の行政

1 ✕ わが国の市町村数は，明治・昭和の大合併を通じて大きく減少した。

わが国の市町村数は，明治前期には7万を超えていた。しかし，明治の大合併（明治中期以降）で合併前の約5分の1へと急減し，さらに減少傾向が続いた後に，昭和の大合併（第二次世界大戦後）で3分の1程度にまで減少した。その結果，昭和31年（1956年）9月の市町村数は4,000を下回るに至った。

2 ✕ 市制によって市には条例制定権が与えられ，市会が設置された。

大久保利通の提案によって整備されたのは，明治11年（1878年）の三新法（郡区町村編制法・府県会規則・地方税規則）である。市制町村制，郡制，府県制は，大久保没後の明治23年（1890年）に制定された。また，わが国の「市」は市制の施行によって誕生したものであり，市制に基づいて，三大市を含むすべての市は条例制定権や市会を持つこととなった。

3 ✕ 知事や市町村長の直接公選制は，戦後になって初めて実現した。

戦前のわが国では，知事は内務省から派遣され，町村長は町村会による間接公選で選ばれるという仕組みがとられていた。また，市長については，当初，市会から推薦のあった者のうちから内務大臣が選任するものとされていたが，大正15年（1926年）の法改正によって，市会による間接公選制に改められた。このように，**戦前において知事や市町村長の直接公選制が実現することはなかった**。

4 ◎ 内政の総括官庁である内務省の解体により，縦割り行政は助長された。

正しい。明治期以降，わが国では省庁が割拠する縦割り行政が根づき，政府としての一体性がしばしば弱められてきた。**内務省が設置されていた時代には，内務省が警察や地方行政，土木などの広範な行政事務を統括していたため，ある程度，政府に一体性がもたらされていたが，第二次世界大戦後に内務省が解体された後は，縦割り行政の弊害がいっそう目立つようになった**。

5 ✕ 地方分権一括法によって自治事務と法定受託事務という2類型が誕生した。

地方分権一括法によって，従来の「機関委任事務」制度が廃止され，その大半は「自治事務」と「法定受託事務」に振り分けられた。

No.3 の解説 地方制度 →問題はP.260 **正答2**

1 ✕ 地方分権の受け皿を強化する意味からも，近年では市町村合併によって基礎的自治体の規模の拡大が進められてきた。その結果，市町村数は減少する傾向にある。

2 ◎ 正しい。地方事務官制度とは，知事の指揮監督を受けながら，国家公務員が都道府県において特定の機関委任事務を遂行する制度のことである。**地方分権一括法によって機関委任事務制度が廃止されるとともに，地方事務官制度も廃止され，地方事務官は国の地方支分部局（いわゆる地方出先機関）で業務を遂行するようになった。**

3 ✕ 三位一体の改革が地方公共団体の財政に与えた影響を見ると，税源の移譲による歳入増よりも，地方交付税の見直しと国庫支出金の削減による歳入減のほうが大きかったため，地方公共団体の歳入は改革前に比べて減少することとなった。

4 ✕ 市町村長の直接公選制は，第二次世界大戦後に導入されたものである。明治期以降，市長は市会が推薦した候補者から国が選任する方式をとっていたが，1925年に男子普通選挙制が導入されたことを受けて，翌年には市会が市長を選挙する仕組みに改められた（1943年には旧制度に再変更）。町村長については，一貫して町村会を通じた間接選挙の方式が採用されていた。

5 ✕ 日本国憲法では，「地方公共団体の組織及び運営に関する事項は，地方自治の本旨に基づいて，法律でこれを定める」（92条）とされており，都道府県および市町村という地方自治の二層構造も，地方自治法によって規定されたものである。したがって，道州制を導入する場合も，憲法改正までは必要とされず，地方自治法の改正で十分だとされている。

第4章
地方の行政

No.4 の解説　日本の中央地方関係

→問題はP.260　**正答2**

1 ✕ 機関委任事務制度は例外なく廃止された。

地方分権一括法が平成12年（2000年）に施行されたことで，従来の機関委任事務は，一部が廃止または国の直接執行に改められ，それ以外はすべて法定受託事務ないし自治事務に再構成された。

2 ◎ 国地方係争処理委員会は国の関与について審査・勧告を行う。

正しい。**地方分権一括法によって，地方自治に対する国の関与の原則が明確化されるとともに，国の関与の類型として助言・勧告，資料の提出の要求，協議などが示された。**また，地方自治体が国の関与に不服の場合，**国地方係争処理委員会に審査を申し出て，国に勧告してもらう制度も導入された。**

3 ✕ 事務量と歳出額の増加に見合った地方への税源移譲は行われていない。

地方分権一括法と介護保険法は，いずれも平成12年（2000年）に施行されており，介護保険事務は当初から地方自治体の事務とされた。また，**地方自治体へ移譲された事務事業量に比べて，十分な税源移譲が行われなかったため，多くの自治体では財政が逼迫した。**

4 ✕ 法定外普通税の賦課は地方分権一括法の施行前から認められていた。

地方自治体が法定外普通税を導入することは，従来から認められていたが，地方分権一括法によって法定外目的税の導入も認められることとなった。また，法定外税の導入例は少なく，令和5年（2023年）4月現在，法定外普通税および法定外目的税の導入件数は，それぞれ20件，45件にとどまっている。

5 ✕ 知事の多選を禁止する立法措置はとられていない。

地方分権の推進によって権限が大幅に強化されるのは，知事よりもむしろ市町村長である。また，多選禁止法は制定されておらず，法律上，知事および市町村長は何期でもその職を務めることが可能である。

No.5 の解説　日本の大都市制度の変遷

→問題はP.261　**正答1**

A：特別市制度が挫折した後，政令指定都市制度が発足した。

「**政令指定都市**」が該当する。特別市が誕生すると，府県の区域が縮小してしまうことから，府県は特別市制度に強く反発した。そこで，**特別市の指定がまったく行われないまま，特別市制度は廃止され，現在の政令指定都市制度が発足した。**

B：特別区の区長は「公選制→任命制→公選制」と変遷してきた。

「**区長の公選制**」が該当する。1947年，地方自治法の施行とともに特別区が誕生し，公選の区長が置かれることとなった。しかし，独立回復後の1952年に地方自治法が改正されると，特別区は都の内部団体と位置づけられるようになり，区長は区議会による任命制（都知事の同意も必要）に改められた。その後，自治権拡充の運動が展開されたこともあって，1974年（昭和49年）

には**区長の公選制が復活した**。

C：**特別区の事務・権限は市に近づけられてきた**。

「**市町村**」が該当する。1998年（平成10年）の地方自治法の改正により，特別区の事務の範囲が拡大された。すなわち，特別区は，都が広域の地方公共団体として処理している事務，消防，上下水道等を除き，一般的に市町村が処理するものとされている事務を処理することができるようになった。

D：**現在の特別区は，市に準じる「基礎的な地方公共団体」である**。

「**基礎的な**」が該当する。1998年の地方自治法の改正により，特別区は「基礎的な地方公共団体」であることが法律に明記された。これにより，特別区は区民に対して第一義的に責任を負う自治体となった。

以上より，正答は**1**である。

No.6 の解説　平成の市町村合併　→問題はP.262　**正答3**

1✕　1999年時点において3,200以上存在した市町村数は，現在では1,700強にまで減少している。なお，平成の市町村合併は，市町村の自発的な合併を促す形で実施されており，これを「官僚主導」と呼ぶのは不適切である。

2✕　新合併特例法では，総務大臣が定めた基本方針に基づいて，都道府県が合併構想を策定するとともに，その対象となった市町村に対して，知事が合併協議会の設置を勧告することができるとされた。なお，この規定は，2010年の同法改正によって削除されている。

3◎　正しい。2005年に総務大臣が定めた基本指針では，たとえば市町村合併を進めるべき市町村として，①生活圏域を踏まえた行政区域の形成を図ることが望ましい市町村，②さらに充実した行政権能等を有する指定都市，中核市，特例市（現在は中核市と統合）等をめざす市町村，③**おおむね人口1万人未満を目安とする小規模な市町村**，の3つが挙げられた。

4✕　合併特例区は，5年を限度として，1または2以上の合併関連市町村（＝旧市町村）の区域であった区域を単位として設けることができる。また，**合併特例区には法人格が付与され，合併市町村（＝新市町村）の長が選任する区長も置かれる**。

5✕　地域自治区は，1または2以上の合併関係市町村を単位として，合併関係市町村の協議によって設置される。設置に際して都道府県との協議は必要とされない。なお，**地域自治区は合併特例区とは異なり，法人格を持たず，市町村の協議でその設置期間を定めることができるとされている**。

No.7 　地方自治に関する次の記述のうち，妥当なのはどれか。

【国家一般職・令和元年度】

1　平成の大合併では，「民主化」政策において，地方分権を進めるためには，おおむね中学校1つの運営規模に当たる8,000人を人口の基準として，市町村を構成する必要があるとされ，その結果として，市町村の数は約3,200から約1,800に減少した。

2　道州制とは，北海道に現在と同じ「道」，日本国内の一定規模以上の地域に「州」を設置し，都道府県よりも広域的な行政を行おうとする仕組みであり，第3次安倍晋三内閣の重要政策として，平成29（2017）年に一億総活躍国民会議が，現在の都道府県を統廃合した道州制案を提案した。

3　大阪市は東京市，京都市，千葉市とともに府県からの独立を求めて，特別市制運動を展開していた。しかし，第二次世界大戦中に都市の防衛が課題になるにつれ，大阪府と大阪市の二重行政の解消が課題となったことから，大阪市を廃止し，これを大阪府に吸収合併して，新たな大阪府を創設した。

4　日本国憲法に定められた地方自治の本旨とは，住民自治と団体自治の原理であり，前者は地域住民の自律的な意思に基づいて地域の統治が行われること，後者は国内の一定地域の公共団体が中央政府から組織的に独立し，その地域を自主的に運営することと一般的に理解されている。

5　米国の地方自治における市会・市支配人制は，議会の議員と市支配人（シティーマネージャー）がそれぞれ住民の選挙で選出され，議会が政策の立案，市支配人が政策の執行に当たる仕組みであり，市支配人は，議会ではなく住民に対して行政の運営の責任を負っている。

No.8 **平成12年（2000年）施行の地方分権一括法による分権改革に関する次の記述のうち，妥当なのはどれか。**

【国家一般職・平成23年度】

1 機関委任事務制度は，戦後，知事公選制が導入されたのを受け，国の事務を円滑に実施する目的で創設された制度であるが，平成12年の分権改革によって廃止され，かつての機関委任事務の大半は国の事務ではなく自治体の事務となっている。ただし，そのうちの法定受託事務については，現在も事務の内容や基準，手続が国の法令によって規定されているため，地方議会の条例制定権は及ばないものとされている。

2 政令指定都市制度は，大都市が府県からの独立をめざした特別市制運動が戦後になって実現した制度であり，政令市には事務配分上の特例として道府県から多数の事務が移譲される。しかし，財源については道府県からの移譲はなく，政令市と一般の市は基本的に同じ税制であったため，平成12年の分権改革を通じて，道府県の基幹税といえる固定資産税が政令市に移譲され，政令市の財政基盤は拡充された。

3 戦前，都道府県の幹部は知事も含め，内務省等の中央省庁の職員によって占められていたが，戦後も，中央省庁の職員が都道府県の幹部職に出向するという慣行は続けられていった。しかし，こうした人事慣行は，地方分権の観点から望ましくないという認識が強まっていったことから，平成12年の分権改革に合わせて，中央省庁から都道府県への出向を自粛する旨の関係大臣申合せが行われ，以来，こうした出向は行われていない。

4 地方自治体が課すべき税金は国が地方税法によって定めているが，このほか自治体が徴収できる法定外税もある。かつては法定外の目的税は存在せず，また，法定外の普通税を設けるには，国の許可が必要であったが，平成12年の分権改革を通じて，地方自治体が法定外目的税を設けることが可能になり，また，法定外普通税は国の許可制から同意制へと改められた。現在，法定外目的税には，産業廃棄物にかかる税をはじめ，複数の導入事例がある。

5 地方債の発行は，都道府県の場合は国の許可が，一般の市町村の場合は都道府県知事の許可が必要とされる「許可制」であったが，平成12年の分権改革を通じて，いったん「同意制」へと改められた。しかし，夕張市が財政再建団体の指定を受けたことなどをきっかけに，地方自治体の財政運営には国も責任を負うべきであるとの認識が強まったため，平成19年に「自治体財政健全化法」が制定され，地方債の発行は再び許可制に改められた。

実戦問題 2 の解説

No.7 の解説　地方自治

→問題はP.268　**正答 4**

1 ✕　中学校の運営規模を目安に行われたのは昭和の大合併である。

わが国では，昭和20年代から30年代にかけて「昭和の大合併」が行われ，中学校の運営規模（8,000人）を目安として町村合併が促進された。その後の「平成の大合併」では，地方分権の受け皿となる基礎自治体の行財政基盤の強化が図られ，市町村数は3,200から1,700程度にまで減少した。

2 ✕　2010年代以降，道州制に関する論議は下火となっている。

道州制についてはさまざまな構想が提案されており，その内容は一律ではない。また，2010年代以降，道州制に関する論議は下火となっており，第3次安倍内閣も道州制担当大臣のポストを廃止している。1億総活躍国民会議が道州制案の提案を行ったという事実もない。

3 ✕　第二次世界大戦中には東京市が東京府に吸収合併された。

府県からの独立を求める特別市制運動は，大阪市，京都市，名古屋市，横浜市，神戸市の5大都市によって，第二次世界大戦後に展開された。また，第二次世界大戦中には，東京市が東京府に吸収合併されて東京都が誕生したが，大阪市が大阪府に吸収合併されたという事実はない。

4 ◎　地方自治の本旨とは住民自治と団体自治のことである。

正しい。「地方自治の本旨」は，住民自治と団体自治という2つの要素からなる。住民自治は地方自治が住民の意思に基づいて行われるという民主主義的要素に当たり，団体自治は地方自治が国から独立した団体にゆだねられるという自由主義要素に当たると考えられている。

5 ✕　市支配人は契約によって雇用される。

市会・市支配人制では，市会（議会）が市支配人（シティーマネージャー）を任命し，政策の執行に当たらせる。したがって，市支配人は公選職ではなく，市会に対して行政の運営の責任を負っている。

No.8 の解説 地方分権一括法による分権改革　→問題はP.269　**正答4**

1 ✗ 機関委任事務制度は，戦前においても，知事と市町村長の間で成立していた。また，法定受託事務については，事務の内容や基準，手続が国の法令によって規定されているが，これに抵触しない限り，**地方議会の条例制定権は法定受託事務にも及ぶ。**

2 ✗ 第二次世界大戦の終了後，わが国では特別市制度が導入され，指定を受けた大都市は府県と対等の地位を得ることとなった。しかし，この特別市制度は府県側の反対にあって，実施されないまま廃止され，現在の政令指定都市制度が発足した。政令指定都市は都道府県に比べて権限が弱いため，特別市とは異なるものである。また，固定資産税は昭和25年（1950年）に誕生して以来，市町村税とされている。平成12年（2000年）の分権改革で市町村税とされたわけではない。

3 ✗ 中央省庁の職員が都道府県の幹部職（副知事など）に出向するという慣行は，現在でも続けられている。国と地方の人事交流は，国と地方の相互理解の促進および広い視野を有する人材の育成という観点から行われているが，そこには中央官庁とパイプを築き，情報の収集や陳情に役立てたいという地方側の思惑も働いている。

4 ◎ 正しい。**現在では，地方税法に定めのない法定外税を導入する自治体も見られる。**現行の法定外目的税の例としては入漁税や産業廃棄物税，法定外普通税の例としては核燃料税，別荘等所有税などが挙げられる。

5 ✗ 平成12年（2000年）の分権改革を受けて，平成18年度（2006年度）以降，地方債の発行が許可制から協議制へと改められている。これは今日でも変わっていない。ただし，財政再生基準に達した地方公共団体が地方債を発行する際には，国（総務大臣）の許可が必要とされる（地方財政健全化法13条1項）。

必修問題

　中央地方関係の類型に関するA〜Dの記述のうち，妥当なものを選んだ組合せはどれか。

【地方上級（特別区）・令和4年度】

A：中央地方関係は，従来から**ヨーロッパ大陸型**と**英米型**に大別され，それぞれフランス，イギリスを原型とし，ヨーロッパ大陸型は**分権・分離型**の地方自治，英米型は**集権・融合型**の地方自治と称されている。

B：分権・分離型の地方自治では，地方政府の事務権限は，法律により明示的に授権され，また，授権された事務権限の範囲を巡る訴訟が多く見られ，地方政府に対して立法統制と司法統制が行われている。

C：集権・融合型の地方自治では，歴史的に絶対専制君主や貴族らの勢力が強力であったため，近代国家の形成に当たり封建時代の地域区分をそのまますべて容認し，地方行政区画に設定するとともに，その地方行政機構に自治権を付与している。

D：集権・融合型の地方自治では，中央政府に内政の総括官庁としての内務省が設置され，そこから官吏として派遣された地方総合出先機関の地方長官が，中央政府の各省が所管する事務を一元的に調整して執行している。

1　A，B
2　A，C
3　A，D
4　B，C
5　B，D

難易度　＊

頻出度
B
国家総合職 ―
国家一般職 ★★
地上全国型 ―
地上関東型 ―
地上特別区 ★★
市役所C ―
17 諸外国の地方自治

必修問題の解説

　本問は中央地方関係の類型に関する基本問題である。出題はパターン化されており，集権・融合型と分権・分離型の説明が入れ替えられるので，両者の特徴の違いはしっかりと頭に入れておこう。

A ✕ ヨーロッパ大陸型は集権・融合型，英米型は分権・分離型と称されている。
　フランスをはじめとするヨーロッパ大陸諸国では，国の権限が強く，地方政府が国の事務も執行している。そのため，ヨーロッパ大陸型の地方自治は集権・融合型と呼ばれている。これに対して，イギリスやアメリカなどでは地方政府の権限が強く，地方政府は国の事務を執行することはない。そのため，英米型の地方自治は分権・分離型と呼ばれている。

B ◯ 分権・分離型では，地方自治体の事務権限は法律で限定列挙される。
　正しい。**分権・分離型の地方自治の場合，地方政府の事務権限は法律で限定列挙され**，それ以外の事務権限はすべて国に留保されている。また，授権された事務権限の範囲を巡り，国と地方政府の間の軋轢が裁判所に持ち込まれることも多い。このように，**分権・分離型の地方自治では，地方政府に対する立法統制と司法統制が行われている。**

C ✕ 集権・融合型では，歴史的な経緯から地方の自治権は抑えられている。
　集権・融合型の地方自治では，近代国家の形成に当たり地方勢力の抵抗が激しかったため，地方の自治権は抑えられ，強力な中央集権国家の建設が進められた。

D ◯ 集権・融合型では，内務の総務官庁としての内務省が設置されている。
　正しい。**集権・融合型の地方自治では，地方政府が国の事務も執行するため，内務省の官吏が地方長官（府県知事）として地方に派遣され**，中央政府の各省が所管する事務を一元的に調整して執行している。
　以上より，BとDが正しく，正答は**5**である。

正答 **5**

FOCUS

　諸外国の地方自治では，中央地方関係の類型（ヨーロッパ大陸型とアングロ・サクソン型）に出題が集中している。各国の具体的な地方自治制度が問われることもあるが，出題頻度はかなり低いと考えてよい。

重要ポイント **1** 地方自治の類型

　各国の地方自治を比較する際，「集権型−分権型」「融合（ないし分有）型−分離型」という2つの軸を用いて，これを4つに類型化することができる。このうち，集権型とは国の権限が強大な形態，分権型とは自治体の権限が強く保障されている形態をさす。また，融合型とは国の事務の遂行が自治体に委任されている形態，分離型とは国の事務と自治体の事務が明確に区分されている形態をさす。特に重要なのは，集権・融合型（＝A）および分権・分離型（＝D）である。

類型	集権・融合型（ヨーロッパ大陸型）	分権・分離型（アングロ・サクソン型）
背景	国家統一の過程で地方勢力の抵抗が強く，地方への不信感が強かった。	国家統一の過程で地方勢力の抵抗が弱く，地方への信頼感があった。
特徴	①国は強大な権限を持ち，自治体を監督する。府県は国の下部機関とされ，知事は国から派遣される。 ②自治体は国の事務も行う。自治体の権限は法律に例示される（概括授権方式）	①市町村は完全自治体であり，警察や公教育の権限も持つ。府県も早くから自治体とされた。 ②自治体は国の事務を行わない。自治体の権限は法律で厳格に規定される（制限列挙方式）。

　わが国の地方自治は，伝統的に集権・融合型（ヨーロッパ大陸型）に分類されるが，近年では分権化の方向へと進んでいる。

重要ポイント **2** 欧米各国の地方自治

　連邦制を採用している国では，「中央政府−州政府」および「州政府−地方自治体」という二重の関係が成立している。

(1) アメリカ

　連邦制を採用しており，**憲法で連邦政府にゆだねられた権限以外の権限は，すべて州政府に留保されている**。州政府は地域ごとにカウンティ（郡）を設置して，住民にサービスを提供しているが，住民の総意で市が設立された地域については，カウンティの区域から除外され，市が住民に対してサービスを提供する。

(2) イギリス

　地域によって，地方自治の形態は異なっている。かつては「国−県−市町村」という三層構造が一般的であったが，現在では，県や市町村に当たる単位を廃止し，両者の中間に位置する「結合自治体」を置く地域が多くなった。

(3) フランス

　かつては「国−県−市町村」という三層構造が基本であったが，現在では，県の上位に「レジョン」という自治体が創設されている。県知事は国から派遣されているが，すでに実質的な権限を失い，長としての権限は県議会の議長が握っている。

実 戦 問 題

◆◆ No.1　*　アングロ・サクソン系諸国またはヨーロッパ大陸系諸国における中央地
方関係に関する記述として，妥当なのはどれか。

【地方上級（特別区）・平成30年度】

1　アングロ・サクソン系諸国では，国の地方下部機構が簡素で早くから広域的な
自治体に転化したこと，警察が自治体である市町村の所管事項とされたことなど
から，この地方自治は分権型の地方自治と呼ばれている。

2　アングロ・サクソン系諸国では，中央政府には内政の総括官庁というべき内務
省が設置され，府県レベルでは，中央政府の各省所管の事務権限の執行を内務官
僚の官選知事が一元的に調整している。

3　ヨーロッパ大陸系諸国では，自治体の事務権限を法律で定めるに際して，制限
列挙方式を採用しており，自治体が実施しうる事務，自治体が行使しうる権限を
個別に明確に列挙している。

4　ヨーロッパ大陸系諸国では，自治体の権限の範囲を巡って訴訟が提起されるこ
とが多く，地方自治法の解釈は判例によって形成されており，自治体に対する統
制は立法的統制と司法的統制が中心である。

5　ヨーロッパ大陸系諸国では，同一地域内に市町村，府県の地方事務所，国の地
方出先機関が並存しており，各政府の行政サービスは相互に分離された形で市民
に提供される。

No.2 地方自治に関するア～エの記述のうち，妥当なもののみをすべて挙げているのはどれか。

【国家一般職・平成30年度】

ア：大陸系諸国では，市町村の事務権限を法律で定める際，概括授権（概括列挙）方式と呼ばれる方法で定められており，これは，自治体が実施できる事務や行使できる権限を網羅的に1つ1つ列挙し，国と自治体の役割を分離することが特徴である。

イ：スイスでは，地方自治における直接民主制として住民総会が実施されており，人口の増加等に伴って，都市部では次第に議会制に切り替えられているものの，イニシアティブやレファレンダムが活用されていることが自治の特徴となっている。

ウ：第二次世界大戦後のわが国の地方制度改革では，日本国憲法の第8章に「地方自治」の章が創設された。その後，「地方自治の本旨」が初めて規定されたのが地方自治法であり，これにより都道府県が完全自治体となり，首長が公選から官選に改められるなど，地方分権が進んだ。

エ：わが国で昭和24（1949）年に提出されたシャウプ勧告は，国と地方の事務の再配分において，都道府県を第一優先とし，そのためには都道府県の財政基盤を強化する必要があることを主張し，国の負担する補助金の整理，国税と地方税の融合，地方財政平衡交付金制度の創設からなる三位一体の改革を提言した。

1　イ
2　ウ
3　エ
4　ア，イ
5　ウ，エ

No.3 **中央地方関係に関する次の記述のうち，妥当なのはどれか。**

1 アングロサクソン諸国の分権・分離型の中央地方関係においては，市町村などの基礎自治体の事務権限を法律で定めるに際して，概括授権方式または概括例示方式と呼ばれる方式を採用している。そこでは，国の事務権限と自治体のそれが明確に区分されているので，各級政府の提供する行政サービスが同一地域内において重複し競合することは原則としてない。

2 分権化の度合いは，単一国家制をとる場合よりも，連邦制をとる場合のほうが必ず高くなる。たとえば，アメリカ合衆国，カナダ，オーストラリアのような連邦制国家では，州政府が歳入分与プログラムの変更について拒否権を持つなど，分権化の度合いは極めて高い。

3 わが国では，いわゆる地方分権推進一括法によって機関委任事務が廃止され，それに代えて法定受託事務が導入された。従来機関委任事務とされてきた都市計画の決定，建築確認，小中学校の学級編制などは法定受託事務とされた。この制度改革により，わが国の中央地方関係は融合型から分離型へと転換した。

4 R.A.W.ロウズは，イギリスの地方自治の姿を念頭に置きながら，中央政府と自治体が保有している行政資源とこれに基づく権力関係に着目した。彼によれば，中央政府は立法権限と財源の保有において優位に立つが，行政サービスを実施するうえで必要不可欠な組織資源と情報資源の保有という側面では自治体に劣位しているため，中央政府は自治体への依存を避けようとする。この結果，中央と地方の相互依存の度合いは減少する。

5 わが国の地方交付税制は，地方自治体が標準的な公共サービスを供給するために必要最低限の財源を保障するという目的を持っているが，地方交付税交付金は，地方自治体へ交付される一般財源であり，地方自治体は独自の判断でどのような目的にも支出することができる。

各国の地方自治に関する次の記述のうち，妥当なのはどれか。

1 地方自治制度を「大陸型」と「英米型」に分けた場合，大陸型の特色は，国から自治体への授権が概括例示方式ではなく，制限列挙方式をとることである。この方式の下では，自治体は法律で明示的に授権された事務権限しか執行することはできず，自治権は国によって制約されることになるので，大陸型は英米型よりも集権的であるとされている。

2 地方自治制度を「融合型」と「分離型」に分けた場合，融合型の特色は，国の省庁が全国に事務を展開する際，自治体またはその長に委任して執行させるのではなく，地方出先機関を通じて直接執行するという方式を多用することである。そして，全国の地方出先機関を統括することを主たる任務として，内務省が設置されるのが通例である。

3 連邦制の国家では，連邦を構成している州等がそれぞれに主権と憲法を持ち，これらの州等が主権の一部を連邦政府に委譲した形になっている。連邦制は，「連合王国」である英国を母国として，オーストラリアなどの英連邦諸国やアメリカ合衆国に広がっていったが，一方で，単一主権制は，フランスやドイツなどヨーロッパ大陸の諸国家で多く見られる。

4 アメリカ合衆国では州ごとに地方制度が大きく異なっているが，市（city）の統治機構については，「市支配人制」が画一的に採用されているのが特徴的である。この制度は，直接公選の市長が，都市行政の専門家の中から適当な人物を選び，これを市支配人（シティ・マネージャー）に任命して，市の執政権を全面的にこれにゆだねるという仕組みである。

5 フランスは，かつては各県に官選の知事が派遣されるなど，県は国の下部機構という性格が強かったが，1980年代のミッテラン政権時代の分権改革により，県は完全自治体に改められた。一方，英国では，サッチャー，メージャーと続く政権の下で，地方制度は行政効率を優先して一層制への転換が進み，地方政府に対する統制は強化されていった。

実戦問題の解説

→問題はP.275　**正答 1**

No.1 の解説 中央地方関係

1 ◎ **分離型の地方自治はアングロ・サクソン系諸国の特徴である。**

正しい。アングロ・サクソン系諸国では，国の地方下部機構（府県）が早く
から自治体に転化されて権限を与えられるとともに，警察や公教育の事務が
市町村にゆだねられてきた。このように地方に大きな権限を認めていること
から，**アングロ・サクソン諸国の地方自治は「分権型」に分類されている。**

2 ✕ **強力な内務省を持つのはヨーロッパ大陸系諸国の特徴である。**

アングロ・サクソン系諸国では，内務省が自治体を監督するという形はとら
れなかった。強力な内務省と派遣知事を置いたのは，ヨーロッパ大陸系諸国
の場合である。

3 ✕ **制限列挙方式はアングロ・サクソン系諸国の特徴である。**

ヨーロッパ大陸系諸国では，自治体の事務権限を法律で定めるに際して，概
括授権方式がとられてきた。この方式では，法律に列挙された自治体の権限
は例示にすぎないとされる。これに対して，制限列挙方式はアングロ・サク
ソン系諸国の特徴である。制限列挙方式では，自治体は法律に列挙された権
限しか行使できないとされる。

4 ✕ **立法的統制と司法的統制はアングロ・サクソン系諸国の特徴である。**

ヨーロッパ大陸系諸国では，国が自治体を下部機関として扱い，これに行政
統制を加えてきた。これに対して，アングロサクソン系諸国では，国の事務
と自治体の事務を明確に分離しつつ，国は自治体に対して法律や裁判による
統制（立法的統制と司法的統制）を加えてきた。

5 ✕ **分離型の地方自治はアングロ・サクソン系諸国の特徴である。**

市町村，府県，国の行政サービスが相互に分離された形で市民に提供される
のは，アングロ・サクソン系諸国の特徴である（「分離型」の地方自治）。ヨ
ーロッパ大陸系諸国では，国と自治体の行政サービスを自治体が一元的に提
供するという形がとられる（「融合型」の地方自治）。

ア✕ 概括授権方式では自治体の事務や権限が例示的に列挙される。

大陸系諸国では概括授権方式，アングロ・サクソン系諸国では制限列挙方式がとられている。このうち，「自治体が実施できる事務や行使できる権限を網羅的に1つ1つ列挙し，国と自治体の役割を分離する」のは，制限列挙方式の特徴である。

イ〇 スイスの地方自治では直接民主制の伝統が根づいている。

正しい。**スイスの地方自治では，伝統的に直接民主制が重視されており，住民総会，イニシアティブ（住民発案），レファレンダム（住民投票）などの仕組みが導入されている。**

ウ✕ 日本国憲法には「地方自治の本旨」という文言が盛り込まれている。

日本国憲法では，「地方自治」という章が創設され，「地方公共団体の組織及び運営に関する事項は，地方自治の本旨に基いて，法律でこれを定める」（92条）と規定された。地方自治法は，これを受けて制定されたものである。また，日本国憲法の下で都道府県は完全自治体となり，その首長（知事）は官選から公選に改められた。

エ✕ シャウプ勧告は市町村を第一優先とした。

昭和24年（1949年）に提出されたシャウプ勧告は，国と地方の事務の再配分において，市町村を第一優先とし，補助金の整理，国税と地方税の分離，地方財政平衡交付金制度（現在の地方交付税制度）の創設などを主張した。また，三位一体の改革とは，2000年代前半に小泉純一郎内閣の下で実施された地方分権改革であり，地方交付税の見直し，国庫補助負担金の改革，税源移譲が同時に進められた。

以上より，**イ**のみが正しく，正答は**1**である。

No.3 の解説　中央地方関係　　　　　　　→問題はP.277　正答5

1 ✕ アングロ・サクソン諸国では，国の事務と地方の事務が明確に分離されており，地方の事務権限は法律ですべて列挙される（制限列挙方式）。これに対して，地方の事務権限を法律で例示し，そこに掲げられていない権限も地方が行使しうるとするのは，ヨーロッパ大陸諸国の特徴である（概括授権方式）。

2 ✕ 分権化の度合いは，単一国家の中でも，あるいは連邦制国家の中でも大きく異なっており，両者を単純に比較することはできない。また，歳入分与プログラムとは，わが国の地方交付税制度のように，国が歳入の一部を地方政府に分与する仕組みのことであるが，**アメリカではそもそもそうした財政調整制度は設けられていない。**

3 ✕ 地方分権一括法の施行後，都市計画の決定，建築確認，小中学校の学級編制などは，すべて自治事務とされた。法定受託事務の例としては，国政選挙の事務，旅券の交付，国の基幹統計，国道の管理，生活保護の決定と実施などが挙げられる。また，地方分権一括法によって，わが国の中央地方関係は融合型から分権型へと向かうことになったが，これを融合型から分権型への「転換」とするのはやや言い過ぎである。たとえば，同法の施行後も，国が地方自治体の事務処理に強く関与する余地が残されており，国と地方自治体の完全分離は実現していない。

4 ✕ **ロウズによれば，中央政府は立法権限と財源の保有において優位に立つが，行政サービスを実施するうえで必要不可欠な組織資源と情報資源の保有という側面では自治体が優位に立つ。そのため，中央政府と自治体の間には相互依存の関係が成立してきたとされる。**こうした状況下で両者の相互依存が忌避された場合には，適切かつ十分な行政サービスの提供は期待できなくなる。

5 ◎ 正しい。**地方交付税交付金は，国税の一定割合を財源として，基準財政収入額が基準財政需要額に満たない地方自治体に交付されるものである。**交付金は自治体の一般財源とされているため，その使途は自治体が決定できる。

第4章
地方の行政

1 ✕ 大陸型（ヨーロッパ大陸型）の特色は，国から自治体への授権が制限列挙方式ではなく，概括例示方式（概括授権方式）をとることである。この方式の下では，国と自治体の事務区分が曖昧となり，自治体が国の下部機関となって，国の事務を執行することも一般的となる。そのため，大陸型は英米型（アングロ・サクソン型）よりも集権的であり，かつ融合的であるとされている。

2 ✕ 融合型の特徴は，国の省庁が全国に事務を展開する際，自治体またはその長に委任してこれを執行させるという方式を多用する点にある。融合型では内務省が設置されるのが通例であり，内務省から派遣された知事が国の総合窓口となって，地方行政を統括する。

3 ✕ 英国やフランスは，国家統一の過程で王権が地方勢力を一掃し，強力な国家を作り上げたため，単一主権制となっている。これに対して，オーストラリア，アメリカ合衆国，ドイツは，もともと各地域の独自性が強く，国家統一の過程でもそれを残したことから，連邦制となっている。

4 ✕ **アメリカ合衆国における市の統治機構は，住民自身が選択することになっているため，画一的な形態は存在しない。代表的な類型としては，①市支配人制，②カウンシル制，③市議会－市長制，などがある。**市支配人（シティ・マネージャー）制では，市議会が都市行政の専門家を市支配人に任命し，市役所を統括させる。カウンシル（地方議会）制では，市議会に設けられた各委員会が，直接に市役所の各部署を指揮監督する。市議会－市長制では，公選の市議会と市長が併置され，それぞれ議決機関，執行機関として地方行政を担う。

5 ◎ 正しい。**フランスでは，社会党のミッテラン政権の下で，1980年代に地方分権改革が実施された。**その結果，県が完全自治体化され，国から派遣された知事が名誉職になるとともに，その権限は県議会議長に譲り渡された。**イギリスでも，サッチャー，メージャーと続く保守党政権の下で，1980年代から90年代にかけて改革が実施された。**その結果，一部地域で県と市町村が統合され，中間的な「結合自治体」が形成されたほか，労働党の強い大ロンドン市議会が廃止されるなどした。

第5章
行政学の理論

試験別出題傾向と対策

頻出度	試験名 / テーマ	国家総合職 21-23	24-26	27-29	30-2	3-5	国家一般職 21-23	24-26	27-29	30-2	3-5	地方上級 21-23	24-26	27-29	30-2	3-5
	出題数	1	1	1	0	2	2	1	3	2	2	0	2	1	0	0
C	18 行政の歴史と行政国家化			1												
B	19 行政学の歴史							1								
A	20 行政学の理論家		1			2	2		2	1	1		2			
B	21 組織理論	1							1	1	1			1		

「行政学の理論」では，①行政そのものの発達史（テーマ18），②行政学の発達史（テーマ19・20・21）という２つの内容を学習する。国家総合職では前者もある程度出題されているが，その他の試験では後者が出題の中心となる。

行政の発達史については，福祉国家化ないし行政国家化に関する内容が出題されやすい。社会保障の歴史（ベヴァリッジ報告など）やニューディール政策がたびたび出題されているので，その概要はいちおうチェックしておきたい。

行政学の発達史については，アメリカ行政学史に絡んだ内容が頻出となっている。かつては技術的行政学と機能的行政学の対比が出題されやすかったが，近年では各理論家の学説内容が問われやすくなっている。特にワルドーやアップルビーなど，機能的行政学の論者への言及が増えているので，注意しよう。

● 国家総合職（政治・国際・人文）

平均すれば３年間に１問程度の出題しかなく，あまり重要度の高い分野とはされていない。３〜５年度に２問の出題があったのは，たまたま英文問題が出題されたためであり，例外的な状況と見られる。強いていえば，行政学の理論家（テーマ20）が比較的出題されやすく，ウィルソン，ギューリック，ワルドーなどが問われている。選択肢の文章は長いが，問われているポイントは必ずしも難しくないので，しっかりと文章を読み取る練習をしておきたい。その他，行政の歴史と行政国家化（テーマ18）についても，いちおう知識を整理しておきたい。ベヴァリッジ報告，ロールズの正義論，「政府の失敗」論など，福祉国家を歴史的・理論的側面からとらえた内容が出題されているので，基礎知識がないと正答を導くことは難しい。

● 国家一般職

平成15年度以降，平均すれば３年間に２問のペースで出題されており，準頻出分野と位置づけることができる。現在ではアメリカ行政学の諸理論が問われやすく

地方上級 (関東型)					地方上級 (特別区)					市役所 (C日程)					
21~23	24~26	27~29	30~2	3~5	21~23	24~26	27~29	30~2	3~5	21~23	24~26	27~29	30~元	2~4	
0	0	1	0	0	4	2	3	3	3	1	0	0	0	1	
							1								テーマ 18
						1	1								テーマ 19
					2		1	1	1	1					テーマ 20
		1			2	1		2	2					1	テーマ 21

なっているので，各理論家とその学説のキーワードを結びつけて覚えておくようにしたい。組織理論は15年以上にわたり出題されていなかったが，29年に出題が復活した。ディマジオらの「制度的同型化」論など，国家総合職に先駆けた内容が出題されたため，問題を見て困惑するかもしれないが，今後もそうした難問が出題され続けるとは考えにくい。バーナードの理論やコンティンジェンシー理論など，過去に出題があった範囲で，難易度が高めの内容を押さえておけば，対策としては十分であろう。

● 地方上級

　全国型と**関東型**ではあまり出題されていないが，**特別区**ではコンスタントに出題が続いている。いずれの試験でも，注意すべきはアメリカ行政学の諸理論である。また，特別区ではこれに加えて，テイラー，メイヨー，バーナード，サイモンらの組織論が問われることもある。このうちバーナードについては，組織均衡論や権威概念などの細かなポイントが問われることもあるので，特別区の受験者は少し詳しめに学習しておきたい。なお，地方上級試験では空欄補充の問題がしばしば出題されており，特徴の一つとなっている。この場合，理論家名とキーワードの結びつきがポイントとなりやすいので，しっかりと暗記しておこう。

● 市役所

　近年，この分野からの出題は途切れていたが，4年度に復活した。今後，出題が急増するとは考えにくいが，行政学の理論家（テーマ20）と組織理論（テーマ21）を中心に，基礎知識だけでもしっかりと頭に入れておこう。行政の歴史と行政国家化（テーマ18）はこれまでもあまり出題されていないので，学習も後回しで構わない。

必修問題

　福祉国家に関するA～Dの記述のうち，妥当なものを選んだ組合せはどれか。

【地方上級（特別区）・平成28年度】

A：**福祉国家**は，国家は国民の生活を維持するため，国防と警察のみにかかわっていればよいとされ，**夜警国家**とも呼ばれている。

B：福祉国家とは，生存権の保障を国家の責務として受け入れ，所得の再分配を国家の当然の権能と考え，景気の変動を調節するために市場経済に積極的に介入するようになった国家をいう。

C：福祉国家における政府は，ケインズ経済学に依拠した金融・財政政策を実施したが，アメリカのフランクリン・ルーズベルト大統領が実施した**ニューディール政策**はその例である。

D：福祉国家の考え方は，国家権力の濫用を防ぎ，市民の自由と権利を守るという民主主義思想の要請から生じたもので，国家はできるだけ小さく，統制しやすい規模である必要があり，福祉国家は安上がりの政府とも呼ばれている。

1　A，B
2　A，C
3　A，D
4　B，C
5　B，D

難易度　＊

必修問題の解説

　本問は，福祉国家に関する基本問題である。「19世紀的国家－夜警国家－消極国家」，「20世紀的国家－福祉国家－積極国家」というつながりを理解していれば，各選択肢の正誤は瞬時に判断できるはず。悩む余地のない入門的な問題といえよう。

A ✕ 福祉国家は積極的に活動するが，夜警国家は消極的にしか活動しない。

　福祉国家とは，国民の福祉向上のために積極的に活動する国家をさし，20世紀において発達したとされる。これに対して，夜警国家とは，国防と警察以外の活動には消極的な国家をさし，19世紀において典型的に見られたとされる。したがって，両者は同一のものではない。

B ◯ 福祉国家は，所得の再分配や市場経済への介入を積極的に行う。

　正しい。福祉国家は，国民の生存権を保障するために，富裕者から徴収した税金を財源として貧困者に社会保障サービスを提供する（＝所得の再分配）。また，失業の発生を抑制し，国民生活を守るため，財政・金融政策などを通じて経済活動に介入する。

C ◯ アメリカのニューディール政策を契機に，福祉国家化が大きく進展した。

　正しい。世界恐慌後の不況から脱却するため，アメリカのフランクリン・ルーズヴェルト大統領は大規模な公共事業を実施するとともに，社会保障サービスの体系化を図った。こうしたニューディール政策は多くの国民に受け入れられ，その後，福祉国家化が進展するきっかけとなった。

D ✕ 福祉国家は財政支出を膨らませるため，高価な政府を生み出しやすい。

　福祉国家ではなく，夜警国家についての説明である。福祉国家は，国民の福祉向上のために財政支出を膨らませやすく，財政赤字に陥ることが多い。そこで，先進各国では「安上がりの政府」をめざして，政府の活動範囲を縮小するための行政改革が進められてきた。

　以上より，BとCが正しく，正答は**4**である。

正答 **4**

第5章 行政学の理論

FOCUS

　近年の問題では，行きすぎた福祉国家化の見直しについて問われるケースが増えている。テーマ10の「行政改革」で学んだ内容も参考にしつつ，選択肢に当たってほしい。

重要ポイント **1** 行政の発達史と行政国家化

行政の発達史は国によりさまざまであるが，ヨーロッパ諸国を例にとれば，標準的な形態は次のとおりである。

（1）三権分立制の確立

近代初期のヨーロッパ諸国では，内閣や官僚制を指揮下に置く国王が，国内で絶対的な権力を振るっていた。しかし，やがて憲法が制定され，立憲君主制の時代が到来すると，司法権や立法権が自立化するようになり，三権分立制が確立された。政治（憲政）と行政の分化は，ここに始まる。

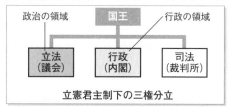

立憲君主制下の三権分立

（2）政党政治の浸透

市民革命を経て近代民主国家が誕生すると，それまで統治の中心にあった国王に代わり，国民の代表機関である議会が政治的権力を握るようになった。そして，内閣は議会の「執行委員会」とみなされるようになり，多数党の党首が内閣を組織し，官僚制に政策を執行させるという仕組みが出来上がっていった。こうした政党政治の原則は，やがて官僚制にも及び，与党がその支持者に官職を配分する情実任用制（＝パトロネージ）がとられるようになった。

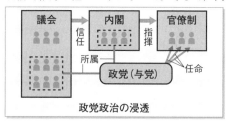

政党政治の浸透

（3）政治と行政の分離

情実任用制は，やがて行政の腐敗と非効率という問題を生んだ。そこで，19世紀後半になると，腐敗と非効率の元凶であった情実任用制が批判の対象となり，公正な試験を経て公務員を採用する資格任用制（＝メリット・システム）が導入された。

さらに，行政の自律性が高まっていくとともに，その有効性や能率の向上が国民から広く期待されることとなった。

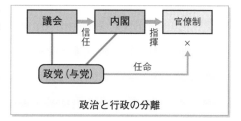

政治と行政の分離

（4）政治と行政の融合

19世紀末以降，工業化・都市化の影響で数多くの社会問題が顕在化し，また，世界大戦や世界恐慌の勃発で国力を結集する必要が生じたことから，国家活動が急速に活発化した（**積極国家化／行政国家化／福祉国家化**）。ここにおいて，行政機関も政治的決定を行うことが一般化し，政治と行政の融合という現象が見られるようになった。

実戦問題

No.1 行政国家に関する記述として，妥当なのはどれか。

【地方上級（東京都）・平成18年度】

1 行政国家では，法案の作成において行政の役割が拡大するとともに，委任立法および行政の自由裁量の範囲が広がる。

2 行政国家では，行政機能が拡大しているが，憲法上の権力分立制における議会制デモクラシーと行政権の機能性とは緊張関係にはない。

3 行政国家では，利益集団は議会を経由して行政機関に働きかけるが，行政機関と直接には交渉しない。

4 行政国家では，政府はサービス供給の担い手としてとらえられ，国民は有利なサービスの獲得のために，政治に自発的に参加するようになる。

5 行政国家では，行政が膨大なサービスを提供するため，行政組織内の管理が分散化され，地方自治体との関係では分権化が進む。

No.2 行政国家または福祉国家に関する記述として，妥当なのはどれか。

【地方上級（東京都）・平成14年度】

1 行政国家は，工業化と都市化の進展に伴い，労働者層が増加したことを契機に台頭し，国民の生命と財産の保護を国家の最大の任務としているため，夜警国家とも呼ばれる。

2 行政国家は，議会を名実ともに政治権力の中枢に置くもので，近代民主制国家の大半に見られたが，現代国家には見られない。

3 福祉国家の機能の一つとして，所得の再分配によって生存権を保護することがあり，要求される保障のレベルはナショナル・ミニマムとされるため，福祉国家は消極国家とも呼ばれる。

4 福祉国家の機能の一つとして，景気変動を調節するために市場経済に介入することがあり，政府の経済介入の初期の例としては，1929年に始まる大恐慌に対処するためのニューディール政策がある。

5 福祉国家では，政府活動の膨張と非能率が抑制される傾向にあり，「安価な政府」とも呼ばれる。

福祉国家に関する次の記述のうち，妥当なのはどれか。

【国家一般職・平成16年度】

1 20世紀に入り西欧諸国を中心に福祉国家が誕生した背景には，労働運動の活発化，普通選挙制度の実施など大衆民主制の実現という政治的要因と，経済成長に伴う市場メカニズムへの揺るぎない信頼感の確立という経済的要因があると指摘されている。

2 第一次世界大戦中，ベヴァリッジ報告で初めて生存権の考え方が示され，その後，ワイマール憲法に生存権の保障条項が規定されるに至った。生存権・社会権の保障を国家の責務とする憲法思想は，以降急速に各国に普及し，日本国憲法にも生存権の保障が規定された。

3 福祉国家では，政府は，低所得者向けの政策を実施するとともに，それに要する経費を累進税率制度を加味した所得税・法人税や財産税などの課税を通じて担税力のある納税者から徴収するなど，歳出・歳入の両面から所得再分配機能を担う。

4 1970年代以降のスタグフレーションの下では，福祉国家の理論的支柱であった新制度派経済学に基づく経済政策は有効に機能しなくなった。行政活動の非効率性を批判する「政府の失敗」が主張されて，福祉国家の危機といわれるようになった。

5 1980年代以降，行政活動の範囲の縮小をめざした行財政改革が先進諸国の共通した政治課題となった。1990年代後半には，新公共管理（NPM）と総称される改革手法によって，わが国をはじめ多くの先進諸国は財政赤字の解消と高福祉低負担の維持に成功した。

No.4 **行政におけるサービス範囲の変遷に関する次の記述のうち，妥当なのはどれか。**

【国家一般職・平成14年度】

1 古代と中世における政治支配者の統治の職能は，国防，警察，裁判の３点にほぼ限られていた。政治支配者はそれらの職能の対価として，人民に兵役や納税の義務を課していたが，統治の職能が限られていたため，徴兵・徴税の猶予や減税を頻繁に行わざるをえなかった。

2 絶対君主を政治支配者とする中央集権体制の国民国家においては，富国強兵が目標とされ，重商主義に基づく殖産興業政策が推進されるようになった。統治の職能の範囲は次第に広がり，これを担う官僚が登場した。また，君主と官僚のための学問として夜警国家論が盛んになった。

3 西欧諸国の政府は，19世紀半ばから末にかけて，産業化と都市化に起因する新しい社会問題・都市問題に対応する必要に迫られ，そのサービスの範囲を広げることになった。そうした変化は，消極国家から積極国家への変化と呼ばれることがある。

4 20世紀における福祉国家の拡大には，いくつかの要因が考えられる。政治制度における大衆民主制の実現は基本的な要因である。このほかに，２度にわたる世界大戦と1929年以来の大恐慌とが考えられるが，資本主義と社会主義の体制間競争は特に要因とはみなされていない。

5 石油危機後の不況で財政赤字に直面した先進諸国の政府においては，減量経営をめざした行財政改革がほぼ共通の政治課題になった。わが国の中曽根政権は，戦後初の臨時行政調査会を設置し，増税なき財政再建の基本方針の下，３公社の民営化などの改革を実施した。

No.5 行政の範囲・役割に関する次の記述のうち，妥当なのはどれか。

【国家総合職・平成20年度】

1　西欧諸国において，絶対君主を政治支配者とする中央集権体制の国民国家が形成された近世においては，殖産興業政策として国内産業を保護・振興するための国家による各種の規制・介入措置がとられた。このような行政機能を拡大する政策は，資本主義経済が発達してブルジョワジーが登場するにつれて，産業の自由な展開を制約するものとして批判されるようになった。

2　英国においては，名誉革命を契機として資格任用制と政治的中立性を根幹とする公務員制度が成立した。一方，アメリカ合衆国においては，大統領を通じて有権者の意思を公務員の任命人事に反映させることが民主主義であるとして猟官制が定着したが，行政府が政策立案機能の中心を担うようになった20世紀初頭になって，資格任用制と政治的中立性を重視する連邦公務員法（ペンドルトン法）が制定された。

3　F.ローズヴェルトによるニューディール政策の実施に当たり政党政治の過度な介入により利益誘導が行われたとの反省から，1940年代のアメリカ合衆国において，政治の任務と行政の任務との違いを意識して明確に両者を区別し，政党政治の介入から自由な行政の領域を確立すべきであるとする政治・行政の分離論が起こった。

4　西欧諸国においては，19世紀半ば以降，産業化や都市化の進展につれて新しい社会問題，都市問題への対応を迫られるようになった。こうした中，20世紀に入って，第一次世界大戦前に憲法典に生存権を規定する国が現れ，第一次世界大戦と第二次世界大戦の戦間期には，英国で「ゆりかごから墓場まで」をスローガンとする包括的な福祉制度が整えられていった。

5　わが国における1980年代の行財政改革として，第2次臨時行政調査会の最終答申において，大幅な財政赤字を解消するため，消費税制の創設などによる歳入増と3公社の民営化などによる歳出減による財政再建策が答申され，実施に移された。また，その後の行財政改革においては，行政機能を政策の企画・立案と実施に分離する方法として独立行政法人制度の創設などが実施された。

No.6 政府の役割と国家のあり方の歴史的変遷に関する次の記述のうち，妥当なのはどれか。

【国家総合職・平成29年度】

1 19世紀前半までに西欧で成立した近代国家では，国民の政治活動や経済活動の自由を重視する自由主義の思潮が強まり，「安上がりの政府」を支持する考え方が広まった。これに対し，自由主義に反対する勢力は，自由主義者が過激化して無政府状態が出現することを警戒し，政府が警察権限を強化して社会秩序の維持を図るべきであるという主張を行った。こうした警察権限の強大化をめざす国家のあり方を，「夜警国家」という。

2 19世紀後半になると，西欧諸国では産業化と都市化が進展し，それに伴って工場労働の規制や都市基盤の整備などに関する需要が増大した。そのため，政府には，貧困層の救済や義務教育の提供といったサービスの供給を縮小し，都市問題や労働問題を解決するための各種の規制を優先的に整備することが求められるようになった。この時代における，政府がサービスの供給よりも規制の整備を優先する国家のあり方を，「規制国家」という。

3 20世紀前半の2度の世界大戦と大恐慌を経て，西欧先進諸国における政府の役割は拡大した。西欧先進諸国では，国民の生存権等の諸権利の存在が確認されるとともに，所得の再分配を行うことが政府の当然の責務とされ，景気変動による不況に対処するために，市場経済に積極的に介入することが求められるようになった。このように，政府が国民の福祉や経済活動に大きく関与する国家のあり方を，「福祉国家」という。

4 明治維新によって近代化を成し遂げたわが国は，殖産興業政策を掲げ，明治時代初期から政府が産業を積極的に育成した。また，わが国では，富国強兵政策に基づき，1880年代から，労働力を安定的に確保するための社会保険制度の整備や軍備の増強が積極的に進められた。この結果，わが国の政府の財政規模は1890年代から急速に拡大した。このように，富国強兵を掲げ殖産興業政策を実現するために政府が積極的な役割を果たす国家のあり方を，「高度国防国家」という。

5 1970年代に発生した2度の石油危機以降，先進諸国の政府は財政赤字を抱えることになった。特に財政赤字と経済の停滞に苦しんだ西欧先進諸国では，財政規模の拡大の主要因である福祉政策の決定・実施に関する権限を超国家主体である欧州連合（EU）の専属的権限とすることによって，加盟国政府の財政規模の縮減を図ることがめざされた。このように，超国家主体への権限移譲により「小さな政府」をめざす国家のあり方を，「最小国家」という。

実戦問題の解説

No.1 の解説 行政国家

→問題はP.289 **正答1**

1 ◎ 正しい。現代社会では，複雑化した諸問題を解決するために，行政の積極的活動が期待されている。そこで，行政国家化が進展し，委任立法や行政の自由裁量の範囲が広がることとなった。

2 ✕ 行政活動の専門性が増大し，その機能が拡大したことで，議会による行政統制は不十分なものとなった。そのため，国民の代表機関である議会を中心として政治を運営することが難しくなり，議会制デモクラシーは危機に直面することとなった。

3 ✕ 行政国家では，行政機関が利益配分の権限を持っていることから，利益集団はこれに直接働きかける傾向を強めている。

4 ✕ 行政国家では，政府がサービス供給の担い手としてとらえられる一方で，国民はサービスの享受を当然の権利とする意識を強めている。そのため，国民は自分たちの権利が侵害されない限り，政治への積極的な働きかけを放棄することも多い。

5 ✕ 行政国家では，中央政府が全国民を対象として，サービスを平等に提供しようとする傾向が生まれる。そのため，地方自治体との関係では中央集権化が進み，地方分権は抑えられる。

No.2 の解説 行政国家と福祉国家　　　　　→問題はP.289　**正答4**

1 ✕ **行政国家と夜警国家は異なるものである。**

国民の生命と財産の保護を最大の任務とする夜警国家は，工業化と都市化の
進展により労働者層が増加する以前の近代市民社会において見られたもので
ある。労働者層が増加した現代社会においては，行政国家化が進むと同時
に，夜警国家は衰退し，国民の福祉向上に責任を持つ福祉国家が台頭してい
る。

2 ✕ **行政国家は現代国家において成立し，行政府が政治権力を握る。**

現代国家においては，行政の委任立法と自由裁量が増大する一方で，行政統
制を行うべき議会の影響力が弱まっており，実質的には政治権力の中枢に行
政が位置する状況が生まれている。このようにして成立したのが行政国家で
ある。

3 ✕ **福祉国家は積極国家とも呼ばれる。**

福祉国家は，**ナショナル・ミニマム**（国民最低限）を達成するために積極的
に活動していることから，積極国家と呼ばれることがある。消極国家とは，
国民の生命と財産の保護を最大の目的として，最低限の活動しか行ってこな
かった夜警国家の別名である。

4 ◎ **福祉国家は市場経済に介入することがある。**

正しい。**福祉国家は，国民の福祉向上を目的として市場経済にも積極的に介
入し，景気変動の調節や雇用創出事業などを行っている**。大恐慌期のアメリ
カでF. ルーズヴェルト大統領が採用したニューディール政策はその初期の
典型例であり，政府が公共事業や社会保障政策を大規模に実施し，不況から
の脱却を図った。

5 ✕ **福祉国家は「高価な政府」とも呼ばれる。**

福祉国家では，大衆の要求を背景として政府活動が膨張するとともに，行政
職員がコスト意識を欠いていたこともあって，活動の非効率性が目立つよう
になった。こうして政府支出が肥大化していったことから，やがて福祉国家
は「高価な政府」として批判されるようになり，「安価な政府」をめざす行
政改革が行われるようになった。

第5章
行政学の理論

1 ✕ 福祉国家を誕生させた経済的要因としては，大恐慌の発生や貧富の差の増大などを背景に，市場メカニズムへの信頼感が失われていった点を挙げることができる。これに対して，市場メカニズムへの信頼感は，かつての自由放任主義的国家を支える土台となっていた。

2 ✕ **ワイマール憲法**（1919年）は，生存権の考え方を初めて取り入れた憲法として有名である。イギリスで**ベヴァリッジ報告**（1942年）が発表され，社会保障制度の確立による生存権の保障が提言されたのは，それから約四半世紀も後のことであった。

3 ◎ 正しい。**福祉国家では，社会的格差の是正を図るために，さまざまな所得再分配政策が導入されている。**社会保障制度や累進課税制度の整備が進められてきたのは，その表れである。

4 ✕ **福祉国家の理論的支柱となったのは，財政支出の拡大を正当化するケインズ経済学であった。**これに対して，政府の失敗が市場の失敗よりも深刻であるとの認識に立って，行きすぎた福祉国家化の見直しを主張したのが，新制度派経済学であった。

5 ✕ 1980年代以降，新公共管理（NPM）と呼ばれる改革手法が，多くの先進国で導入された。その結果，福祉を含む各政策分野で財政支出が抑制され，さらには世界的な景気回復が見られたこともあって，1990年代後半の欧米先進諸国の財政収支は好転した。ただし，この時代のわが国は不況期にあり，財政状況は急速に悪化した。また，少子高齢化が進んでいることなどもあって，多くの先進諸国では福祉サービスの負担の重さが解消していない。

No.4 の解説 行政におけるサービス範囲の遷変 　　　　→問題はP.291 **正答3**

1 ✕ 古代と中世における政治支配者は，強大な支配権力を持ち，自らの利益のために戦争を行ったり，散財したりすることも多かった。そのため，統治の職能が限られていたとはいえ，徴兵・納税の猶予や減税が頻繁に行われることはなかった。

2 ✕ 絶対君主を政治支配者とする中央集権体制の国民国家においては，君主と官僚のための統治の学問として，官房学や警察学が盛んとなった。なかでも警察学は，国家の内務事務を処理するために役立つ知識を体系化し，国家資材の維持と増殖に役立てようとしたものであった。これに対して，夜警国家論とは，ラッサールが19世紀的国家について述べた学説であり，当時の国家は治安と防衛を主な役割としていたとされた。

3 ◎ 正しい。**西欧諸国の政府は，19世紀半ばから末にかけて，その活動を活発化させていった。そうした変化は消極国家から積極国家への変化と呼ばれている**。その後，2度にわたる世界大戦や大恐慌期のニューディール政策などを通じて，国家の活動はさらに積極化していき，本格的な行政国家ないし福祉国家が登場することとなった。

4 ✕ 20世紀における福祉国家の拡大には，次のような要因が考えられる。第1に，大衆民主主義の実現によって国民の発言力が高まり，国民の要求で社会保障支出が膨らんだこと。第2に，2度にわたる世界大戦を通じ，総動員体制への協力の見返りとして，国民生活を守る必要が生じてきたこと。第3に，大恐慌の衝撃を弱めるためにも，国民にナショナル・ミニマムを保障しなければならなくなったこと。第4に，福祉サービスの提供を通じて国民を引きつけ，資本主義から社会主義への体制移行を阻止する必要があったこと。本肢では，体制間競争の要因が否定されているので，誤りとなる。

5 ✕ 中曽根政権は，戦後2番目の臨時行政調査会の答申を活用して，行財政改革を推進した（ただし，同調査会を設置したのは鈴木前政権である）。これに対して，戦後初の臨時行政調査会は，1960年代に池田政権によって設置されている。

1 ◎ 正しい。絶対君主の下における国家を，一般に警察国家という。**警察国家は，殖産興業政策を強力に推進する一方で，しばしば国民の権利を侵害した**ことから，市民革命を引き起こした。これによって誕生した**近代市民社会では，自由主義が社会の基本原理とされ，国民の自由（産業の自由を含む）を**制限しかねない積極的な国家活動は批判された。

2 ✕ 英国においては，名誉革命を契機に議会主義と政党政治が定着し，政党が政治的情実に基づいて公務員を任用しはじめた。こうした情実任用制は，ノースコート・トレヴェリアン報告（1853年）の発表後に廃止され，新たに資格任用制が導入されることとなった。なお，アメリカ合衆国の状況は，おおむね本肢で記述されているとおりであるが，ペンドルトン法の制定（1883年）は19世紀後半のことであった。

3 ✕ 政治と行政を明確に区別し，政党政治の介入（＝猟官制）から自由な行政の領域を確立すべきであるとする政治・行政の分離論が起こったのは，19世紀末から20世紀初頭にかけてのことであった。これに対して，ニューディール期には国家活動が積極化し，行政が政策の立案も担うようになった。そこで，政治と行政の区別が曖昧になったとして，政治・行政の融合論が提唱されるようになった。

4 ✕ 第一次世界大戦で敗北したドイツは，1919年にワイマール憲法を制定し，民主国家として再出発した。**ワイマール憲法は，世界で初めて生存権を規定した憲法典として有名であり，**第一次世界大戦前には，生存権を規定した憲法典は存在しなかった。また，**英国では，1942年に発表されたベヴァリッジ報告を受けて，第二次世界大戦後に包括的な福祉制度が整えられていった。**戦間期には，福祉国家化への動きが本格化することはなかった。

5 ✕ 第2次臨時行政調査会は，「増税なき財政再建」をスローガンに掲げ，3公社の民営化をはじめとするさまざまな行財政改革を提言した。しかし，同調査会が消費税制の創設を提案したという事実はなく，実際，消費税が導入されたのは，竹下登内閣時代の1989年のことであった。なお，独立行政法人制度は，政策の企画・立案と実施を分離し，このうち実施機能を担わせるために創設された仕組みであり，本肢の記述に誤りはない。

No.6 の解説 政府の役割と国家のあり方の歴史的変遷　→問題はP.293　**正答3**

1✕ 夜警国家は自由主義的国家である。

　自由主義の考え方に沿って，国民の活動にあまり干渉しないように活動した国家が，夜警国家である。夜警国家は，主に治安と防衛の活動だけを営んだ。

2✕ 19世紀後半には国家による社会サービスの供給が始まった。

　19世紀後半には，都市問題や労働問題を解決するための規制強化（＝規制国家化）と，貧困層の救済といったサービスの供給が，同時に進行した。

3◎ 世界大戦と大恐慌が福祉国家化を促進した。

　正しい。19世紀後半から福祉国家化に向けた流れは始まっていたが，**特に2度にわたる世界大戦と大恐慌を通じて，福祉国家は確立された。**

4✕ 社会保険制度の整備は第二次世界大戦後に進んだ。

　一般的な社会保険制度は1920年代から40年代にかけて導入されたが，これが整備・拡充されたのは第二次世界大戦後のことである。また，高度国防国家とは，第二次世界大戦中に第2次近衛内閣が掲げたスローガンである。

5✕ 西欧諸国の福祉は各国政府が担っている。

　欧諸国における福祉政策は，現在でも主に各国政府によって推進されている。また，「最小国家」とは，ノージックが提唱した概念であり，暴力や詐欺，盗みからの保護など，最小限度の活動しか行わない国家をさす。

第5章 行政学の理論

必修問題

シュタインの行政学に関する記述として，妥当なのはどれか。

【地方上級（特別区）・令和4年度】

1　シュタインは，物質的資財とともに，国民の労働力，才能も含んだ国家資財を維持，増殖することを目的とした**警察学**を，財政学から分化させた。

2　シュタインの行政学は，官房学的行政学の集大成と位置づけられ，アメリカ行政学の形成に，直接的に強い影響を及ぼした。

3　シュタインは，国家をあらゆる個人の意思と行為が1つの人格にまで高められた共同体であるとし，階級による不平等を抱えた社会に国家が対立することはないとした。

4　シュタインは，国家は憲政と行政の2つの原理から成り立ち，**憲政**は国民の参加により国家意思を形成する過程であり，**行政**は国家意思を実現する過程であるとした。

5　シュタインは，憲政なき行政は無力であるとし，憲政と行政の関係は一方向的であり，行政に対する憲政の絶対的な優越を説いた。

難易度：＊

必修問題の 解説

本問はシュタイン行政学に関する基本問題である。シュタインはヘーゲルの国家論から影響を受けており，その主張内容には若干難しいところがある（**3**）。しかし，憲政の原理と行政の原理（**3・4**），憲政と行政の相互優位（**5**）は基礎知識といってもよい内容なので，しっかりと得点できるようにしておきたい。

1 ✕ 警察学を確立したのはユスティである。

行政学の起源は一般にドイツの官房学に求められるが，前期官房学は国家経営のための実用学として，財政学や経済学など，雑多な内容を含んでいた。その後，ユスティが登場し，国家資材の維持と増殖を目的とする警察学を財政学などから分化させ，後期官房学を発達させた。

2 ✕ シュタインの行政学はアメリカ行政学に直接的な影響は与えなかった。

官房学的行政学を集大成した人物はユスティである。また，アメリカ行政学は，猟官制による腐敗と非効率の克服というアメリカ独自の課題を背景として発達したものであり，シュタインの行政学から直接の影響を受けることはなかった。

3 ✕ シュタインは，国家は社会と対立して階級対立を緩和するとした。

シュタインは，ヘーゲルの影響を受けて，国家を1つの人格にまで高められた共同体ととらえた。そして，国家は社会と対峙し，社会における階級対立に介入してこれを緩和する存在であるとして，その活動を行政ととらえた。

4 ◎ シュタインは憲政の原理と行政の原理を唱えた。

正しい。**シュタインは，国家意思の形成に国民を参加させるべきだと考え，これを憲政の原理とした。また，国家意思の遂行によって社会における階級対立を緩和するべきだと考え，これを行政の原理とした。**

5 ✕ シュタインは憲政と行政の相互優位を主張した。

シュタインは，「行政なき憲政は無内容であり，憲政なき行政は無力である」として，憲政と行政の相互優位（相互依存）を主張した。

正答 4

FOCUS

行政学の歴史では，技術的行政学と機能的行政学の違いが重要である。政治・行政二分論と政治・行政融合論が誕生した歴史的背景を中心に，ポイントを押さえておきたい。その他，特別区を中心にシュタイン行政学の出題も見られる。

重要ポイント 1 官房学の発達

17世紀から18世紀にかけて，ドイツ・オーストリアでは，官房学と呼ばれる国家経営の学問が発達した。官房学は，一般に行政学の源流とみなされている。

（1）官房学

17世紀のドイツ・オーストリアでは，富国強兵を実現するうえで必要ないし有用と思われる知識が集大成され，官房学が成立した。その中には，今日でいう行政学のほか，財政学，経済学，農学，林学などに該当する内容も含まれており，**国家経営のための実用学という性格が顕著であった。**

官房学は，その追求すべき目標として「国民の福祉の増進」（＝幸福促進主義）を掲げていた。しかし，それはいわば表の顔であって，官房学が真に目的としていたのは，国家の繁栄によって君主の利益に奉仕することであった。

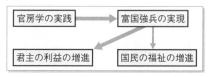

（2）警察学

18世紀中頃に官房学を継承・発展させ，警察学を樹立したのが**ユスティ**である。ユスティは，国家資材（＝財貨や国民の能力など）の維持と増殖を目的に，国家の一切の内務事務を処理する活動を警察活動と呼び，それに役立つ知識体系を警察学とした。**警察学は，官房学から財政学や経済学などを排除することで成立しており，**後期官房学ともいうべき地位にある。

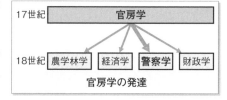

官房学の発達

重要ポイント 2 シュタイン行政学

1789年にフランス革命が起こると，その影響はやがてドイツ・オーストリアにも及び，君主による無制限の権力行使は，その見直しを迫られた。そうした状況を受けて，19世紀中頃に警察概念の再検討を進めたのが**シュタイン**であった。

シュタインはまず，ヘーゲルの影響を受けて，国家と社会を概念的に区別した。そのうえで，①国家は各人に自由を保障し，国家意思の形成に参加させるべきであること（＝**憲政の原理**），②国家は社会における階級対立を抑え，人々の人格の発展に寄与するため，国家意思を執行していくべきであること（＝**行政の原理**）などを唱えた。さらにシュタインは，**憲政と行政が相互優位の関係ないし相互依存の関係にある**とも主張した。

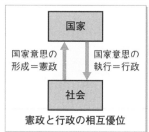

憲政と行政の相互優位

重要ポイント 3 アメリカ行政学の発達

アメリカにおける行政学は，19世紀末に技術的行政学として成立し，戦中・戦後期には機能的行政学へと変貌を遂げた。前者の特徴は，行政の領域と政治の領域を明確に区別し，行政の領域に能率の原理を導入しようとした点にある。これに対して，後者の特徴は，行政領域においても政治的決定がなされているとして，行政領域と政治領域の連続性を唱えた点にある。なお，いずれの場合にも，その理論形成に当たり経営学から少なからぬ影響を受けたという点では共通している。

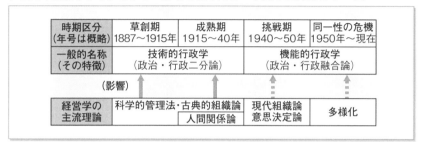

重要ポイント 4 技術的行政学

1820年代末以降のアメリカでは，大統領や市長などがその選挙協力者に官職を配分するという慣行が一般化した。しかし，19世紀後半になると，そうした**猟官制に起因する行政の腐敗や非効率**が目に余るようになり，大規模な行政改革が開始された。このように現実の行政への関心が高まる中で，アメリカ行政学は誕生した。

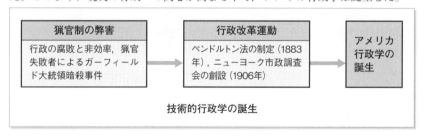

（1）草創期

1887年，政治学者のウィルソンは「行政の研究」という論文を発表し，行政を政党政治の介入から隔離すべきであると主張した。これがアメリカ行政学の始まりである。ウィルソンの提唱した**政治・行政二分論**は，その後グッドナウらにも引き継がれ，広く賛同を得ていった。

また，当時，行政の実務を研究した人々は，**経営学におけるテイラーの科学的管理法に注目し**，その課業管理の手法を行政の現場にも浸透させることで，作業能率の向上を図ろうとした。

(2) 成熟期

草創期の政治・行政二分論は、猟官制の弊害に対する反発から生まれたものであった。しかし、その内容は次第に深められ、**「政治は政策を決定し、行政はそれを執行する」**という本質規定が行われるようにな

政治・行政二分論の本質規定

った。こうして行政は、政治が形成した意思の技術的遂行過程とみなされるようになった。

また、行政が技術であるならば、行政＝技術は磨かれなければならない。そこで、成熟期の行政学は経営学への傾斜を深め、とりわけフェイヨールらの古典的組織論から、組織および組織管理に関する知見を数多く摂取した。

以上のような成熟期のアメリカ行政学は、ウィロビーやホワイトに始まり、**ギューリックによって集大成され、正統派行政学とも称されることとなった。**

重要ポイント 5 ▶ 機能的行政学

1930年代のアメリカでは、大恐慌を克服するため、F.ルーズヴェルト大統領によってニューディール政策が推進された。そして、これを契機とする**国家活動の積極化**が、アメリカ行政学に大きな転換をもたらすこととなった。

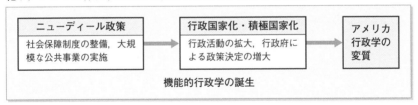

機能的行政学の誕生

(1) 挑戦期

行政国家化を目の当たりにした行政学者たちは、**行政府が単なる政策実施機関ではなく、積極的に政策を形成する機関でもある**と強く認識するようになった。その結果、政治と行政の区別は曖昧であるとして、**政治・行政融合論**が唱えられるようになった。そのほかにも、この時期には正統派行政学への異議申し立てが相次ぎ、能率至上主義のイデオロギー性（ワルドー）、いわゆる「基本的原理」の非科学性（サイモン）などが指摘された。

なお、経営学の優れた知見に学ぼうとする姿勢はこの時期にも見られ、バーナードやサイモンの現代組織論、意思決定論が積極的に摂取されていった。

(2) 同一性の危機

その後、行政学はさまざまに発展を遂げ、数多くの成果を挙げていった。しかし、それとともに学問としての一体性を欠くようになり、同一性（アイデンティティ）の危機を迎えるようになった。

実戦問題

◆ No.1 シュタインの行政学に関するA～Dの記述のうち，妥当なものを選んだ組合せはどれか。

A：シュタインは，行政に関する学を総論と各論の2部構成とし，総論は，外務，軍務，財務，法務，内務の5部門からなり，各論は，行政組織，行政命令，行政法の3部門からなるとした。

B：シュタインは国家とはそれ自身が自我，意思および行為とをもって人格にまで高められた共同体であるとした。

C：シュタインは，行政とは国民の参加による国家の意思の形成であり，憲政とは国家の意思の反復的実施であるとした。

D：シュタインは，憲政と行政の双方が優位を占める二重の関係を設定し，行政なき憲政は無内容であり，憲政なき行政は無力であるとした。

1 A，B
2 A，C
3 A，D
4 B，C
5 B，D

◆ No.2 技術的行政学に対する機能的行政学の特徴に関する記述として，妥当なのはどれか。

1 機能的行政学では，政治と行政を融合関係の中でとらえ，政治と行政とは連続過程を形成するものであるとした。

2 機能的行政学では，行政能率の概念は，社会的または規範的な意味としてではなく，機械的能率または功利的能率という観点から把握されなければならないとした。

3 機能的行政学では，行政の有効性は，組織を人間関係からなる非定形組織として考えるのではなく，専門的な権限の体系である定形組織として理解することから生じるとした。

4 機能的行政学では，広範な自由裁量と委任立法の増大に伴い，行政は最終的段階でのみ政策決定に参加すべきであるとした。

5 機能的行政学では，行政責任は，立法部に対する外在的責任の意味だけ持てばよく，行政に対する内在的責任の意味を持つものではないとした。

第5章 行政学の理論

No.3 政治と行政に関する次の記述のうち，妥当なのはどれか。

【国家一般職・平成７年度】

1 国家であれ，地方自治体であれ，行政は１つの政治社会の意志が上方に吸い上げられて理念・政策の形に集約される過程ととらえられるのに対し，政治はそれが再び下方へ向かって社会に具体化されていく過程ということができる。

2 行政は，政治と対比した場合に，公共的事務の処理が中立的あるいは不偏不党であるという肯定的評価をもって理解されることがあるが，それは政治の侍女ないしサーバントという役割に徹する精神と結びついている。

3 政治と行政の実体的区分を表すものとして，政治家と行政官の区分が挙げられることがあるが，両者は政策領域について期待される知識や能力に基本的な違いはなく，選任の原理も同じである。

4 初期のアメリカ行政学は，行政を政治から分離させる理論によって経営学よりも法律学に接近し，学問としての完結性を確立した。このため当時の市政改革運動や連邦政府の行政改革に対して実践的な役割を果たすことができなかった。

5 1940年代以降のアメリカ行政学は，政治と行政の関係について分断論から連続論の見方に転換した。連続論では，統治上の責任はすべて政治担当部門である議会にあり，行政に問いうるのは政治による決定を忠実に実施したか否かであるとした。

No.4 政治と行政の関係に関する次の記述のうち，妥当なのはどれか。

【国家一般職・平成13年度】

1 L. シュタインは，行政が憲政に対立する関係だけでなく，憲政が行政に対立する関係も確立すべきであると論じた。彼は，行政能率と民主主義との間には緊張関係が必要であり，理想的な官僚制組織は，行政能率よりも民主主義を優先させるべきと主張した。

2 W. ウィルソンや F. グッドナウによって主張された政治・行政二分論とは，政策の企画・立案は政治に任せるが，政策の実施は行政に任せるべきとする考え方である。行政管理理論は，この考え方をもとに発達した政策実現のための理論である。

3 政治・行政融合論とは，D. ワルドーや H. サイモンらによって主張された考え方である。この考え方によれば，現実の政策形成過程においては，専門知識を持つ行政が素人の集団である政党よりも優位に立つとされる。そのため，価値としての能率が重要視された。

4 C. フリードリッヒの予測的対応の理論によれば，行政が提案した政策を議会が通常否定することがないのは，行政が議会の真意について予測しているため，

と説明される。予測的対応がなされる場合，行政は議会の権威を承認していることになる。

5 T.ローウィは，多元主義の立場に立ちながらも，行政の重要性を指摘した。彼のいう利益集団自由主義とは，社会の中にあるさまざまな利益集団が議会に自由に影響力を行使できるように行政は統治すべきであるという主張である。

No.5 ** **政治と行政の関係に関する次の記述のうち，妥当なのはどれか。**

【国家一般職・平成10年度】

1 19世紀後半のイギリスで実現された公務員制度改革によって，資格任用制と政治的中立性を根幹とする現代公務員制が確立された。それによって，政党勢力による議会政治と専門職員集団による行政の分離が実現され，18世紀から主張されてきた三権分立の原則が，初めて現実のものとなった。

2 法律による行政の原理は，政治が行政を統制するという考えに基づいており，議会による法律が行政法規に優越する「法律優越の原則」，国民に義務を課し権利を制限する法規範を行政立法によって定めることは法律による委任があってもできないという「侵害留保の原則」，行政の合法性については司法が審査する「法律による裁判の原則」から構成されている。

3 大統領制の下で建国当初から三権分立が確立されていたアメリカでは，政治と行政の分離は，いわば憲法構造によって保障されていたといってよい。そのため，政治から独立した行政職員集団を合理的に編成し活動させていくことへの関心が強く，そのことがアメリカにおいて現代行政学が生まれることにつながった。

4 現代官僚制の確立のために政治と行政との分離が主張されていた時期には，政策実施段階の能率を向上させるための組織管理が行政研究の焦点となっていた。それに対して，政治と行政の融合が主張される時期に入ると，政策内容に関する行政の積極的な役割が強調され，効果的な政策立案の実現も組織管理の目的の一つとなった。

5 政治・行政分離論は政党政治の党派性から行政を切り離すことを意図し，政治・行政融合論は政策形成における行政の積極的な役割を重視したものであった。行政に関係する改革の中には，政治とは切り離された行政固有の領域の改革と，政策形成に関連し政治性を帯びた領域の改革とがあるが，前者を行政改革，後者を政治改革と呼ぶ。

シュタインの行政学 →問題はP.305 **正答5**

A ✕ 「各論」では部門ごとのより具体的な話題が展開された。

シュタイン行政学は総論と各論の2部構成で，総論は，行政組織，行政命令，行政法の3部門からなり，各論は，外務，軍務，財務，法務，内務の5部門からなるとされた。

B ◯ シュタインは国家を人格にまで高められた共同体であるとした。

正しい。シュタインは，ヘーゲルの影響を受けて国家と社会を明確に区別し，国家とは「人格にまで高められた共同体」であるとした。

C ✕ シュタインは国家意思の形成を憲政，国家意思の実施を行政とした。

シュタインは，国民の参加による国家の意思の形成を憲政とし，国家の意思の反復的実施を行政とした。前者は社会から国家への働きかけに対応し，後者は国家から社会への働きかけに対応している。

D ◯ シュタインは憲政と行政の相互優位を主張した。

正しい。シュタインは，「憲政は，その極めて独自な概念に従って，行政の活動なしには無内容であり，行政は，その概念からして，憲政なくしては無力である」と述べた。こうした憲政と行政の関係は，端的にいって両者の相互依存関係を意味しており，シュタインはこれを「憲政と行政の相互優位」と表現した。

以上より，BとDが妥当であり，**5**が正答となる。

機能的行政学の特徴 →問題はP.305 **正答1**

1 ◎ 機能的行政学は政治と行政が連続過程を形成すると主張した。

正しい。機能的行政学は，ニューディール政策の実施を背景として提唱されるようになったもので，行政も政治同様に政策決定を行うという認識に立脚している。そのため，**政治と行政は相互に分断された関係にはなく，連続過程を形成するものだと主張されている。**

2 ✕ 機能的行政学では機械的能率・功利的能率が批判的にとらえられた。

機能的行政学では，人間を機械と同一視して評価するような機械的能率観は避けられ，社会的または規範的な能率概念が主流となった。端的にいえば，関係者の満足の度合いを増大させたり，評定者の規範意識を満足させたりするような行政活動こそが，能率のよい活動として評価されるべきだとの主張が唱えられている。

3 ✕ 機能的行政学では非定形組織の重要性が指摘された。

機能的行政学では，組織を人間からなる非定形組織（インフォーマル組織）としてとらえる見方が主流となった。これは，当時すでに経営学の一大潮流となっていた人間関係論から影響を受けて，提唱されるに至ったものである。

4 ✕ 機能的行政学では行政が政策決定の各段階に関与すべきだとされた。

機能的行政学では，広範な自由裁量と委任立法の増大に伴い，行政の役割は拡大しているととらえられ，行政は政策立案の段階から政策決定に参加すべきだとされた。実際，今日においては，行政による政策の立案・決定が盛んに行われている。

5✗ 機能的行政学では行政に対する内在的責任の重要性が指摘された。

機能的行政学では，行政が自ら政策の立案・決定に携わっているとの認識が示され，行政内部における統制の重要性が指摘された。逆にいえば，「議会の決定した政策が忠実に執行されているか否か」という観点から議会が実施してきた外在的統制は，その重要性を相対的に低下させているというのが，機能的行政学の主張である。

No.3 の解説 政治と行政 →問題はP.306 **正答2**

1✗ 政治と行政に関する記述が逆である。政治においては，国民の意見や態度が議員・政党等を通じて上方に吸い上げられ，理念・政策の形に集約される。これに対して，行政においては，国家や地方自治体が政策の執行を通じて社会に働きかけ，さまざまな理念を具体化する。

2◎ 正しい。行政が政治の侍女ないしサーバント（＝召使い）の役割に徹するとき，政策選択に伴う価値判断はすべて政治によって担われることとなり，行政は政策の技術的遂行過程となる。このように**「政治が決定し，行政が遂行する」という状況下では，行政は政治的中立ないし不偏不党であるとの肯定的評価を得やすい**。

3✗ 政治家と行政官に期待される知識や能力は基本的に異なるし，また両者の選任の原理も同一ではない。政治家の場合，国民の意思を十分に反映しつつ，適切な価値判断を下す能力が必要とされ，その地位は選挙を通じて与えられる。これに対して行政官の場合，所与の政策を効率的に遂行していく能力が必要とされ，その地位は公開競争試験を通じて与えられる。

4✗ 初期のアメリカ行政学では，公開競争試験を実施することで行政を政党政治から分離させ，さらに科学的管理を実践することで行政能率を向上させようとする試みがなされた。すなわち，**初期のアメリカ行政学は経営学に接近し，その優れた知見を導入することで，自らの学問的基盤を確立しようとしたのであり，その結果，市政改革運動や行政改革に対して実践的な役割を果たすこととなった**。

5✗ 政治・行政連続論（融合論）では，行政官を政策の忠実な執行者とする伝統的観念が否定され，行政官はしばしば政策決定も行っているという事実が明らかにされた。これを受けて，統治に関する責任を議会にのみ負わせることはできないとの見解が強まり，行政官の自律的統制による行政責任の確保が説かれるようになった。

第5章 行政学の理論

1 ✕ 行政能率と民主主義との間の緊張関係に注目した代表的人物は，ウィルソンである。**ウィルソンは，アメリカにおいて伝統的な民主主義の原理と，ヨーロッパ大陸で重視されてきた行政効率の原理との緊張関係に注意を払いつつ，理想的な官僚制組織は民主主義に行政能率を結合させたものであるべきだと主張した。**

2 ✕ ウィルソンやグッドナウによって主張された政治・行政二分論は，猟官制を通じた政治家の行政介入を批判し，政治と行政の明確な分離を説くものであった。しかし，政治による行政統制をすべて否定したわけではなく，行政による法律（政策）の実施を政治が統制することについては，十分に認められるとした。

3 ✕ 価値としての能率概念を重視し，客観的な能率の向上を最大の関心事としたのは，組織管理の理論として発達した行政管理論（ないし政治・行政二分論）である。これに対して，政治・行政融合論では，価値としての能率概念は政治・行政二分論ほど重視されず，むしろ関係者の満足度の向上や一定の価値基準の充足などがめざされた。

4 ◎ 正しい。**フリードリッヒは，行政の提案している政策が議会で拒否されないからといって，必ずしも行政が議会に優位していることにはならないと考え，行政側の予測的対応という概念を提唱した。**これは，議会の黙示的影響力と言い換えられることもある。

5 ✕ **ローウィのいう利益集団自由主義とは，特定の圧力団体が台頭し，行政の各部署や議会の委員会・小委員会と密接な関係を結んだ結果，その他の団体が政策決定から排除されてしまった状況をさすものである。**ローウィは，アメリカが利益集団自由主義に陥っていると批判し，その克服を訴えた。

No.5 の解説　政治と行政の関係

→問題はP.307　**正答 4**

1✕　「政治と行政の分離」と「三権分立」は別次元の問題である。実際，イギリスにおいて三権分立が確立されたのは，国王の統治権から立法権と司法権が分離された18世紀のことであったが，政治と行政の分離が実現したのは，ノースコート・トレヴェリアン報告（1853年）に基づく行政改革が実施され，政党勢力による情実任用制が廃止された19世紀後半のことであった。

2✕　法律による行政の原理を支える3原則（法律優越・侵害留保・法律による裁判）のうち，侵害留保の原則とは，「国民に義務を課し国民の権利を制限する行政行為は，法律に明確な根拠を持たなければならない」とするものである。したがって，**法律による委任がある場合には，行政立法によって義務を課したり権利を制限したりすることも認められる。**

3✕　アメリカでは合衆国憲法によって厳格な三権分立が保障されているものの，人事権の行使等を通じて政党政治が行政に介入していくことまでは，憲法上特に排除されていない。そのため，アメリカでは，政治家が行政職員を任命するという慣行が長らく続いてきた。アメリカにおいて，政治から独立した行政職員集団を合理的に編成し活動させていこうという動きが起こったのは，19世紀後半以降のことであった。

4◎　正しい。**政治と行政の分離という主張は，そもそも猟官制による政党政治の介入を排除し，行政の中立化と能率向上を実現しようとする意図からなされたものであった。**それに対して，**政治と行政の融合という指摘は，行政国家化に伴って行政の役割が増大し，政治家のみならず行政官もが政策決定を行うようになった現実を背景になされたものであった。**

5✕　行政に関連する改革は，その政治性の有無とは無関係に，すべて行政改革と呼ばれることが多い。行政機構の再編成という改革を例に挙げれば，これは職員数の削減という行政的な意味と，首相や大臣のリーダーシップの強化という政治的な意味を併せ持つことがあるが，それでもこうした改革は行政改革と呼ばれうる。これに対して，政治改革とは，選挙制度の改正や政治腐敗の規制強化など，行政とはかかわりを持たない純粋に政治的な内容について用いられることが多い。

行政学の理論家

必修問題

アメリカ行政学の学説に関する次の記述のうち，妥当なのはどれか。

【国家一般職・令和元年度】

1　後に第28代米国大統領となる**W.ウィルソン**は，論文「行政の研究」の中で，行政の領域を司法固有の領域の外にある「政治の領域」としてとらえ，司法から切り離された行政と猟官制を確立する必要性を説いた。

2　**F.グッドナウ**は，『政治と行政』で，政治と行政の関係性を考える中で，政治を住民意思の表現，行政を住民意思の執行であるとして，民主政治の下では住民意思の執行である行政に対する政治的統制は，いかなる場合においても行われるべきではないとした。

3　**P.アップルビー**は，行政とは政策形成であり，一連の政治過程の一つとしていたが，ベトナム戦争での行政官としての職務経験から，政治と行政の断絶性を指摘するようになり，後に政治行政二分論を唱えた。

4　**L.ギューリック**は，**W.タフト**大統領による節約と能率に関する大統領委員会に参画した際，組織管理者の担うべき機能として，忠誠心，士気，意思疎通という3つが行政管理において重要であるとし，それらの頭文字による**POSDCoRB**という造語を示した。

5　**新行政学運動**は，既存の行政学の関心は検証可能な科学的知識にあるととらえ，それに対し，これからの行政学にとって重要なのは，より社会に対して有意な指針となる規範的な知識や，社会的公正（公平）という価値への関与であるとする運動である。

難易度　＊

A
頻出度
国家総合職 ★
国家一般職 ★★★
地上全国型 ★
地上関東型 ―
地上特別区 ★★★
市役所C ★

20 行政学の理論家

必修問題の解説

本問は，行政学の理論家に関する基本問題である。ただし，新行政学運動（**5**）に関する出題は他に例がなく，戸惑った受験者も多いと思われる。消去法で正答を見つけられれば十分であるが，念のために**5**の解説はしっかりと読み込んでおこう。

1 ✕ **ウィルソンは行政をビジネスの領域ととらえた。**

ウィルソンは，行政の領域を政治の固有の領域の外にある「ビジネスの領域」としてとらえた。そして，猟官制を通じた政治の行政への介入を批判した。

2 ✕ **グッドナウは政治が行政の執行的機能を統制することを認めた。**

グッドナウは，行政の機能を執行的機能，組織維持機能，準司法的機能に分類した。そのうえで，政治は行政の執行的機能（＝法の単なる執行）を統制するべきであるが，その他の機能については統制するべきではないと主張した。

3 ✕ **アップルビーはニューディール官僚の経験から政治・行政融合論を説いた。**

アップルビーは，ニューディール政策の実施期に行政官を務め，行政が政策を決定している現場に立ち会った。その経験から，行政を一連の政治過程の一つとみなすようになり，政治・行政融合論を提唱した。その立場は，その後も変化していない。

4 ✕ **POSDCoRBは計画や組織化などの頭文字をつなげた造語である。**

節約と能率に関する大統領委員会（ブラウンロー委員会）は，F.ルーズヴェルト大統領の下で設けられた。また，ギューリックのいう「POSDCoRB」とは，計画（Planning），組織化（Organizing），人事（Staffing），指揮（Directing），調整（Coordinating），報告（Reporting），予算（Budgeting）の頭文字をつなげたものである。

5 ◎ **新行政学運動は行政学の有意性を問い，価値の問題への関与を主張した。**

正しい。**新行政学運動**は，1960年代から70年代にかけて，ワルドーらによって展開された行政学の刷新運動である。**行政学の社会的有意性を問い，行政学は価値の問題に積極的に関与するべきであると主張した。**

正答 **5**

FOCUS

行政学の理論家として最も出題されやすいのは，ウィルソンとギューリックである。地方上級を中心とする一部の試験では，グッドナウ，ホワイト，ワルドーらが出題されることもあり，その場合，難易度は上昇する。

重要ポイント 1 ▶ 草創期の理論家

アメリカ行政学は，ウィルソンの先駆的な論文をもって始まり，グッドナウによって確立された。両者はいずれも**猟官制を批判し，政治・行政二分論を提唱した。**

(1) ウィルソン

ウィルソン（後の大統領）は，1887年に**「行政の研究」**と題する論文を発表した。そして，**猟官制による腐敗と非効率を克服するために，行政を政党政治から切り離し，さらには優れた執務方法を他国に学ぶ**ことで能率の向上を図るべきだと主張した。

政治・行政 二分論	行政の領域は政治の領域とは区別されるべきであり，むしろビジネスの領域に近い。
比較行政学	ドイツやフランスの行政から，先進的な執務方法を学ぶべきである。

(2) グッドナウ

グッドナウは，1900年に『政治と行政』を刊行し，政治による行政への干渉を最小限に抑えるべきだと主張した。

グッドナウによれば，政治は法を制定するとともに，その執行を統制する機能を持つ。他方，行政はさまざまな機能を営んでいるが，そのうち**政治による統制の対象となるのは，行政の執行的機能（＝法の単なる執行）に限定されなければならない。**グッドナウはこのように述べ，猟官制を通じて政治が行政へ過剰に関与しようとすることを戒めた。

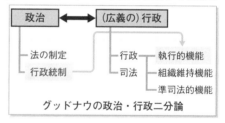

グッドナウの政治・行政二分論

重要ポイント 2 ▶ 成熟期の理論家

アメリカ行政学は，ウィルソンとグッドナウによって確立された後，ホワイトとウィロビーによって大きく発展を遂げた。そして，ギューリックの時代には絶頂期を迎え，正統派行政学とも称されるに至った。この時期のアメリカ行政学は，**能率の向上や基本的原理の発見を重視した**点で特徴的である。

(1) ホワイト

ホワイトは，アメリカで**初めての体系的教科書**として，1926年に『行政学研究序説』を刊行した。そして，その中で「行政は国家目的達成のための人および物の管理である」と述べ，**行政学を管理科学の一分野に位置づけた。**また，「行政の目的は官吏および職員の自由になる資源の最も能率的な利用である」と述べ，行政における能率の重要性を指摘した。

（2）ウィロビー

ウィロビーは，1927年に『行政の諸原理』を刊行し，行政における節約と能率の重要性や，基本的原理の確立の必要性などを主張した。

また，ウィロビーは五権分立論（＝立法権・司法権・行政権・執政権・選挙権の分立）を提示し，とりわけ**執政権と行政権の区別**を明確にした。このうち執政権とは，政府を代表して法律の遵守を監督する権限のことである。一方，行政権とは，法律を確実に執行する権限のことである。ウィロビーはこの区別を踏まえたうえで，**本来非政治的な性格を持つはずの行政権にまで，猟官制を通じて政治が干渉している点を批判した。**

各省長官‥‥‥‥
└─執政権

公務員‥‥‥
└─行政権

政治

行政権の政治的中立性

（3）ギューリック

ギューリックは，『行政科学論集』（1937年）所収の論文において，**能率こそが行政における最高の指導原理（ナンバーワンの公理）である**と主張した。また，**行政学の目的は，能率を向上させるような基本原理の発見にある**として，行政学における原理主義的アプローチの必要性を強調した。

そうして提唱されたのが，**POSDCORB行政学**であった。ギューリックによれば，組織全体の能率を向上させるためには，各部署間の調整を図りつつ，これを組織化することが必要である（＝分業と調整）。そして，これを実現していくためには，最高管理者の役割が重要となる。POSDCORB（「POSDCoRB」とも表記する）とは，そうした最高管理者の果たすべき機能を表した造語にほかならない。

Planning	**計画**＝企画の立案	Coordinating	**調整**＝部署間の活動のすり合わせ
Organizing	**組織化**＝命令機構の設立		
Staffing	**人事**＝職員の配置・訓練	Reporting	**報告**＝責任者への情報提供
Directing	**指揮**＝決定と命令の付与	Budgeting	**予算**＝財政的な事務

ギューリックは，最高管理者がPOSDCORBの機能を十分に発揮するためには，補佐機構の創設が不可欠であると考えていた。そこで，自ら委員を務めていたブラウンロー委員会（行政管理に関する大統領の委員会）で議論を提起し，1937年の報告書において大統領の補佐機構の創設を訴えることとなった。この提案は，**大統領府の創設**という形で2年後に実現された。

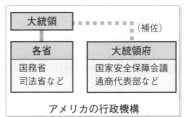

大統領 ‥‥‥‥‥（補佐）

各省
国務省
司法省など

大統領府
国家安全保障会議
通商代表部など

アメリカの行政機構

重要ポイント ③ 挑戦期の理論家たち

1940年代後半には，それまで興隆を極めていた正統派行政学に対して，異議申し立てが相次いでなされた。批判の対象とされたのは，政治・行政二分論，能率至上主義，原理主義的アプローチといった伝統的枠組みであった。

（1）アップルビー，ダール，ワルドー

論　者	主　張
アップルビー 『政策と行政』 （1949年）	行政過程においても政策形成の機能が営まれている。その点において，**行政過程は広義の政治過程の一種である**（政治・行政融合論）。
ダール 「行政の科学— 3つの問題」 （1947年）	従来の行政学は，①能率の崇拝が特定の価値判断の表現であると気づいていない，②行政における人間を形式的・技術的見地からしか見ていない，③行政とその社会的背景との関連を無視している，などの諸問題を抱えている。
ワルドー 『行政国家論』 （1948年）	アメリカ行政学は，アメリカに独特の経済的・社会的・政治的・イデオロギー的事実と不可分に結びつく政治理論として発達してきた。能率や節約の尊重に，それが表れている。

（2）サイモン

サイモンは，1946年に「行政の諺」と題する論文を発表し，正統派行政学の非科学性を指摘した。サイモンによれば，**従来の行政学で提唱されてきた「諸原理」は，その内容がしばしば相互に矛盾しており，いわばことわざであるにすぎない。**したがって，今後は現実を記述するための言語および概念を十分に整え，行政学の真の科学化を進めることが必要だとされた。

こうしたサイモンの主張は，その後，『行政行動論』（1947年）において具体化され，サイモニアンと呼ばれる多くの賛同者を得ていった。

分　野	立　場	内　容
方法論	論理実証主義	明確な言語および概念を用いて，事実のみを研究するべきである。価値判断は科学的研究にはなじまない。
対象	意思決定	組織は人間行動によって構成されており，とりわけ意思決定が重要な意味を持つ（「行政過程は決定過程である」）。
視点	公私一元論	公行政と私経営との間に本質的差異はなく，同様に研究を進めることができる。
人間観	限定された 合理性	人間の合理性には限界があるため，一定水準の満足度を得ることができれば，それで十分とされる（満足化原理）。

実戦問題 **1**　基本レベル

⧫ **No.1** アメリカ行政学の展開に関する記述として，妥当なのはどれか。

【地方上級（特別区）・令和5年度】

1　1883年に，ガーフィールド大統領がペンドルトン法を制定し，スポイルズ・システムが見直され，公務員の資格任用制が導入された。

2　ウィルソンは，論文「行政の研究」において，行政の領域は，政治の固有の領域であるビジネスの領域の外にあるとして，政治・行政二分論を主張した。

3　グッドナウは，著書「政治と行政」において，国家の意思の表現を政治，国家の意思の執行を行政とし，行政から司法を除いた狭義の行政のうち，執行的機能についてのみ，政治の統制が必要とした。

4　ウィロビーは，ローズベルト大統領が設置したブラウンロー委員会に参画し，ライン・スタッフ理論をもとに，大統領府の創設を提言した。

5　ホワイトは，ニューディール時代の実務経験から，「政策と行政」を著し，行政とは政策形成であり，政治過程の一つであるとし，政治と行政の関係は，連続的であると指摘した。

⧫ **No.2** ギューリックの行政管理理論に関する記述として，妥当なのはどれか。

【地方上級（特別区）・平成24年度】

1　ギューリックは，行政機関の最高管理者が担うべき管理機能には，計画，組織，人事，指揮，協力，判断，調和の7つの機能があるとし，POSDCORBという造語で表現した。

2　ギューリックは，指揮命令系統を一元化するため，ラインとスタッフの統合が必要であると，ブラウンロー委員会で提言した。

3　ギューリックは，組織を編成する際には，同じ仕事は1か所に集めたほうがいいとする同質性の原理を唱え，同質性の基準として，規模，対象，地域の3つを挙げた。

4　ギューリックは，行政の科学における基本的善は能率であり，能率は行政の価値尺度のナンバーワンの公理であるとした。

5　ギューリックは，1人の部下に対して命令するのは1人の上司でなければならないとする，スパン・オブ・コントロールの原理を唱えた。

アメリカ行政学に関する次の記述のうち，妥当なのはどれか。

【国家一般職・平成29年度】

1 W.ウィルソンは，当時の腐敗した政党政治を改革するため，新たな学問的研究としての行政学の必要性を説き，『行政国家』を著した。その後，公務員の任用に資格任用制を導入するペンドルトン法が制定されるなどその研究成果は改革の進展に貢献した。

2 F.グッドナウは，その著書である『政治と行政』において，政治とは国家意思の表現であり，行政とは国家意思の執行であるとした。そして，政治による統制が必要なのは，行政の機能のうち，法律の執行機能についてであると主張した。

3 アメリカ行政学は，政治・行政融合論を軸として19世紀末に産声を上げた。そして，20世紀に入ると経営学の影響を受けるようになり，ニューディール期に行政管理論として確立し，政治・行政二分論へと展開した。

4 行政官としてニューディール期の政策形成に参画した経験を持つP.アップルビーは，その論文である「行政の研究」において，現実の政治と行政の関係は，非整合的，非連続的であると主張した。そのうえで，行政を政治過程の一つであるとする立場を批判した。

5 D.ワルドーは，それまでの行政学を批判し，『政策と行政』を著した。彼は，能率それ自体よりも何のための能率であるのかということを重視する考え方を否定し，能率の客観的側面と規範的側面に注目する二元的能率観に基づく議論を提起した。

No.4 アメリカ行政学に関するア～エの記述のうち，妥当なもののみをすべて挙げているのはどれか。

【国家一般職・平成27年度】

ア：市政改革運動の一環で設立されたニューヨーク市政調査会は，公的経営に猟官制を取り入れて政治腐敗を取り除く行政調査運動を展開し，全米への広がりを見せるとともに，関係者が「節約と能率に関する大統領委員会」にも参画し，「節約と能率」を行政管理の規範として定着させた。

イ：ローズヴェルト大統領が設置した「行政管理に関する大統領委員会」に参画したP.アップルビーは，大規模組織のトップが担うべき総括管理機能としてPOSDCoRBを提唱し，この提言に基づいて1939年に予算局等の機関を擁する大統領府が創設された。

ウ：W.ウィルソンは，行政活動の効率化が図られる必要があるにもかかわらず，政党政治が行政の領域を侵している現状に対して，行政の領域を「ビジネスの領域」とし，政治と行政を連続した過程としてとらえる政治行政融合論を提唱した。

エ：R.マートンは，官僚制の逆機能を指摘し，官僚制が活動の能率を高めるために規則を制定し遵守しようとするものの，その規則が目的と切り離されることによって，目的の転位が起こり，かえって非効率を生じさせる過程を説明した。

1 イ
2 エ
3 ア，イ
4 ア，ウ
5 ウ，エ

第5章 行政学の理論

実戦問題 **1** の 解説

→問題はP.317

No.1 の解説　アメリカ行政学の展開　　　　　　　　→問題はP.317　正答3

1 ✕ ペンドルトン法はガーフィールド大統領の暗殺後に成立した。

　　　ガーフィールド大統領は，選挙運動に協力しながらも官職を与えられなかっ
た者によって1881年に暗殺された。これが一つのきっかけとなり，1883年に
ペンドルトン法が制定され，公務員の資格任用制（メリット・システム）が
導入された。なお，ペンドルトン法という名称は，連邦上院議員のペンドル
トンが法案を提出したことに由来している。

2 ✕ ウィルソンは行政の領域とビジネスの領域を同一視した。

　　　ウィルソンは，行政の領域は政治の固有の領域とは区別されるべきであり，
むしろビジネスの領域に近いと主張した。このような政治・行政二分論は，
猟官制を通じて政治が行政に介入している現状を批判して主張されたもので
あった。

3 ◎ グッドナウは政治的統制の対象を行政の執行的機能に限るべきだとした。

　　　正しい。グッドナウは，広義の行政から司法を除いたものを狭義の行政と
し，さらに狭義の行政を執行的機能，組織維持機能，準司法的機能に分類し
た。そして，**政治による統制の対象となるのは，執行的機能（＝法律の単な
る執行）に限られるべきだと主張した。**

4 ✕ 大統領府の創設を提言したのはギューリックである。

　　　ギューリックは，ブラウンロー委員会（「行政管理に関する大統領の委員
会」）の委員として行政改革について検討し，大統領の補佐機構の創設を提
言した。この提案はF.ローズベルト大統領に受け入れられ，1939年に大統
領府が創設された。

5 ✕ 実務経験をもとに政治・行政連続論を説いたのはアップルビーである。

　　　アップルビーは，ニューディール時代の実務経験を通じて，現代の国家が政
策の実施のみならず政策の形成にも大きな役割を果たしている事実を見てと
った。そして，行政は政治過程の一つであると主張し，政治・行政連続論を
提唱した。

No.2 の解説　ギューリックの行政管理論　　　　　　→問題はP.317　正答4

1 ✕ POSDCORBのCOは調整，Rは報告，Bは予算を意味する。

　　　POSDCORBとは，計画（Planning），組織（Organizing），人事（Staffing），
指揮（Directing），調整（Coordinating），報告（Reporting），予算
（Budgeting）の頭文字をつなげて作られた用語である。したがって，本肢
にある「協力，判断，調和」は「調整，報告，予算」の誤りである。

2 ✕ ギューリックはブラウンロー委員会でスタッフの創設を提言した。

　　　ギューリックは，ラインの最高管理者を補佐するため，スタッフを設置する
ことが必要であると，ブラウンロー委員会（行政管理に関する大統領の委員
会）で提言した。この提言に基づいて1939年に創設されたのが，アメリカの

大統領府である。こうしたスタッフの創設は，指揮命令系統一元化に少なからず逆行するものであった。

3 ✕ ギューリックは同質性の基準として4点を挙げた。

ギューリックが同質性の基準として挙げたのは，目的，手段（ないし過程），対象（事物または顧客），地域の4つである。したがって，本肢にある「規模，対象，地域」は「目的，手段，対象，地域」の誤りである。

4 ◎ ギューリックは能率をナンバーワンの公理であるとした。

正しい。**ギューリックは能率概念を重視し，能率を向上させるための基本原理の発見を行政学の役割とみなした。こうした確立された管理論的行政学を，一般に正統派行政学と呼ぶ。**

5 ✕ 上司を1人に限る原理は「命令系統一元化の原理」である。

「1人の部下に対して命令するのは1人の上司でなければならない」とするのは，命令系統一元化の原理である。これに対して，スパン・オブ・コントロール（統制の幅）の原理とは，「1人の上司が統制しうる人数には限りがある」とするものである。

No.3 の解説　アメリカ行政学　　　　　　　→問題はP.318　正答2

1 ✕ ウィルソンはペンドルトン法の制定後に「行政の研究」を著した。

ウィルソンは，「行政の研究」（1887年）と題する論文において，行政学の確立を訴えた。また，ペンドルトン法（1883年）の成立は，「行政の研究」の発表に先行していた。なお，本肢にある『行政国家（行政国家論）』は，ワルドーの著作である。

2 ◎ グッドナウは政治による行政統制の対象を「法律の執行機能」に限定した。

正しい。**グッドナウは，政治による行政統制の対象は「法律の執行機能」に限られるべきであり，組織維持機能や準司法的機能にまで及ぶべきではないと主張した。**こうした主張は，猟官制を通じて政治が行政に介入することを戒めようとする意図を持つものであった。

3 ✕ アメリカ行政学は，「二分論」から「融合論」へと変化してきた。

19世紀後半に猟官制を批判する声が高まる中で，アメリカ行政学は政治・行政二分論を軸として産声を上げ，やがて経営学の影響を受けた行政管理理論として興隆した。そして，ニューディール期になると，行政官が政策形成に関与するケースが増えたことを背景に，政治・行政融合論へと展開した。

4 ✕ アップルビーは政治と行政を連続過程としてとらえた。

アップルビーは，現実の政治と行政の関係は整合的，連続的であるとし，行政は政治過程の一つであると主張した（『政策と行政』）。なお，本肢にある「行政の研究」は，ウィルソンが著した論文である。

5 ✕ ワルドーは「何のための能率であるのか」と問いかけた。

ワルドーは，『行政国家（行政国家論）』を著し，能率それ自体よりも「何のための能率であるのか」ということを重視する考え方を打ち出した。そし

て，自ら二元的能率観を提唱し，目的に応じて妥当な能率観を使い分けるべきであると主張した。なお，本肢にある『政策と行政』は，アップルビーの著作である。

No.4 の解説 アメリカ行政学 →問題はP.319 **正答2**

ア× **市政改革運動は，猟官制による腐敗と非効率への反発から起こった。**

ニューヨーク市政調査会は，公的経営から猟官制を排除するとともに，科学的手法をもってその効率化を図るべきであると主張した。なお，「節約と能率に関する大統領委員会」（1909年設置）に参画していたニューヨーク市政調査会の関係者とは，グッドナウやウィロビーのことである。

イ× **POSDCORBを提唱したのはギューリックである。**

ギューリックは，大規模組織のトップが担うべき総括管理機能をPOSDCORBと表現し，大統領がこれらの機能を十分に発揮するためには，補佐機構の充実を図らなければならないと主張した。この提言に基づいて創設されたのが，現在の大統領府である。

ウ× **ウィルソンは政治・行政二分論の論者である。**

ウィルソンは，政党政治が猟官制を通じて行政の領域を侵している現状を問題視した。そして，行政の領域は「ビジネスの領域」であり，政治の領域とは区別されると主張して，政治・行政二分論を提唱した。

エ◎ **マートンは官僚制の逆機能を指摘した。**

正しい。マートンは，官僚制が「能率向上のための規則遵守」という基本を忘れ，規則遵守そのものを目的としてしまいがちであることに注目した。そして，こうした**目的の転移によって「官僚制の逆機能」が引き起こされていると主張した。**

以上より，エのみが正しく，正答は**2**である。

実戦問題 2 　応用レベル

No.5 現代行政学の誕生を告げる業績として評価される，1887年のウッドロウ＝ウィルソンによる「行政の研究」の内容に関する次の記述のうち，妥当なのはどれか。

【国家総合職・平成９年度】

1　イギリスにおける公務員制度改革にならい，連邦政府職員への資格任用制（メリット・システム）の全面的な導入と，公務員の人事管理を一元的に処理する統一的な人事行政機関の設置の必要性を唱え，同年に制定されたペンドルトン法の理論的根拠を提供した。

2　「殺人者からもナイフの砥ぎ方を学ぶことができる」という比喩を用いて，社会問題の解決のための強制力を持ち，ときとして暴力の行使をも伴う警察権が私的領域へ介入することも，民主社会において必要であると主張し，その技術的中立性の重要性を指摘した。

3　政治の世界と行政の世界を切り離す，いわゆる政治・行政二分論を主張し，政党政治の行政への介入を批判するとともに，行政を確固たる科学的原理に基づく研究対象として，ヨーロッパ諸国の優れた行政の実例に学ぶべく，比較研究の必要性を提唱した。

4　行政の分野は実務の分野であるとして，当時発展しつつあった企業組織における人事管理や財務管理の新しい手法を紹介し，公務員の新たな技術習得のための研修と教育に貢献する行政の実践的研究の必要性を主張した。

5　19世紀後半の時代環境の変化に対応する連邦政府機構のあり方を巡って，後に民主党の大統領に選出されるウィルソン自身が，政治家としての基本的考え方を示した論文であり，特に大統領を補佐する直属のスタッフ機関の拡大強化が必要であることを強調した。

政治・行政融合論に関する記述として，妥当なのはどれか。

【地方上級（東京都）・平成19年度】

1 政治・行政融合論とは，ニューディール政策以降，アメリカの立法府が行政府に対して指導力を発揮し，立法権が行政権に対して優越化した中で唱えられた考え方をいう。

2 政治・行政二分論では，行政は政治と区別される固有の領域であるとしたのに対し，政治・行政融合論では，政治と行政との関係は分離されるものではなく，整合的，連続的であるとした。

3 アップルビーは，行政は政策形成であり基礎的な政治過程の一つであるとし，政策形成は自律的かつ排他的なものであるとした。

4 ダールは，従来の行政学をアメリカ独特の政治的およびイデオロギー的事実と不可分に結びつく政治的理論であるとし，能率の教義を批判した。

5 ワルドーは，規範的価値の明確な位置づけ，人間行為の経験的分析および比較研究による一般化への努力がなければ，行政の科学は成立しないと説いた。

No.7 アメリカ行政学に関する次の記述のうち，妥当なのはどれか。

【国家総合職・令和5年度】

1 W.ウィルソンは，論文「行政の研究」において，「行政の領域はビジネスの領域である」として政治と行政を明確に区別するとともに，ドイツやフランスの行政の利点を取り入れることを主張した。また，F.グッドナウは，ウィルソンの主張をさらに展開し，「国家意思の表明」としての政治と，「国家意思の執行」としての行政を区分した。

2 1940年代になると，ナショナル・ミニマムの考えに基づき行政の機能と役割が縮小されていく中で，政治家と行政官の役割は相互補完的・相互依存的であって，現実の行政は政治と密接な関連を持っていると主張する政治行政融合論が提唱された。政治行政融合論においては，政治は政党政治，行政は政策形成のことをさすとされた。

3 行政を組織管理という視点でとらえるアプローチがある。組織管理論の端緒となったのは，F.テイラーが提唱した人間関係論である。人間関係論を行政組織にも応用することが試みられ，F.ローズヴェルト大統領が設置した「行政管理に関する大統領諮問委員会（ブラウンロー委員会）」において，人間関係論の知見に基づく提言が行われた。

4 L.ギューリックは，ホーソン工場での実験を行い，組織の一般労働者が従うべき7つの規範として「POSDCoRB（ポスドコルブ）」を提唱した。彼は，組織の一般労働者がこれらの規範を遵守しているかを管理するため，トップの「管理の武器」が必要となると主張し，大統領行政府が設置されて大統領の権限強化につながった。

5 H.サイモンは，『経営者の役割』を著し，組織を，意識的に調整された活動や協力の体系，つまり協働システムととらえた。彼は，組織が成立する要件として，共通の目的，協働意思，明確な権限の体系の3つを掲げ，それまでのインフォーマルなリーダーシップを重視する考えを否定した。彼の組織論は，C.バーナードの意思決定論に大きな影響を与えたといわれる。

実戦問題 **2** の 解説

No.5 の解説 ウィルソンの行政学
→問題はP.323 **正答3**

1 ✕ ペンドルトン法の制定は1883年のことであり，「行政の研究」の発表に4年も先立っていた。したがって，ウィルソンの論文がペンドルトン法に理論的根拠を提供したのではなく，ペンドルトン法の制定を受けてウィルソンが論文を執筆したといえる。

2 ✕ 「殺人者からもナイフの砥ぎ方を学ぶことができる」とは，悪しき君主制国家からでさえも，その優れた執務方法を学ぶことは可能である，という意味で用いられたものである。警察権の私的領域への介入や，警察権の技術的中立性を主張したものではない。

3 ◎ 正しい。ウィルソンは，行政の腐敗や非効率の元凶となっている猟官制を批判して，政党政治は行政に介入するべきではないと主張した。また，行政における能率の向上を図るため，ヨーロッパ諸国の優れた執務方法に学ぶべきであるとして，比較研究の重要性を指摘した。

4 ✕ 「行政の研究」では，行政を実務（ビジネス）の一分野として発展させるために，ヨーロッパ諸国の行政に学ぶべきことが提唱された。企業の経営管理手法に学ぶという基本的立場が打ち出されたのは，技術的行政学の第2世代に当たるウィロビーやホワイト以降のことである。

5 ✕ 「行政の研究」は，あくまでも政治学者としての立場から執筆されており，特に政治的な意図は込められていなかった。また，大統領を補佐する直属のスタッフ機関を提唱したのはギューリックであった。

No.6 の解説 政治・行政融合論
→問題はP.324 **正答2**

1 ✕ 政治・行政融合論とは，ニューディール政策以降，アメリカの行政府がその権限を強め，政策決定まで行うようになった中で唱えられた考え方をいう。

2 ◎ 正しい。政治・行政二分論では，猟官制を通じた政治の行政への介入が批判され，行政の領域はむしろ経営の領域であると主張された。これに対して，政治・行政融合論では，政治と行政がともに政策決定に携わっている現実が指摘され，政治と行政の関係は整合的，連続的であると主張された。

3 ✕ アップルビーは，行政は政策形成であり，基礎的な政治過程の一つであるとして，政治・行政融合論の立場に立った。そして，政策形成は自律的，排他的に行われるものではなく，さまざまな社会的圧力を受けつつ行われるものとして理解されるべきだと主張した。

4 ✕ ワルドーに関する記述である。ワルドーは，能率や節約などの教義が，アメリカ独特の政治的・イデオロギー的事実を反映したものであることを指摘し，その点を自覚していなかった従来の行政学を批判した。

5 ✕ ダールに関する記述である。ダールは行動論的政治学の論者であり，人間行動の科学的研究を通じて，政治の科学を打ち立てることを提唱した。ダールは，行政学についても同様の立場をとり，人間行為の経験的分析や比較研究

を通じて，行政の科学を確立することの重要性を指摘した。

No.7 の解説　アメリカ行政学 →問題はP.325　**正答1**

1 ◎ ウィルソンとグッドナウは政治と行政を明確に区別した。
正しい。**ウィルソンは政治の領域と行政の領域を区別し，行政の領域はビジネスの領域であるとした。** そして，能率的な行政を行うため，ドイツやフランスで実践されている優れた手法に学ぶべきだと主張した。また，**グッドナウも政治の領域と行政の領域を区別し，政治的統制の対象は行政の執行的機能（＝法律の単なる執行）に限られるべきだと主張した。**

2 ✕ ナショナル・ミニマムの考えは行政の機能と役割を拡大させた。
ナショナル・ミニマムとは，国家が国民に対して保障する最低限度の生活水準のことである。ナショナル・ミニマムの考え方は，1942年にイギリスで発表されたベヴァリッジ報告において打ち出され，各国に広まった。その結果，国家による福祉サービスの提供が活発化し，行政の機能と役割が拡大することとなった。また，これとともに委任立法や行政の自由裁量が拡大したことから，政治と行政はいずれも政策形成を行うという認識が広まり，政治行政融合論が台頭した。なお，政治を政党政治ととらえたのは政治行政二分論であり，猟官制による政治の行政への介入が批判された。

3 ✕ 組織管理論の端緒となったのはテイラーの科学的管理法であった。
組織管理論は経営学において発達した理論であり，その端緒となったのはテイラーが提唱した科学的管理法であった。科学的管理法は行政学にも影響を与え，「行政管理に関する大統領諮問委員会」（ブラウンロー委員会）では，ギューリックが大統領の補佐機構の創設を提言するなどした。これに対して，人間関係論は科学的管理論への批判から登場してきた理論であり，職場における非定形の人間関係の重要性が主張された。

4 ✕ ホーソン工場実験を行ったのはメイヨーらである。
ホーソン工場実験は人間関係論の構築につながった重要な実験であり，メイヨーらによって進められた。これに対して，ギューリックは科学的管理法の立場に立った行政学者であり，行政組織を管理するための諸原則を提唱した。また，ギューリックが提唱した「POSDCoRB」とは，組織の最高管理者が果たすべき機能を意味しており，一般労働者の遵守すべき規範を示したものではない。

5 ✕ 組織を協働システムととらえたのはバーナードである。
バーナードは，『経営者の役割』を著し，組織を人間行動の観点からとらえ直した。具体的には，組織を「意識的に調整された活動や協力の体系」ととらえ，組織が成立する要件として，共通の目的，協働意思，「コミュニケーション」の3つを挙げた。また，協働を実現するためには，インフォーマルなリーダーシップが重要であると主張した。なお，バーナードから大きな影響を受けて展開されたのが，サイモンの意思決定論であった。

必修問題

組織理論の学説に関する次の記述のうち，最も妥当なのはどれか。

【国家一般職・令和5年度】

1　C. I. バーナードは，組織における上司と部下の命令服従関係について**権威受容説**を唱えた。この説では，部下は上司の職位に権威を認めることによって，上司からの命令が部下個人の利益に反するものであっても従うことから，権威が認められた上司の命令・指示は部下の**無関心圏**に属しているとされた。

2　**西尾勝**は，個人と組織とを連結する概念として，意思決定に際して組織の中の個人が組織の他の構成員から与えられる**決定前提**という概念を提示した。彼は，その決定前提の一つに事実前提があり，ある決定をした際にもたらされる結果の望ましさに関して判断するための基準となる前提であるとした。

3　L. ギューリックは，フランスの経営学者M. クロジェの管理論をもとに，行政組織の管理原則について示した。この管理原則では，古典的組織論での能率性を中心とした管理の限界が指摘され，**POSDCoRB**と称される，組織の最高管理者が果たす機能が提示された。

4　M. フォレットは，組織内における**コンフリクト**を処理する方法として，抑圧，妥協，統合という3つを指摘した。そして，一方が他方に対して犠牲を強いる抑圧や，対立する双方の妥協ではなく，双方が互いに満足のいく統合という方法によってコンフリクトが解消されることが組織にとって望ましいとした。

5　P. ローレンスとJ. ローシュは，民間企業を対象とした調査研究をもとに，**コンティンジェンシー理論**を提示した。彼らは，英国のエレクトロニクス会社15社を調査し，安定的な組織環境においては，柔軟かつ流動的な組織構築を可能とする有機的システムが適していることを指摘した。

難易度　＊＊

必修問題の解説

　本問は組織理論に関する応用問題である。特に決定前提（**2**）やフォレットの建設的コンフリクト（**4**）は出題例が少ないため，難易度は高めとなっている。コンティンジェンシー理論（**5**）は近年出題が増えているので，注意しよう。

1 ✕　上司からの命令が部下個人の利益に反する場合，服従は行われない。
　　バーナードは，上司からの命令が部下個人の利益に「反しない」などの条件を満たす場合，上司からの命令は部下の「無関心圏」に属することとなり，部下は上司の命令に従うと主張した。こうして成立する権威は，「地位の権威」と呼ばれている。

2 ✕　決定前提の概念を示したのはサイモンである。
　　サイモンは決定前提という概念を示し，これを価値前提（＝価値観）と事実前提（＝状況）に分類した。前者はしばしば組織によって与えられるが，後者は組織とは無関係に与えられる。また，「結果の望ましさに関して判断するための基準となる前提」に該当するのは，価値前提である。

3 ✕　ギューリックは科学的管理法や古典的組織論から大きな影響を受けた。
　　ギューリックは，テイラーの科学的管理法とそれを継承した古典的組織論をもとに，行政組織の管理原則を示した。POSDCoRBの概念も，古典的組織論における能率性を中心とした管理という観点から提唱されたものである。

4 ◎　フォレットは建設的コンフリクトの重要性を主張した。
　　正しい。フォレットは，コンフリクト（紛争）を処理する方法として，抑圧，妥協，統合という3つを挙げた。そして，**当事者が意見を戦わせて統合を実現した場合のみ不満が解消されるとして，建設的コンフリクトの重要性を指摘した。**

5 ✕　安定的な組織環境においてはピラミッド型の機械的組織が適している。
　　英国のエレクトロニクス会社（20社）の調査をもとにコンティンジェンシー理論を提唱したのは，バーンズとストーカーである。また，彼らは，安定的環境においてはピラミッド型に整備された機械的システムが適しており，不安定な環境においては柔軟かつ流動的な組織構築を可能とする有機的システムが適していると主張した。ローレンスとローシュは，米国の企業を調査し，分化と統合という観点からコンティンジェンシー理論を提唱した。

正答 4

FOCUS

　組織理論に関連して出題されやすい学者は，テイラー，メイヨー，バーナード，サイモンである。また，近年では，コンティンジェンシー理論や制度的同型化論など，新しい理論についての出題も増えているので注意しよう。

第5章

行政学の理論

— POINT —

重要ポイント 1　科学的管理法・古典的組織論

19世紀後半から20世紀初頭にかけて，アメリカでは工業化が急速に進み，企業や工場を効果的に管理するための手法が模索されるようになった。そこで生み出されたのが，テイラーの科学的管理法やフェイヨールの古典的組織論であった。

（1）科学的管理法

テイラーは，科学的な手法を用いて組織を管理し，生産性の向上を図っていくべきであると主張した。その際に重視されたのは，**時間・動作研究を通じた作業の標準化，標準化された作業の割り当てと統制，作業の協同化**という3点であった。

科学的管理法

①課業管理

テイラーは，科学的実験を行うことで労働者の標準作業量を設定し，それを評価基準として労働者の賃金を決定するべきであると主張した。

時間・動作研究		差別的出来高制
標準的な労働者が個々の仕事をこなすのに必要な時間を計測する。	1日当たりの標準生産量を算定する	標準を超える生産量を達成した労働者には高率の賃金を支払い，標準量に達しなかった労働者にはペナルティーを課す。

科学的管理法における課業管理

②組織構成

課業管理を効果的に実施するためには，それに専従する機構が必要である。そこでテイラーは，計画部を設置して，計画および統制を集中的に行わせるべきであると主張した。また，テイラーは，機能的（職能的）な組織構造の創出も提唱した。これは，準備係，検査係，修繕係というように，機能別に職長を設定し，そのそれぞれが自分の担当分野について労働者に統制を加えるとするものであった。

機能別職長制度

（2）古典的組織論

フェイヨールは，経営を支える諸活動の中でも特に**公式組織（定形組織）**の編成とその管理の重要性に注目した。そして，その一般原則として，専門化の原理（＝分業），命令系統一元化の原理，階統制（ヒエラルキー）の原理などを挙げた。このうち，**命令系統一元化の原理では，各労働者は単一の上司からのみ命令を受けるべきであるとされ，テイラーの機能別職長制度は否定された**。なお，フェイヨールが行政学者のギューリックに多大な影響を与えたというのは，有名な話である。

重要ポイント 2 人間関係論とその展開

科学的管理法は，ホーソン工場実験を契機として，その有効性に疑問が投げかけられるようになった。そして，管理論の主流は人間関係論へと変わっていった。

(1) 人間関係論

1924年から32年にかけて，ウェスタン・エレクトリック社のホーソン工場で，経営管理に関する実験が行われた（**ホーソン工場実験**）。

この実験は，照明等の物理的な作業条件と作業能率の関係を調べるためのものであったが，予想に反して，諸条件と作業能率の間には明確な関係が認められなかった。そこで，**メイヨー**らは面接調査や追加実験を行い，実験という特殊な環境や作業グループ内の集団規範が，能率の水準に大きな影響を与えていたことを突き止めた。

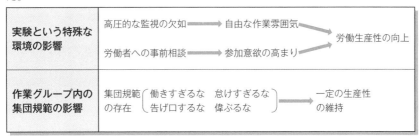

ホーソン工場実験の結果，生産性は労働者のモラール（士気，意欲）の高低に影響されること，モラールは客観的な作業条件のみならず，人間関係を含む職場状況などに影響されることが明らかとなった。

そこでメイヨーらは，組織内における**非定形の人間関係（＝インフォーマル集団）**をうまく管理する必要性を唱え，新たに人間関係論を展開した。具体的には，職場環境を形成する監督者の教育，労働者の決定への参加，事前協議制などが提案された。

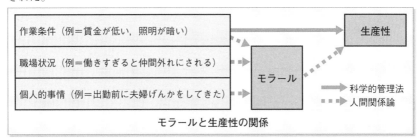

モラールと生産性の関係

(2) モチベーション理論

労働者の心理が作業能率に及ぼす影響については，その後も研究が深められ，モチベーション理論が生み出された。その代表的論者は，ハーズバーグとマクレガーである。

①動機づけ＝衛生理論

　ハーズバーグは，人間行動に影響を
与える要素を2種類に大別し，衛生要
因および動機づけ要因と名づけた。衛
生要因とは仕事を取り巻く外部的要因
のことであり，動機づけ要因とは仕事
そのものに深く関連した要因のことで
ある。ハーズバーグは特に動機づけ要
因を重視した。

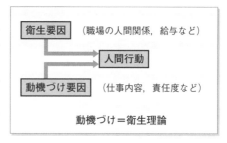

動機づけ＝衛生理論

②X理論とY理論

　マクレガーは，従来の経営理論をX
理論とY理論に大別した。性悪説の立
場から厳しい管理を説くのがX理論で
あり，性善説の立場から柔らかな管理
を説くのがY理論である。マクレガー
は特にY理論を高く評価した。

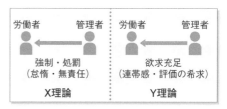

重要ポイント 3　現代組織論

　科学的管理法・古典的組織論および人間関係論は，ともに組織の管理方法に関す
る理論であった。これに対して，やがて組織そのものが研究対象とされるようにな
り，さらには組織内における意思決定という人間行動が深く考察され始めた。

（1）バーナード

　バーナードは，古典的組織論と人間関係論の成果を結びつけた点において，**現代
組織論の創始者**とも呼ばれている。

①組織観

　協働関係に置かれた人々は，さまざまな協調行動をとることになるが，それらの
行動は総体としてなんらかの共通目的の実現に役立っている。バーナードは，そう
した**協調行動のシステム
（体系）こそが組織（公
式組織）である**と定義し
た。自動車会社を例にと
れば，右図のようになる。

　組織の基本的要素とさ
れるのは，**共通目的，協
働への意欲，コミュニケ
ーションの3点**である。
この中でバーナードが最

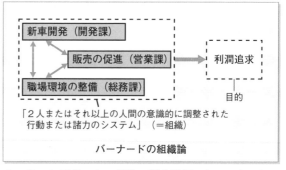

バーナードの組織論

も重視したのは，**コミュニケーション**であった。組織の構成員がコミュニケーショ
ンを円滑にし，目的を共有しつつ協力して働くようになれば，組織目標の達成は容

易となるためである。

②権威受容説

　いかに上司の命令といえども，部下の抵抗にあえば威力を発揮することはできない。この点に注目したバーナードは，**権威は部下の受容や同意に基づいて成立する**と主張した。もっとも，日常的な命令の大部分については，部下もたいした関心を持たず，淡々と対応している。そこでバーナードは，無関心圏という概念を設定し，**無関心圏に属する命令は無差別に部下に受容される**とした。

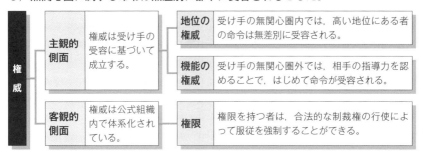

③組織均衡論

　バーナードは，誘因と貢献という２つの概念を用いて，組織を動態的にとらえた。バーナードによれば，組織は誘因（報酬や働く喜びなど）を提供することで参加者から貢献を引き出し，自らを維持しようとする。この際，誘因が貢献を上回れば組織は衰退を余儀なくされるが，貢献が誘因を上回れば参加者

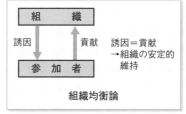

組織均衡論

は組織から離脱してしまう。こうしたことから，**誘因と貢献のバランスがとれたときに，組織は安定的に維持される**と考えられた。

（2）バーナード以降の展開

①サイモンの意思決定論

　サイモンは，バーナードから大きな影響を受け，**意思決定の積み重ね**という観点から組織を考察した。そして，人間は**限定された合理性**しか持たないため，一定程度の満足をもたらす選択肢を見つければ決定に至るとした（**満足化原理**）。

②環境や制度の重視

　バーナードは個人を起点として組織を考察したが，バーンズとストーカーやローレンスとローシュらは環境が組織に与える影響に注目し，**コンティンジェンシー理論**を唱えた。この理論では，たとえば安定的な環境下では集権的組織が発達し，不安定な環境下では分権的な組織が発達するとされる。また，ディマジオとパウエルは制度が組織に与える影響に注目し，**制度的同型化論**を提唱した。この理論では，法律による規定，成功事例の模倣，職業専門家の影響によって，同一分野に属する組織の構造は同一化するとされる。

No.1 テイラーの科学的管理法に関する記述として，妥当なのはどれか。

【地方上級（東京都）・平成16年度】

1 科学的管理法は，19世紀末から20世紀初頭にかけて，イギリスで自然的怠業と呼ばれる現象が多発する中で，新しい体系的な管理システムが求められたことから提唱された，作業能率向上のための管理方式である。

2 彼は，時間研究と動作研究を組み合わせることにより，一定の作業条件下における最良の動作と標準時間を科学的に設定する課業管理の必要性を提唱した。

3 彼は，遂行すべき作業方法を記載した文書によって作業者に指示する指導票制度の廃止を提案し，それに代わるものとして，執行機能から計画機能を分離して計画部を設置することを提案した。

4 科学的管理法における差別的出来高制とは，標準を超える生産量を達成した労働者に高い賃金を支払うものであり，標準量に達しなかった労働者にペナルティーを課すものではない。

5 科学的管理法における職能別職長制とは，作業労働と部門管理の職務を細分化して，労働者が1人の職長から指示を受けるものである。

No.2 次の文は，ホーソン実験に関する記述であるが，文中の空所A〜Dに該当する語，語句または人物名の組合せとして，妥当なのはどれか。

【地方上級（特別区）・令和2年度】

　1920年代半ばに始まったホーソン実験は，**　A　**論の創始者であるハーバード大学の**　B　**とその弟子のレスリスバーガーらのグループが，シカゴのウェスタン・エレクトリック社のホーソン工場で行ったものである。

　この工場における実験は，**　C　**で主張されている物理的な作業条件と作業能率の関係をテストするために行われたものであった。

　しかし，実験の結果，作業能率には，物理的な作業環境ではなく，職場における**　D　**な人間関係が大きな影響を与えていることが明らかとなった。

	A	B	C	D
1	現代組織	テイラー	科学的管理法	インフォーマル
2	人間関係	メイヨー	科学的管理法	インフォーマル
3	現代組織	テイラー	満足化モデル	フォーマル
4	現代組織	メイヨー	科学的管理法	フォーマル
5	人間関係	メイヨー	満足化モデル	インフォーマル

＊
No.3 次の文は，バーナードの組織論に関する記述であるが，文中の空所A～
Cに該当する語の組合せとして，妥当なのはどれか。

【地方上級（特別区）・平成21年度】

バーナードは，物理的・金銭的制約を克服して目的を達成するために築く協力
関係を　A　システムと呼んだ。　A　システムを永続的にしたのが組織で
あり，バーナードは，組織を「意識的に調整された2人以上の人間の諸活動また
は諸力の体系（システム）」と定義している。組織は，目的を達成するために，
環境の変化に適応する必要があり，そのために，組織内部を調整していくのが
　B　の役割であるとした。

また，バーナードは，組織が成り立つためには，①共通の目的，②　A　する
意思，③　C　という3つの要素が必要であり，共通の目的が達成されたと
き，あるいは見失われたとき，　A　する意味がなくなるので，組織は存続す
ることができないとした。

	A	B	C
1	経営	経済人	コミュニケーション
2	協働	経営者	情報
3	経営	経済人	情報
4	協働	経営者	コミュニケーション
5	経営	経営者	情報

第5章
行政学の理論

No.4 バーナードの組織論に関する記述として，妥当なのはどれか。

【地方上級（特別区）・平成25年度】

1 バーナードは，上司の指示・命令が部下にとって，理解可能で，それに従うことが，精神的肉体的苦痛を伴わず，個人的な利害にも組織の目的にも反していないように思われるとき，この指示・命令は部下の「無関心圏」に属するとした。

2 バーナードは，人が組織に参加しようとする場合は，動機や貢献が誘因を上回る場合であるとし，逆に人が組織から離脱しようとする場合は，誘因が動機や貢献を上回る場合であるとした。

3 バーナードは，地位の権威とは，組織内で上司がその職務について部下以上に経験豊富で専門能力を持ち，優れた識見を持っているがゆえに，部下はこの上司の判断・指示の正しさを信頼して従う指導力による支配であるとした。

4 バーナードは，時間研究や動作研究によって，工場での作業を単位動作に分解し，それを最も能率的に組み合わせることによって，最大の生産性を実現することをめざして，作業環境を標準化し作業の合理的な管理手法を提示し，効率的でより優れた組織管理の方法を開発した。

5 バーナードは，直属上司は1人でなければならないという「命令系統一元化の原理」，管理者が統制する部下の数には一定の限界があるという「統制範囲の原理」，類似した性質の仕事を統合するべきであるという「同質性の原理」という3つの原理によって，組織は編成されるべきであると初めて提唱した。

No.5 組織論に関する次の記述のうち，妥当なものはどれか。

【市役所・平成16年度】

1 M.ウェーバーは，官僚制の概念は行政組織以外の大規模組織一般についても広く適用されると主張した。

2 R.マートンは，官僚制が規則に基づいた職務の執行という原則を無視することを「目標の転移」と呼んだ。

3 C.I.バーナードは，部下の言行が上司の「無関心圏」に属している場合，「地位の権威」に基づく服従が確保されると主張した。

4 E.メイヨーは，ホーソン工場実験を通じて「人間関係論」を確立し，非公式集団の及ぼす影響力は弱いと指摘した。

5 L.H.ギューリックは，F.W.テイラーを批判して，「命令一元化の原理」には一定の限界があると主張した。

実戦問題 **1** の 解説

No.1 の解説　科学的管理法
→問題はP.334　**正答2**

1 ✕　**科学的管理法は生産過程の合理化を目的として，アメリカで提唱された。**
科学的管理法は，19世紀末から20世紀初頭にかけて，アメリカで提唱される
ようになった管理方式である。その背景には，資本主義の発達に伴う生産過
程の合理化の要請があったといわれている。

2 ◎　**テイラーは動作・時間研究に基づいて科学的管理法を確立した。**
正しい。**テイラーは，時間研究と動作研究を通じて作業の標準化を進め，さ
らには各人の作業実績と標準作業量を比較したうえで，労働者それぞれの賃
金率を決定するべきだと主張した**（差別的出来高制）。こうした課業管理論
は，他の科学的管理法の論者にも大きな影響を与えた。

3 ✕　**テイラーは指導票制度を提唱した。**
テイラーは，①計画部が専門的見地から指導票を作成し，その中で作業方法
を指示するべきこと，②現場の監督者はこの指導票に基づいて作業員に指示
を与え，作業の効率的な遂行を図るべきこと，などを提唱した。

4 ✕　**差別的出来高制ではペナルティが課せられることもある。**
差別的出来高制では，標準を超える生産量を達成した労働者には高い賃金が
支払われ，標準量に達しなかった労働者にはペナルティー（減給）が課せら
れる。

5 ✕　**職能別職長制では労働者が複数の職長から指示を受ける。**
職能別職長制（機能別職長制）では，作業労働と部門管理の職務が相互に対
応する形で細分化され，個々の作業ごとに，その職務内容に対応した職長が
作業員に指示を与えるものとされる。したがって，労働者は複数の職長から
指示を受けることになる。

No.2 の解説　ホーソン実験
→問題はP.334　**正答2**

A：**ホーソン実験を通じて人間関係論が確立された。**
「人間関係論」が該当する。**ホーソン実験の結果，職場における人間関係と
作業能率の関係に注目が集まり，人間関係論が確立されることとなった。**な
お，現代組織論とは，古典的組織論と人間関係論を結びつけることで誕生し
た組織理論のことで，バーナードによって創始された。

B：**人間関係論はメイヨーらによって確立された。**
「メイヨー」が該当する。**メイヨーらは，ホーソン工場実験に途中から参加
し，新たな発見を導いた。**なお，テイラーは，科学的管理法の創始者として
有名である。

C：**ホーソン実験は科学的管理法の実験として始められた。**
「科学的管理法」が該当する。**ホーソン実験は，科学的管理法の実験として
始められ，照明等の物理的な作業条件と作業能率の間にどのような関係があ
るかが探求された。**なお，満足化モデルとは，一定水準以上の満足をもたら

す選択肢が見つかれば，それ以降の選択肢の探索は放棄されるとする意思決定モデルのことで，サイモンによって提唱された。

D：人間関係論ではインフォーマルな人間関係が重視される。

「インフォーマル」が該当する。**人間関係論では，職場におけるインフォーマル（非公式）な人間関係が，作業能率に大きな影響を与えているとされた**。従来の科学的管理法では，組織図に規定されたフォーマル（公式）な作業集団が重視されており，この点で両者の主張は大きく異なっている。

以上より，正答は**2**である。

No.3 の解説 バーナードの組織論　　　　　　　　→問題はP.335　**正答4**

A：目的達成のための協力関係は「協働」システムと呼ばれる。

バーナードは，目的達成のために築かれる協力関係を「協働システム（協働体系）」と呼んだ。協働システム（例：X社）は，①物的システム（例：建物や物品の総体），②社会的システム（例：社則や社風などの総体），③人的システム（例：経営陣や社員の総体），④組織（例：人間行動の総体），という4つの要素（サブシステム）によって構成されており，**なかでも重要なのは組織であるとされる**。なお，バーナードによれば，**組織は「意識的に調整された2人以上の人間の諸活動または諸力のシステム」**と定義される。

B：組織内部を調整するのは「経営者」の役割である。

バーナードは，組織を動態的にとらえ，組織の提供する誘因と参加者が提供する貢献のバランスが崩れたとき，組織は崩壊すると考えた。そして，**組織内部を調整し，組織の維持に貢献する者として，経営者の果たす役割を高く評価した**。

C：組織の成立には特に「コミュニケーション」が重要である。

バーナードは，組織が成り立つためには，①共通の目的，②協働する意思，③コミュニケーションという3つの要素が必要だとした。**特に重視されたのはコミュニケーションであり，コミュニケーションを通じて人々は目的を共有し，協働関係を築くことができるとされた**。

以上より，**4**が正答となる。

No.4 の解説 バーナードの組織論　　　　　　　　→問題はP.336　**正答1**

1◎ 上司の指示・命令が部下の無関心圏に属するとき，地位の権威が成立する。

正しい。バーナードは，無関心圏という概念を提示し，上司からの指示・命令が部下の無関心圏に属するとき，上司の指示・命令は部下によって受容され，上司の権威（＝地位の権威）が成立するとした。

2✕ 誘因が動機や貢献を上回るとき，人は組織に参加しようとする。

バーナードは，人が組織に参加しようとする場合は，誘因が動機や貢献を上回る場合であるとし，逆に人が組織から離脱しようとする場合は，動機や貢献が誘因を上回る場合であるとした。たとえば，一生懸命働いても給料が安

ければ，会社員は会社を辞めようとするし，あまり働かないのに給料が高ければ，会社員は辞職など考えない，ということである。

3× 上司の指導力は機能の権威を成立させる。

「地位の権威」ではなく，「機能の権威」に関する説明である。機能の権威は，部下が上司の指導力を認めることで発生する。これに対して，地位の権威は，上司からの指示・命令が部下の無関心圏に属する限りにおいて発生する。

4× 時間・動作研究に基づく科学的管理法を開発したのはテイラーである。

バーナードではなく，テイラーに関する説明である。テイラーは，科学的な実験を行うことで，効率的でより優れた組織管理の方法を開発していくべきだと主張し，科学的管理法を確立した。バーナードは，その成果を受容するとともに，非公式集団の重要性を指摘した人間関係論からも影響を受け，現代組織論を展開した。

5× 命令系統一元化の原理等を最初に提唱したのはフェイヨールである。

命令系統一元化の原理，統制範囲の原理，同質性の原理という3原理は，経営学者のフェイヨールが最初に提唱し，ギューリックが行政学に導入したものである。この学説は，科学的管理法の流れを汲む古典的組織論において展開されたもので，バーナードと直接の関係はない。

No.5 の解説 組織論 →問題はP.336 **正答1**

1◎ 正しい。**ウェーバーは，近代以降の大規模組織においては，官僚制が普遍的に見られると主張した。**

2× マートンは，官僚制が自らに与えられた行動原則に過剰同調し，非合理的な行動をとってしまうことを，「官僚制の逆機能」，「目標の転移」，「訓練された無能力」などと表現した。

3× バーナードは，上司の言行が部下の「無関心圏」に属している場合，「地位の権威」に基づく服従が確保されると主張した。

4× メイヨーは，ホーソン工場実験を通じて「人間関係論」を確立し，非公式集団の及ぼす影響力は強いと指摘した。

5× ギューリックは，テイラーの唱えた機能別職長制度を批判して，「命令一元化の原理」を主張した。

No.6 組織論の発展に関する次の文の空欄　　A　　～　　E　　に入る語句の組合せとして，妥当なものはどれか。

【地方上級（全国型）・平成７年度】

　　組織の理論に初めて意思決定の視点を持ち込んだのは　　A　　である。それまでの公式的な機構概念と非公式的な　　B　　概念とを統合し，組織を人間の　　C　　と見ることによって現代組織論の基礎を築いた。この理論の核心を継承した　　D　　は，合理的決定の性質と限界について精緻な分析を行い，決定のための必要条件ともいうべき　　E　　の考察を行った。

	A	B	C	D	E
1	C.I.バーナード	人間関係	協働関係	H.サイモン	決定前提
2	C.I.バーナード	人間関係	闘争関係	R.K.マートン	心情一致条件
3	R.K.マートン	権力関係	競合関係	C.W.ミルズ	上意下達関係
4	M.ウェーバー	制裁関係	共闘関係	H.サイモン	限界合理性
5	M.ウェーバー	権力関係	人間関係	R.K.マートン	職場環境条件

No.7 C.I.バーナードの組織論に関する次の記述のうち，妥当なものはどれか。

【国家一般職・平成９年度】

1　人は，欲望，期待がある組織への加入によって有効に充足されると考えるとき，その組織に加入する。その欲望，期待を組織参加の誘因と呼ぶが，この誘因は主として給与などの経済的価値やステータスなどの社会的価値であり，社会的に有意義な活動に従事できるといった満足感などの心理的価値までは含まない。

2　一般に「権威」と呼ばれているものは，「権限」の中の一類型であって，「機能の権威」と「地位の権威」とに大別される。「機能の権威」および「地位の権威」は，M.ウェーバーのいう「伝統的支配」，「カリスマ的支配」にそれぞれ対応するものである。

3　すべての権威は部下に受容されることによって成立する。部下が通常は上司の指示の合法性・妥当性について考えることなく自動的にこれに従うのは，この命令が部下の「無関心圏」に属するときに限られているのであって，この範囲を超えたときには「機能の権威」が必要となる。

4　人が行う判断には価値判断と事実判断とがある。手段の選択は，いかなる目標をどの程度達成するかという事実判断の問題であるが，その目標がどの程度達成されるかの予測は価値判断の問題であり，この２つの判断を前提として，組織における意思決定がなされる。

5　官僚制内の秩序は，「地位の権威」および「機能の権威」で支えられ，最終的には「超越的権威」をもって担保されている。近代官僚制の構成員にとっても，

このような権威の受容としての服従に限界はなく，構成員は厳しい規律にも忍従しなければならない。

No.8 官僚制と組織に関する次の記述のうち，妥当なのはどれか。

【国家一般職・平成29年度】

1 古典的組織論において，L.ギューリックらは，部下にとっての上司は1人とする「命令系統の一元化」，管理者が統制する部下の適正規模に関する「統制の範囲」，業務の「同質性による分業」等の原理に基づいて組織を編成することの意義を説いた。

2 科学的管理法は，テイラー・システムとも呼ばれ，組織の公式の目的とは反するような行動規範を持つ集団の形成に着目し，職場におけるインフォーマルな組織に基づく人間関係が作業の能率を左右する要因となっているという仮説を提示した。

3 ホーソン工場での実験において，E.メイヨーらは，能率向上の方策について調査を進め，職場の縦の命令系統，厳格な組織の編成，フォーマルな組織に基づく人間関係こそが労働者の能率に最も影響を与えていると実証した。

4 現代組織論を代表するC.バーナードは，組織均衡理論において，組織が提供する誘因と職員がその組織にとどまるか否かには関係性がなく，誘因が職員の貢献の度合いに見合わなくても，職員は組織にとどまるとした。

5 P.ディマジオらが唱えた組織の「制度的同型化」は，組織が直面する環境に応じて組織形態が選択されると考え，それに基づくと，中央省庁はそれぞれ対象集団や資源等の環境条件が異なるため，省庁間で異なる組織形態が採用され，同様に，行政組織と民間企業も異なる組織形態が採用される。

1　現代組織論は，ライン・スタッフ理論を提唱し，ライン系統の組織の管理者を補佐するためには，それとは別系統のスタッフによる組織の必要性を指摘し，原則として，スタッフ系統組織はライン系統組織に対して命令を行うべきであるとした。

2　C.I.バーナードは，組織が成立するためには，相互に意思を伝達できる人々がおり，それらの人々が行動により貢献しようとする意欲があり，共通目的の達成をめざすという3つの要素が必要であるとした。

3　コンティンジェンシー理論によれば，安定的な環境では，規則や手続を整備することなく責任の所在が明確な非官僚制的組織となる一方，不確実性の高い環境では，規則や手続を整備することで臨機応変な対応が可能な官僚制的組織となる。

4　英国では，議会制民主主義を重視し，伝統的に，行政組織の編制を変更する場合には，議会制定法である行政組織法の改正が必要であり，内閣が裁量によって行政組織の編制を決定することは認められておらず，行政組織の編制は1970年代以降安定している。

5　西尾勝は，日本の中央省庁の組織編制の決定と管理が，自治基本条例によって厳格に管理されている一方，国家公務員の定員は総定員法や定員審査の下で増員が容易に行われていることを，鉄格子効果と名づけた。

実戦問題 2 の解説

→問題はP.340

No.6 の解説　組織論の発展

正答 1

A：「C.I.バーナード」が該当する。

　バーナードは，組織を人間の協働関係とみなし，人々の意思決定が積み重ねられることで，組織活動が展開されると主張した。ウェーバーはドイツの社会学者で，官僚制をその合理的側面から考察したことで有名である。また，マートンはアメリカの社会学者であり，官僚制の持つ逆機能を考察したことで有名である。

B：「人間関係」が該当する。

　バーナードは，古典的組織論が重視した公式的機構の概念と，人間関係論が発見した非公式の人間関係という概念を統合し，現代組織論を作り上げた。

C：「協働関係」が該当する。

　協働とは，共通の目的を実現するために，人々が力を合わせて働くことである。バーナードは，意思決定の自由と能力を持った人間の協調行動から，協働関係としての組織が形成されると主張した。

D：「H.サイモン」が該当する。

　サイモンはバーナードの組織理論を精緻化し，意思決定者が「限られた合理性」という制約の下で，一定の満足水準を達成するような決定を行うというモデルを提唱した。ミルズはアメリカの社会学者で，アメリカ社会におけるパワー・エリートの存在を指摘したことで有名である。

E：「決定前提」が入る。

　決定前提とは，決定を行うために必要とされる前提条件のことであり，価値前提と事実前提の2つをその要素としている。価値前提とは「いかなる目標をどの程度達成しようと望むか」という価値判断をなすことであり，事実前提とは「各手段がその目標をどの程度達成するか」という事実判断をなすことである。

　以上より，**1** が正答となる。

第5章

行政学の理論

1 × バーナードの組織均衡論では，給与などの経済的価値，ステータスなどの社会的価値，満足感などの心理的価値が，すべて誘因に含められている。この点において，経済的動機を重視した古典的組織論と，非経済的動機を重視した人間関係論の双方の影響が認められる。

2 × バーナードによれば，一般に「権限」と呼ばれているものは，「権威」の客観的側面にほかならない。したがって，権限は権威の一類型である。また，「機能の権威」（指導の権威）と「地位の権威」を比較した場合，前者は命令者の能力への信頼に支えられた権威であり，後者は命令者の地位への信頼に支えられた権威である。したがって，機能の権威はカリスマ的支配に対応し，地位の権威は合法的支配に対応する。

3 ◎ 正しい。バーナードは権威受容説の立場に立ち，いかなる権威も受け手の受容によって成立すると考えた。そして，**受け手の無関心圏に属する命令については，受け手が反発せずに服従を提供するが，それを超える命令については，命令者の能力への信頼が必要になると主張した。**

4 × 価値判断と事実判断の両者に基づいて決定がなされるとしたのは，サイモンである。サイモンは，「いかなる目標をどの程度達成しようと望むか」という価値判断と，「各手段がその目標をどの程度達成するか」という事実判断とを区別したうえで，この両者を前提に決定がなされると主張した。

5 × バーナードは権威受容説の立場に立ち，組織の構成員が受容しなければ，いかなる権威も成立しえないと主張した。そして，**いわゆる超越的権威も，その実態は組織の構成員の大多数が受容している権威にすぎず，あたかも受容に立脚していないかのようなイメージが作り上げられているだけだと指摘した**（「上位権威の仮構」）。

No.8 の解説　官僚制と組織　→問題はP.341　正答 1

1 ◎ ギューリックは「命令系統の一元化」などの組織編成原理を主張した。

正しい。ギューリックは，経営学における古典的組織論から大きな影響を受け，フェイヨールの学説を下敷きとして，命令系統の一元化，統制の範囲，同質性による分業などの組織編成原理を主張した。

2 ✕ 科学的管理法はインフォーマルな組織には注目しなかった。

組織の公式の目的とは反するような行動規範を持つ集団の形成に着目し，人間関係が作業の能率を左右する原因となっていると主張したのは，人間関係論である。科学的管理法（テイラー・システム）では，動作・時間研究を通じて課業管理の手法を科学的に確立していくことがめざされたものの，インフォーマルな人間関係の重要性についてはほとんど考慮されなかった。

3 ✕ フォーマル組織の編成原理を探求したのは古典的組織論である。

職場の縦の命令系統や厳格な組織の編成について考察し，能率を向上させるような組織編成原理を発見しようとしたのは，古典的組織論である。これに対して，人間関係論はフォーマルな組織の内部で自然発生的に形成される「インフォーマル集団」に注目し，これが作業能率に及ぼす影響を考察しようとした。

4 ✕ 組織均衡理論では誘因と貢献の動態的な関係が考察された。

バーナードは，組織均衡理論において，組織の提供する誘因（金銭や仕事のやりがいなど）が職員の貢献に見合ったものでない場合，職員は組織から離脱すると主張した。具体的にいえば，身を粉にして働いたのに給料が上がらなければ，退職者が続出するということである。

5 ✕ 制度的同型化とは，制度的な圧力で構造が「同じ」になることである。

ディマジオとパウエルは，同一分野に属する組織が，制度的な圧力によって構造が同じになることを，制度的同型化と呼んだ。制度的同型化は 3 つに分類されており，①強制的同型化（政治や法律などの強制力によって生じる同型化），②模倣的同型化（モデル組織の模倣によって生じる同型化），③規範的同型化（専門家集団の規範が組織横断的に浸透して生じる同型化）となる。これに対して，「組織が直面する環境に応じて組織形態が選択される」と考えたのは，ローレンスとローシュらの「コンティンジェンシー理論」（条件的適応理論／環境依存理論）である。

No.9 の解説　行政組織
→問題はP.342　**正答2**

1 ×　ライン・スタッフ理論を展開したのは古典的組織論である。

ラインとスタッフなどの公式組織について考察し，その編成原理を模索したのは，科学的管理法から発達した古典的組織論である。また，古典的組織論においては，スタッフ系統組織はライン系統組織に対して命令を行うべきではなく，助言等の機能を営むにとどまるべきだと主張された。

2 ◎　バーナードはコミュニケーション，協働の意欲，共通目的を重視した。

正しい。バーナードは，組織の基本的要素として，コミュニケーション，協働の意欲，共通目的の３点を挙げた。そのうえで，特にコミュニケーションは，目的の共有と協働に貢献することから，重要な役割を果たすとした。

3 ×　不確実性の高い環境では非官僚制的組織が形成されやすい。

コンティンジェンシー理論によれば，安定的な環境では，規則や手続きを整備して定型的な対応を行う官僚制的組織が形成される。これに対して，不確実性の高い環境では，臨機応変な対応を行うために規則や手続きはあまり整備されず，非官僚制的組織が形成される。

4 ×　英国では内閣の裁量で行政組織が編制される。

英国では，議会制定法である行政組織法は制定されておらず，内閣が裁量によって行政組織の編制を決定している。そのため，行政組織の編制は必ずしも安定せず，しばしば変更されている。

5 ×　中央省庁の組織編制は法令や予算などによって厳格に管理されている。

西尾勝は，わが国の中央省庁の組織編制が法令や予算などによって厳格に管理されている点を指摘し，これを鉄格子効果（行政の鉄格子）と呼んだ。鉄格子効果は，行政組織の膨張を抑えることに役立つ反面，政策課題の変化に対応した迅速かつ弾力的な組織変更を困難にしているとされる。

索　引

●本書の内容に関するお問合せについて

『新スーパー過去問ゼミ』シリーズに関するお知らせ，また追補・訂正情報がある場合は，小社ブックスサイト（jitsumu.hondana.jp）に掲載します。サイト中の本書ページに正誤表・訂正表がない場合や訂正表に該当箇所が掲載されていない場合は，書名，発行年月日，お客様の名前・連絡先，該当箇所のページ番号と具体的な誤りの内容・理由等をご記入のうえ，郵便，FAX，メールにてお問合せください。

〒163-8671 東京都新宿区新宿1-1-12　実務教育出版 第二編集部問合せ窓口
FAX：03-5369-2237　　　　E-mail：jitsumu_2hen@jitsumu.co.jp

【ご注意】
※電話でのお問合せは，一切受け付けておりません。
※内容の正誤以外のお問合せ（詳しい解説・受験指導のご要望等）には対応できません。

公務員試験
新スーパー過去問ゼミ7　行政学

2023年11月25日　初版第1刷発行　　　　　　　　　　　　〈検印省略〉

編　者　資格試験研究会
発行者　小山隆之

発行所　株式会社 実務教育出版
　　　　〒163-8671　東京都新宿区新宿1-1-12
　　　　☎編集　03-3355-1812　　販売　03-3355-1951
　　　　振替　00160-0-78270
組　版　明昌堂
印　刷　壮光舎印刷
製　本　ブックアート

©JITSUMUKYOIKU-SHUPPAN　2023　　　本書掲載の試験問題等は無断転載を禁じます。
ISBN 978-4-7889-3754-3 C0030　Printed in Japan
乱丁，落丁本は本社にておとりかえいたします。